JN430252

for a better life

–

life style

이 도서의 국립중앙도서관 출판예정도서목록(CIP)은 서지정보유통지원시스템 홈페이지(http://seoji.nl.go.kr)와

국가자료공동목록시스템(http://www.nl.go.kr/kolisnet)에서 이용하실 수 있습니다.(CIP제어번호: CIP2016011731)

about **happiness**

어맨다 탤벗 지음

조셉 S. 로즈먼 찍음

김난령 옮김

*design*house

Contents

Contents

Location
장소

page 220

Memories
기억

page 248

Nature
자연

page 272

Order
질서

page 298

Play
놀이

page 326

Senses
감각

page 354

Spontaneity
즉흥성

page 386

List of sources
참고 자료 목록

page 406

Location credits
도움을 주신 개인, 업체, 장소

page 412

HAPPINESS
IS THE MEANING
AND
THE PURPOSE OF LIFE,
THE WHOLE AIM AND
THE END OF HUMAN
EXISTENCE.

Aristotle, *Ethics*

행복은 인생의 의미이자 목적이며, 인간 존재의 전체 목표이자 종착지다.

아리스토텔레스, 윤리학

행복에 대하여

About Happiness

모든 사람이 공통적으로 원하는 것은 행복해지는 것이다. 나는 2012년 《삶의 방식을 다시 생각하라Rethink: The Way You Live》를 저술할 때 이런 결론에 도달했다. 당시 전 세계 생활양식의 주요 트렌드에 대해 조사를 마친 후 내가 깨달은 것은, 세상에는 각양각색의 사람들과 삶의 방식이 존재하지만 그 사람들의 목표는 단 하나라는 사실이었다. 행복해지는 것. 그것은 큰 깨달음의 순간이었다. 나는 여러 해 동안 좋은 디자인과 나쁜 디자인이 인간의 감정에 어떤 영향을 미치는지 조사해왔다. 그 결과, 세상 사람들 모두가 진정으로 원하는 것이 행복한 삶이라면, 디자인은 그를 실현하는 데 중요한 역할을 해내야 하며, 또 해낼 수 있으리라는 확고한 신념을 갖게 되었다.

지난 몇 년 동안 병자와 노숙자를 위한 기관을 방문하면서, 디자인이 조악한 건물은 사람들을 불안하게 만들고 스트레스를 줄 수 있으며 심지어 회복을 지연시킬 수 있다는 사실을 알게 되었다. 그렇다면 사람들의 마음을 진정시키고 위안을 주는 공간을 만든다면, 그래서 자신감, 공감, 안정감, 자부심, 창조성, 동기를 유발한다면 어떤 일이 일어날까? 이것이 과연 우리가 행복에 도달하는 데 도움을 줄 수 있을까?

내가 이 책을 위한 조사를 시작했을 때 제일 먼저 하려고 마음먹은 것은 나만의 '해피폴HappyPoll, 행복에 관한 여론 조사'을 실시하는 것이었다. 나는 전 세계 사람들이 행복에 대해 어떻게 생각하는지, 그리고 좋은 디자인이 자신을 행복하게 만들 수 있다고 생각하는지 알고 싶었다. 나는 여러 나라에서 사회 각계각층을 대표하는 인물 166명을 대상으로 조사해, 사람들의 요구를 이해하는 데 도움이 되는 나만의 데이터를 확보한 수 있었다. 조사 방법은, 가정생활에 관한 132개의 질문을 취합해 그것으로 소셜 미디어와 이메일을 통해 설문 조사를 실시하는 것이었다. 대학생, 20대, 한 부모, 집에 있는 부모, 직장에 다니는 부모, 사업에 성공한 사람, 실업자 등 각계각층 사람들이 설문에 응답해주었다. 본격적으로 '해피폴' 조사를 실시하기에 앞서, 나는 예비 참가자들이 자신들의 현재 행복 지수를 가늠할 수 있도록 옥스퍼드 대학 연구자들이 개발한 '옥스퍼드 행복 설문지Oxford Happiness Questionnaire'를 작성해달라고 부탁했다. 내 꿈은 이 정보를 모두 취합해 언젠가는 디자인으로 '행복한 가정'을 구현해내는 것이다. 벌써 '해피 홈 프로젝트Happy Home Project'라는 이름까지 지어놓았다.

해피폴 조사에서 사람들에게 "당신에게 행복이란 무엇입니까?"라는 질문을 던지자, 매우 다양한 답변이 쏟아졌다. 만족감을 느끼는 것, 사랑하고 사랑받는 것, 스트레스받지 않는 것, 인생에서 중요한 선택을 할 때 돈의 제약을 받지 않는 것, 빚 없이 사는 것, 균형 잡힌 삶을 사는 것, 사랑하는 사람들과 시간을 보내는 것, 가족과 친구, 웃음, 건강을 누리는 것, 의미 있게 사는 것, 성취감을 느끼는 것, 평화로운 삶, 자유 시간을 갖는 것, 햇빛, 와인 한잔, 심지어 커피 한잔이라는 대답도 있었다.

행복을 정의하는 것은 아름다움과 추함을 정의하는 것과 같다. 다시 말해 행복이란 층위가 매우 다양한 주관적인 주제라는 것이다. 우리 눈에는 볼품없어 보이는 물건이 엄청난 행복을 가져다줄 수 있다. 예를 들면, 우리 부부가 런던에서 처음으로 아파트를 구해서 살 때, 나는 남편에게 부활절 신물로 황금빛 보싸 장식품을 사주었다. 그런데 친구들이 우리 집에 올 때마다 그 토끼가 못생겼다며 한마디씩 하는 것이었다. 하지만 그 토끼는 우리 부부에게 커다란 기쁨을 주었고, 그것을 볼 때마다 우리는 행복감을 느꼈다.

디자인과 대중문화 권위자인 영국 태생의 스티븐 베일리Stephen Bayley는 개인의 행복이 다른 사람의 불행이 될 수 있다고 말한다. 그는 예전에 한 인터뷰에서 내게 이렇게 말한 적이 있다.

"나는 경쾌한 곡조를 들으면 자살 충동을 느껴요. 나는 경쾌한 곡조를 참을 수가 없지만 그런 곡을 즐기는 사람도 있겠지요."

행복의 추구

나는 조사를 통해 많은 사람들이 '행복'이라는 말에 불편함을 느낀다는 사실을 알게 되었다. 그렇다고 그 사람들이 비관주의자나 매우 힘들게 사는 사람들이냐 하면 전혀 그렇지 않았다. 내가 이 책의 개념에 대해 설명하면, 사람들은 의자에서 몸을 비틀고 심기 불편한 표정을 짓곤 했다. 한 만찬회에서는 불꽃 튀는 토론이 벌어졌는데, 그때 한 사람이 불쑥 이렇게 내뱉었다.

"행복이란 것은 존재하지도 않고, 행복을 추구한다는 개념 자체가 우리를 불행하게 만들 뿐이에요!"

그의 주장이 완전히 틀린 것은 아니다. 많은 연구 결과가 행복을 찾으려는 행동이 오히려 사람들을 불행하게 만들 수 있음을 뒷받침하기 때문이다. 아우슈비츠 생존자이자 21세기를 대표하는 오스트리아 빈 태생의 심리학자 빅토르 프랑클Viktor Frankl도 "행복을 좌절시키는 것은 행복의 추구 그 자체다"라고 말한 바 있다. 하지만 어쩌면 이것은 지금까지 우리의 접근 방식이 잘못되었거나 엉뚱한 곳에서 행복을 찾고 있기 때문일지도 모른다.

현대 서구 사회의 가장 큰 문제는 직업이나 물질적 성공을 행복의 척도로 삼으려고 한다는 것이다. 그러나 아무리 큰 부자라 할지라도 '행복 추구'의 욕망은 사라지는 법이 없으며, 그 욕망은 우리로 하여금 끊임없이 더 크고, 더 좋고, 더 빛나는 것을 원하도록 부추긴다. 자신이 가진 것을 최대한 활용하거나 자신이 살고 있는 공간에 열정과 애정을 쏟으며 이 순간을 향유함으로써 행복을 누리는 예는 극히 드물다.

그렇다면 우리는 지금 영원한 행복을 약속하는 허상의 땅에 도달하기 위해 헛되이 노력하고 있는 것일까? '행복학'의 세계적 권위자인 하버드 대학의 댄 길버트Dan Gilbert 교수는 행복을 예측하는 인간의 능력이 형편없다는 사실을 알아냈다. 우리는 로또에 당첨되면 행복도가 하늘을 찌를 듯 올라가고, 등뼈를 다치면 행복도가 곤두박질칠 거라고 예상하지만, 현실에서는 반드시 그렇지만은 않다는 것이다.

1972년에는 미국인 중 3분의 1이 스스로 '매우 행복하다'고 생각했다. 2004년 이후에는 스스로를 낙천주의자라고 생각하는 미국인의 비율이 79퍼센트에서 50퍼센트로 곤두박질쳤다. 해피폴에서는 응답자 중 12퍼센트가 스스로를 비관주의자라고 대답했고, 33퍼센트는 과거에 지금의 위치가 되면 그럴 것이라고 기대했던 만큼 행복하지 않다고 대답했다.

쌍둥이를 대상으로 광범위한 연구를 실시하는 캘리포니아 대학의 소냐 류보머스키Sonja Lyubomirsky 교수는 행복이란 50퍼센트가 유전적 요인에 결정되며 바뀔 수 없다고 주장한다. 그리고 오직 10퍼센트만이 소득 수준이나 건강 같은 환경적 요인에 좌우되며, 나머지 40퍼센트는 노력에 따라 바뀔 수 있다고 한다. 바로 이 40퍼센트가 내가 이 책에서 탐구하고 논의하고 싶은 부분이다. 나는 우리가 좋은 디자인을 통해 가정과 공동체에서 얼마나 긍정적인 효과를 얻을 수 있으며, 사람들이 보다 행복한 삶을 사는 데 좋은 디자인이 어떤 역할을 할 수 있는지 실례를 들어 보여주고자 한다.

'행복한 디자인'이라는 것이 과연 존재할까?

인터넷에서 '행복한 인테리어'의 이미지를 검색해본 적이 있는가? 내가 보기에는 검색된 이미지들이 그리 매력적이지도 않고, 행복감을 느끼게 해주는 사례도 거의 없다. 사람들이 행복한 디자인을 떠올릴 때 주로 범하는 오류는 그 의미를 지나치게 단순화하는 것이다. 사람들은 '행복한 디자인'이라고 하면, 머릿속으로 밝고, 대담하고, 유치하고, 약간 조잡한 무언가를 상상한다. 그래서인지 쇼핑몰 같은 허울만 좋은 건물이나 형편없는 주거 단지를 양산하는 취향이 저속한 디자인을 흔히 볼 수 있다. 그런 디자인은 설탕처럼 일시적으로 기운을 북돋워주기는 하겠지만 결국 심신을 쇠약하게 만들 뿐이다. 문득 특정 패스트푸드 체인점이 생각난다. 패스트푸드점 인테리어는 원래 사람들의 기분을 좋게 만드는 데 중점을 두어 디자인하지만, 손님으로 하여금 가능한 한 빨리 그곳에서 빠져나가고 싶은 생각이 들게 만드는 것 또한 사실이다. 이는 과거에 내가 '행복한' 인테리어에 대해 가졌던 선입견이다. 나는 그러한 인테리어를 가급적 피하려고 했다. 부담스럽고 불편하게 느껴졌기 때문이다. 그런 곳에서는 인테리어가 내게 악을 쓰는 것 같아 휴식을 취할 수 없었다. 이 대목에서 스티븐 베일리가 들려준 재미있는 이야기가 떠오른다. 전설적인 디자이너인 테런스 콘랜Terence Conran 경에 관련한 유명한 일화인데, 콘랜 경은 자기 마음에 들지 않는 디자인 품목을 '불행한' 디자인이라고 표현했다고 한다.

행복이라는 주제를 다룬 과학 서적과 심리학 서적을 읽고, 주목할 만한 집과 디자인과 사람들을 방문하기 위해 전 세계를 돌아다니며 일 년이라는 시간을 보낸 후, 나는 '행복한 디자인'이라는 개념이 우리가 반드시 탐구해야 할 영역이라는 사실에 더 큰 확신을 갖게 되었다. 그리고 다행스럽게도 행복한 디자인에 대해 내가 가진 선입견은 고리타분한 것이었음을 깨달았다.

하지만 '행복한 집'은 어떤가? 그런 집을 지었다고 말할 만큼 배짱이 있는 사람이 몇이나 될 것이며, 있다 한들 그런 집을 어떻게 재현해낼 수 있겠는가? 홈 디자인에서 행복은 개인의 취향이나 경험과 관련이 있을 테니 말이다. 해피폴 응답자들은 '행복한 홈 디자인'이 가능하다고 믿는 것 같다. 해피폴 응답자 중 77퍼센트가 좋은 디자인과 건축을 통해 행복을 성취하는 것이 가능하다고 믿는다고 대답했다. 그에 반해 디자인이 잘못된 집, 특히 수납공간 부족, 지나치게 복잡한 구조, 혼자 시간을 보낼 수 있는 공간의 부족, 정원 부재, 채광 부족, 구식 인테리어와 가구 등의 문제가 있는 집은 사람들을 울적하고 언짢게 만드는 경향이 있는 것으로 나타났다.

디자인 역사상 '디자인'과 '행복'이라는 말을 함께 사용한 적은 거의 없었다. 그 대신 실용주의가 디자인의 제일 중요한 가치로 여겨졌고, 디자이너들도 실용주의를 자신들의 가치와 철학을 규정하는 본류로 삼곤 한다. 디자인과 건축 대학에서는 웰빙의 중요성을 가르친다. 그렇다면 지금까지 왜 많은 사람들이, 심지어 디자인계에서조차 집이나 제품이 행복을 줄 수 있다는 사실을 믿기 힘들어했을까?

지금까지는 웰빙이나 행복이라는 개념이 비록 겉으로 드러나지는 않아도 중요한 언외의 의미로서 디자인에 함축되어왔다면, 이제는 그 자체가 절대적으로 중요한 디자인의 한 요소로 조명받고 있다. 건축가나 디자이너는 '혼이 담긴', '감성을 자극하는', '창의적인', '아름다운', '마음에서 우러나오는', '기쁨을 주는' 등과 같은 말로 자신들의 디자인을 설명하기 시작했다. 몇몇 디자이너는 아직도 '행복'이라는 말을 사용하길 꺼리지만, 그들도 역시 사람들이 즐길 수 있는 공간과 물건을 디자인하고 있기 때문에, 나는 한결 가벼운 마음으로 그들의 디자인도 '행복 디자인'의 범주에 포함시킨다.

요즘은 점점 더 많은 디자이너가 다양한 방식으로 행복한 디자인으로 다가가는 추세다. 디자이너들은 행복에 대한 미학적 혹은 촉각적인 해석을 모색하고 있으며, 매우 놀라운 색감과 질감, 재질, 마감법을 적용한다. 즐겁고도 유쾌한 그들의 작업은 우리의 정서를 자극하며, 머리뿐 아니라 가슴을 향해서도 메시지를 던진다. 사람을 행복하게 만드는 다양하고 복잡한 요인에 대한 이해와, 일상의 행복감을 향상시킬 수 있는 도시, 가정, 물건을 만드는 데 이러한 지식을 활용하려는 움직임은 앞으로 매우 흥미롭게 펼쳐질 것이다.

도전을 받아들이고 행복해져라

최근 과학자, 건축가, 디자이너, 그리고 나를 포함해 창의적인 일을 하는 많은 사람들이 사려 깊은 디자인이 자신감을 키우고, 낙관주의를 고취하고, 스트레스를 줄이고, 관계를 개선하며, 부정적인 생각을 타파하는 데 기여할 수 있다고 믿는다. 이 책에서 나는 여러분의 삶 속에서도, 다시 말해 여러분의 가정과 공동체와 환경에서도 이런 일이 일어날 수 있다는 사실을 알려주고 싶다.

하지만 무언가를 향해 달려가기 전에 맨 먼저 해야 할 일은 그것이 우리를 행복하게 해줄 수 있을지 아닐지 심사숙고하는 일이다. 나는 패션을 혐오하는데, 그 이유는 패션이란 엄청난 속도로 변하면서도 우리 삶에 막강한 영향력을 행사할 수 있기 때문이다. 날마다 새로운 '머스트해브must-have' 상품의 멋진 이미지가 쏟아져 나온다. 우리는 어떻게 살아야 하는지 알려주는 정보의 홍수에 이리저리 휩쓸리느라, 잠시 주위를 둘러보고 '내 삶의 원동력은 무엇인가?', '나를 기분 좋게 만드는 것은 무엇인가?', 심지어 '나는 누구인가?' 같은 본질적인 질문을 할 여유를 갖지 못한다.

이 책을 집필하는 동안 나는 내 인생에서 가장 중요한 한 사람을 잃었다. 그분은 바로 나의 할아버지다. 할아버지는 내게 바위처럼 든든한 분이었다. 할아버지는 내가 아는 사람 중 가장 뛰어나면서도 명쾌한 분이었다. 나는 할아버지를 통해 자연과 바다, 직접 손으로 만든 물건에 대한 사랑에 눈떴다. 내가 우울한 집에서 행복한 집으로 변신하는 과정을 지켜보는 데 집착하게 된 것도 할아버지의 영향 때문이다. 할아버지는 유목민처럼 낡은 집으로 이사한 다음 그 집을 아늑한 보금자리로 변신시키는 일을 끊임없이 반복하셨다. 나의 행복한 어린 시절 추억은 대부분 할아버지와 함께한 시간이었다. 나는 매일 할아버지의 차고에서 할아버지가 변변찮은 재료로 아름다운 물건을 만들어내는 것을 지켜보았다. 할아버지는 늘 내가 상상하는 것은 무엇이든 만들 수 있게 도와주셨다.

서핑보드를 똑바로 세워서 만든 책장을 포함해서. 심지어 할아버지는 내 생일에 나만의 놀이 집을 만들어 주셔서 나를 깜짝 놀라게 했다. 흔히 볼 수 있는 평범한 것이 아니라, 우리 집에 놀러 온 모든 사람들의 부러움을 살 만큼 훌륭한 놀이 집이었다.

내가 이 책을 위한 사진 촬영차 유럽 출장길에 올랐을 때, 호주에 계신 어머니에게서 전화로 할아버지가 돌아가셨다는 충격적인 소식을 전해 들었다. 할아버지는 내가 아는 그 어떤 여성보다 놀라운 여성이던 할머니가 돌아가시고 딱 일 년 뒤에 세상을 떠나신 것이다. 그때 내가 느낀 고통과 슬픔이 어느 정도였는지는, 살아오면서 사랑하는 사람을 잃어본 적이 있는 사람들만이 이해할 수 있을 것이다.

비보를 접한 직후, 나는 사진작가와 함께 내가 지금까지 가본 집 중 가장 아름다운 집 한 곳을 방문했다. 그 집 주인은 인심 좋고 따뜻한 스위스 인 커플인 미르코 베첸Mirko Beetschen과 스테파네 호울만Stéephane Houlmann이었다. 그 집 인테리어는 나를 편안하게 해주었고, 마침내 내 마음을 무장해제시켜버렸다. 그 전까지만 해도 슬픔을 내색하지 않으려고 이를 악물고 버티고 있었지만, 결국 나는 무너지고 말았다. 벽난로의 불이 타오르는 가운데 몸에 담요를 두른 채 창틀에 앉아 밖을 내다보면서, 나는 눈물을 펑펑 쏟아냈다. 집처럼 편안하게 느껴지는 곳에 있으니, 나의 추억과 내가 사랑하는 사람들이 있는 집으로 돌아가고 싶다는 생각이 더욱 간절해졌다.

나는 이 책을 내 인생에서 가장 슬픈 시기에 쓰게 되리라고는 상상도 하지 못했다. 하지만 그러한 아픔과 슬픔의 시간이 나로 하여금 이 책의 필요성을 더욱 확신하게 만들어주고, 이 책이 사람들의 삶을 진짜로 바꿀 수 있을 거라는 믿음을 갖게 해주었다고 생각한다.

나는 '옥스퍼드 행복 설문지'에 답해보기로 했다. 나의 행복 지수는 3.2로 나왔다. 평균 점수가 4점대이기 때문에, 결과가 내 상태를 말해주고 있었다. 당시는 참으로 가슴 아픈 시기였지만, 사람들에게 내 점수를 말하면 모두 깜짝 놀랐다. 보통 나는 얼굴에 사람 좋아 보이는 함박웃음을 짓고 있기 때문이다. 사실 늘 감사하는 마음으로 살아왔다고 자부했기에, 결과가 믿기지 않기는 나도 마찬가지였다. 나는 나 자신이야말로 이 책에 쓰인 내 이론들을 시험하기에 안성맞춤인 사람임을 깨달았다. 솔직히 말해 내가 이뤄낸 변화 중 몇몇은 상상했던 것보다 훨씬 더 힘들었다. 책을 쓰는 동안 주체할 수 없는 눈물을 쏟은 적이 몇 번 있었다. 우울증에 걸린 사람이 행복에 관련된 책을 쓴다니, 해괴한 일이라고 여기는 분도 있을 것이다. 하지만 그 작업은 나를 돌아보고 내가 스스로에게 지운 짐을 분석하는 계기를 마련해주었으며, 나 자신을 있는 그대로 받아들이는 것이 중요하다는 사실을 깨우쳐주었다.

그렇지만 무엇보다 놀라운 것은 내가 변화를 경험했다는 것이다. 진정한 변화 말이다. 이제 내 행복 지수는 5점 이상이다. 그 여정은 내가 지금까지 겪은 것 중 가장 놀라운 경험이었다. 그리고 내가 행복한 디자인이라고 생각했던 것은 사실 그 근처에도 못 미치는 것들이었다. 내가 알고 있는 것은 단지 이론뿐이었고, 그것을 실행으로 옮기는 일은 완전히 별개의 문제였다.

내가 여러분에게 요구하고 싶은 것은, 한 달 이상 여러분에게 영향을 준 잡지나 소셜 미디어, 혹은 사람을 멀리하고 여러분 자신에게 집중해보라는 것이다. 내면의 소리에 귀를 기울여라. 자신의 정체성을 찾아보라. 새 출발을 위해 머리카락을 완전히 밀어버리는 사람처럼, 현재의 자신을 밀어버리고 가정에서 나에게 진짜로 의미 있는 것이 무엇인지 재발견해보라. 물론 그렇게 하는 데는 시간과 노력이 요구된다. 그리고 행동보다 말이 더 쉽다는 것도 알고 있다. 하지만 다른 사람들의 아이디어를 차용하면 지속적인 만족감은 결코 얻을 수 없을 것이다.

집을 자신이 원하는 생활 방식을 지원하는 쪽으로 디자인할 것인가 말 것인가는 여러분 자신의 결정에 달려 있다. 나는 잘 디자인한 건물은 낙관주의, 자신감, 고마움, 희망, 동정심, 목표, 그리고 공감을 나타낸다고 믿으며, 누구든지 이 모든 특징을 디자인에 반영할 수 있다고 여긴다. 다만 필요한 것은 그 방법을 배우는 것이고, 그렇게 함으로써 우리의 삶을 변화시킬 수 있다.

이런 말을 하기는 싫지만, 한 가지 명심해야 할 것은 우리 인간은 완벽한 존재가 아니며, 따라서 아무리 열심히 노력해도 기분이 울적한 날이 있을 거라는 사실이다. 영원한 행복을 찾는 것은 실현 불가능한 일이다. 결국 우리는 언젠가는 반드시 죽을 운명이니 말이다. 세상에 슬픔이 존재하지 않는다면, 어떻게 행복이 존재할 수 있겠는가? 우리가 비극, 심적 고통, 힘든 시간을 겪어보지 않고서 어떻게 공간이나 제품을 디자인할 수 있겠는가? 내가 행복의 참의미를 알 수 있게 된 것은 아주 힘든 시간을 겪었기 때문이라고 생각한다. 우리는 주거 공간을 디자인할 때 구석이나 아늑한 곳, 혹은 모든 감정을 수용할 수 있는 장소를 만들 필요가 있다. 항상 신나고 활기 넘치는 공간만 디자인한다면 차분히 숨을 고르거나 내면의 세계에 침잠하고 싶을 때 갈 곳이 없어진다. 부정적인 감정도 의미 있는 경험을 하거나 행복을 성취하기 위해 꼭 필요한 요소다. 기분이 울적할 때 마음을 편안하게 해줄 공간을 만들 것이냐 말 것이냐는 집주인의 판단에 달려 있다.

디자인으로 행복을 성취하는 것은 불가능한 일이라고 주장하는 사람도 있었다. 하지만 나는 이 책에 소개한 아이디어가 독자들이 보다 행복해지는 데 도움이 될 것이라고 믿는다. 나는 여러분이 살고 있거나, 개조하려고 하거나, 새로 꾸미거나, 이사할 집이 지금까지 여러분이 살았던 집 중 가장 행복한 장소가 되기를 바란다. 여러분이 영감을 얻고 아이디어를 구체화하는 데 도움을 주고자, 내가 방문한 멋진 장소를 담은 아름다운 사진을 실었다.

그렇다고 이 책에 소개한 아이디어, 사람들, 집, 디자인 등이 행복한 디자인이 무엇인가를 알려주는 정답이라는 이야기는 결코 아니다. 이 책에 소개한 사람들도 여러분이나 나처럼 힘든 시기를 겪었다. 그들은 자신의 생활에 언제나 만족해하며 살아가는 사람도 아니고, 이른바 '행복 전도사'도 아니다. 그들은 디자인과 건축에 대한 정직하고도 뛰어난 생각과 철학 때문에 선정되었다.

이 책에 담긴 내용은 독자들이 더 날씬해지거나, 더 부자가 되거나, 혹은 완벽한 배우자를 만나는 데는 도움이 되지 않을 것이다. 하지만 가정을 제대로 바꾸는 데는 도움이 될 것이다. 그리고 나는 가정이 제대로 굴러가면 다른 일도 덩달아 잘 풀릴 것이라고 굳게 믿는 사람이다. 가정은 우리가 재충전해 다시 최고의 상태로 회복할 수 있다고 느껴지는 곳이어야 한다. 또 행복을 느낄 수 있는 곳이어야 한다.

나는 이 책이 김빠진 행복 안내서가 되는 것은 원치 않는다. 우리는 스스로에게 충실함으로써 생활 방식을 바꿀 수 있고, 궁극적으로는 삶과 가정과 공동체를 디자인할 수 있다. 이것은 하나의 긴 여정이다. 포기하지 말고 계속 나아가라. 그렇게 하면 여러분의 인생이 바뀔 수 있다고 확신한다.

행복한 인테리어는 단순히 밝은 색으로 장식하는 것보다 훨씬 더 생생하고 다차원적인 주제다.

행복한 디자이너 단지 기능과 형태를 다루는 차원을 넘어 우리를 기분 좋게 만드는 것을 연구하는 분야다.

What makes you happy?

당신을 행복하게 만드는 것은 무엇인가?

어떻게 하면 행복한 가정을 만들 수 있을지 생각하는 데 도움을 주는 쉽고 간단한 방법은
자신이 하고 싶은 활동을 모두 종이에 적어보는 것이다.
'석양 보기'에서 '오랫동안 욕조에 몸 담그기'까지 무엇이든 가능하다.

만일 피아노 연주가 취미라면 방음 기술도 날로 좋아지고 있으니
그랜드피아노를 거실 한가운데에 들여놓는 것은 어떨까?
책을 좋아한다면 집 안의 벽을 서가로 꾸밀 수도 있겠고,
요리를 좋아한다면 손님을 초대해 즐거운 시간을 보낼 커다란 부엌을 마련하면 좋을 것이다.

일단 하고 싶은 활동을 적은 목록을 만들었다면,
한 항목당 한 달이라는 시간을 들여
그 아이디어를 디자인으로 실현할 수 있는 방안을 강구해보자.

이런 간단한 훈련이 자신을 행복하게 만드는 것이 무엇인지,
그리고 개인 공간에 가장 먼저 구현해야 할 것이 무엇인지
구체적으로 파악하는 데 도움이 될 것이다.

사람들을 행복하게 만드는 디자인은, 사람들이 즐겁게 이용하는 공간과 물건을 만들 때 성취된다.

일기에 미소를 머금게 하는 순간을 창조하려면 세부적인 것 하나하나에 집중해야 한다.

The happiness curve?

행복 곡선

인생의 행복 곡선은 '스마일' 표시와 비슷한 'U'자형이다.
즉 사람들은 인생의 초반과 후반에 가장 행복하다는 말이다.
행복 곡선은 중년기에 최저점을 찍지만,
50세 이후에는 다시 상승한다.

Chapter One

Colour

색

COLOUR IS LIFE. LIVING WITHOUT COLOUR IS LIKE REFUSING TO LIVE.

Matali Crasset, *designer*

색은 인생이다.
색깔 없는 인생은 삶을 거부하는 것과 같다.

마탈리 크라세, 디자이너

세상을 채색하라

Colour your world

생각거리

색의 힘

색 트렌드

행복한 색의 정의

사람들은 행복을 색깔과 관련지어 생각할 때가 종종 있다. 색이 없는 세상을 상상할 수 있겠는가? 숲, 바다, 또는 하늘이 온통 흑백이라면 얼마나 따분하고 우울할까? 눈을 뜰 때마다 온갖 색깔이 우리를 에워싼다. 우리는 색을 하늘의 오묘한 색상 변화에서 식물 세계와 동물의 왕국에 존재하는 온갖 화려한 색조에 이르기까지, 자연에서도 보고, 공공 건축물, 가옥, 거리, 자동차 등 인간이 만든 환경에서도 본다. 색은 모든 곳에 존재한다.

색은 냄새와 소리만큼이나 강한 영향력을 행사한다. 프랑스 건축가 르 코르뷔지에Le Corbusier는 "색은 물과 불만큼이나 필수적인 요소다"라고 주장했다. 색은 우리의 시지각視知覺과 우리가 환경을 경험하는 데 필수적이다. 심지어 색은 우리에게 사상을 전할 수도 있다. 예컨대 빨강은 '경고'를 암시하는 반면 초록색은 '안전'과 관련 있다. 초록색 교통 신호등을 떠올리면 쉽게 이해가 될 것이다. 또 사람들은 대부분 색상만으로 상품이나 장소, 사람에 대해 판단하기도 한다.

색은 강력한 디자인 수단이다. 색은 공간을 만들거나 파괴할 수도 있다. 색은 감정에 영향을 주어 행복, 슬픔, 활력, 휴식 등을 느끼게 한다. 생기 넘치고 따뜻한 색조는 사람을 화합시키는 힘이 있기 때문에 여러 사람이 모여 함께 재미있는 시간을 보내는 공간의 배경색으로 안성맞춤이다. 반면 시원하고 차분한 색조는 가족이 긴장을 풀고 휴식을 취하는 공간에 적합하다. 일상생활에 적용한 채도 높은 색상은 우리에게 영감을 주고, 두뇌 회전을 빠르게 하며, 식욕을 돋울 뿐만 아니라 행복감을 느끼게 해준다.

우리는 자유와 행복을 갈망했던 시기인 1970년대 이후로 인테리어에 재미있는 색상을 수용하는 데 지나치게 몸을 사려왔다고 생각한다. 지난 몇 년 동안 우리는 인테리어를 너무 심각하게 생각해왔고, 그런 만큼 중간색, 회색, 흰색과 검은색에 의존한 것도 사실이다. 이제는 홈 인테리어에 밝은 색상을 쓰는 것을 피하려는 경향에 제동을 걸 때다. 그렇다고 집을 1970년대 헌정판처럼 바꾸자는 말이 아니다. 그 당시 홈 인테리어에는 "아이고 맙소사! 이건 너무 심한데"라는 말이 절로 나오게 하는 사례도 분명 존재했으니까. 다행스럽게도 점점 더 많은 사람들이 디자인에 관심을 가짐에 따라, 디자인 미학과 품질에 대한 인식도 꾸준히 발전되어왔다. 그 시대에서 차용해야 할 부분이 있다면 바로 자유로움과 재미라는 측면이다.

색을 이해하려면 유행을 좇기보다 전체론적이고 인간 중심적인 접근 방식을 배우는 것이 더욱 바람직하다. 너무나도 오랫동안 색은 건축과 인테리어 디자인에서 단지 장식적 요소로만 여겨졌지만, 사실은 그보다 훨씬 더 의미 있고 강력한 역할을 할 수 있다. 건물과 공간에서 색은 내부를 외부와 연결하는 기능을 해야 하고, 나아가 그 안에서 살거나 공간을 사용하는 사람과 이어주는 역할을 해야 한다.

우리는 디자인 과정의 초기 단계부터 공간에 부여하고 싶은 감정, 느낌, 분위기 등을 인식해야 한다. 그래야만 디자인에 호응하는 적절한 색상을 선택할 수 있다. 디자인에서 성공적인 색상 전략은 삶의 모든 영역에서 이루어지는 인간과 건축 공간의 소통에 필수적인 요소다.

독일 미술가 카타리나 그로세(Katharina Grosse)의 베를린 소재 이틀리에.
정제된 색상의 초간보 카톤이 아우구스틴 운트 프랑크 아크키텍텐(Augustin und Frank Architekten)에서 디자인한 브루탈리즘 양식의 계단실 분위기를 한층 부드럽게 만들어준다.

프랑스 디자이너 마티유 르라니에는 주택과 건물의 외벽에 사용해야 한다고 한다고 굳게 믿고 있다. 과감히 있는 그라미 킴은 색 실험실이라 해도 과언이 아니다.

카타리나 그로세의 베를린 자택 부엌. 아우구스틴 운트 프랑크가는 부엌 가구에 재미있는 색상을 도입해 자칫 삭막할 수 있는 미니멀리즘 인테리어에 따뜻한 '포컬 포인트focal point'를 주었다.

목제 같은 천연 자재에 색을 가미했을 때 얼마나 아름다운 효과를 발휘하는지 보여주는 호주 디자이너 마크 타키(Mark Tuckey의 인테리오).

색 사용 범위를 벽면이나 액세서리에만 국한해서는 안 된다. 따듯한 색상으로 칠한 바닥은 색다른 인테리어의 토대가 될 수 있다.

만약 새로운 색을 사용하는 데 자신이 없다면, 3~5가지 색상으로 된 색 팔레트를 만들어놓고 그 색상을 고수하라. 좀 더 과감해지면 공간에 새로운 색을 도입하면 된다.

Colour
Agenda

낙관적인 색

건축가들이 개성을 표현하기 위해 주택 인테리어에 색을 사용하는 것을 넘어 도시 환경 내에도 색을 도입함으로써 그곳에 사는 사람들뿐만 아니라 주변 지역 사람들까지 기분 좋게 만드는 사례를 목격하는 것은 무척 흥미로운 일이다.

잿빛 하늘을 배경으로 회색 인도와 회색 도로, 그리고 회색 건물이 끝도 없이 이어져 있는 단조롭고 우중충한 도시에서는, 갑자기 툭 튀어나온 듯 화려한 건물만큼 청량감을 주는 것도 없을 것이다. 도시가 색을 품을 때, 그 도시는 시민과 방문객에게 그곳이 자신감과 활력이 넘치는 곳이라는 느낌을 준다. 2012년 인도 콜카타에서는 시 정부가 특정 공공건물과 구조물을 하늘색으로 칠하기로 결정했다. 하늘색을 선정한 것은 그 색이 아름다울 뿐만 아니라 마음을 진정시키는 효과가 있기 때문이었다. 그리고 인두에서 범죄율이 가장 높고 가난한 지역으로 악명이 높은 비하르 주의 아우랑가바드에서도 이와 비슷한 결정을 내렸다. 범죄를 줄이고 도덕성을 고취하자는 취지에서 그 도시에 있는 모든 건물의 파사드를 핑크색 페인트로 칠하기로 한 것이다.

반면 대규모 주택 단지를 유행 색으로 뒤덮으려는 시도는 위험하다. 유행이 지나면 한때 매력적으로 보이던 곳이 케케묵은 곳으로 느껴질 수 있기 때문이다. 그리고 특정한 색상을 빈민가나 우범지역에 사용했을 때, 은연중에 그 색상이 그 지역과 동일시되어 다른 지역들이 그 색을 꺼리는 결과를 초래할 수 있다.

내가 독일 디자이너 베르너 아이슬링거Werner Aisslinger의 '미래의 집'을 위한 유토피아적 전망을 좋아하는 것도 바로 그런 이유 때문이다. 그는 2013년에 베를린에 있는 하우스 암 발트제Haus am Waldsee 미술관을 인수해, 그 유서 깊은 건물의 파사드에 다양한 색상의 천을 조각보처럼 이어서 덮어씌워웠다. 베르너의 목표는 건물에 고정된 색상과 형태를 부여하는 대신 교체 가능한 '옷'을 입혔을 때 건물의 외관과 분위기가 어떻게 바뀌는지 탐색하는 것이었다.

행복한 색이란?

이 책을 쓰기 시작했을 때 나는 '행복한 색 팔레트'를 만들 수 있으리라 믿었다. 하지만 얼마 지나지 않아 행복한 색상을 정확히 집어내는 것은 불가능한 일이라는 사실을 깨달았다. 어떤 사람에게는 행복한 색이 다른 사람에게는 악몽이 될 수 있기 때문이다. 인간은 복잡다단한 존재이므로, 모든 사람에게 적용되는 단 하나의 색 해법을 만들기란 불가능한 일이다. 색에 대한 느낌은 주관적인 것이며 개인의 기억과도 밀접한 관련이 있다. 여러분은 어린 시절, 자기 자신을 특정한 색과 굳이 연결시키려 한 적이 있었는가? 예컨대 제일 좋아하는 장난감 색이라는 이유로 말이다. 사람들은 모두 자신만의 '색 지문'을 가지고 있다. 따라서 색에 관해서는 직감을 믿어야 한다. 코코 샤넬의 말처럼 '세상에서 최고의 색은 나에게 제일 잘 어울리는 색'이니 말이다.

일반적으로 사람들로 하여금 '행복'을 떠올리게 하는 색은 파랑, 노랑, 빨강, 초록, 주황 등 원색이다. 이들 원색들은 즐거움을 줄 뿐만 아니라 강펀치 같은 강렬한 효과를 발휘하며, 때로는 존재감이 지나치게 강해 주택 인테리어에는 적합하지 않을 때가 있다. 원색은 대부분의 성인에게는 지나치게 밝고, 사람들이 일반적으로 원하는 세련미가 부족하다.

문제는 우리가 마음을 차분하게 해주거나 편안함과 위안을 주는 색상에 대해서는 행복과 연관 지어 생각하지 않는 경향이 있다는 것이다. 우리는 이러한 감정에 '웰빙'이라는 딱지를 붙여놓았지만, 사실 웰빙과 행복은 같은 범주에 속한다. 마음을 진정시키거나 기분 좋게 만드는 색상을 사용하면, 우리는 그 색상을 통해 행복감을 느낄 것이다. 나는 아드레날린을 솟구치게 하는 짜릿한 흥분이나 웃음보가 터지는 것만이 행복이라고 생각하지 않는다. 조용하고 차분하게 앉아 있거나 소파에서 웅크리고 있는 순간도 나에게는 웃음보가 터지는 순간만큼이나 행복한 시간이다.

행복한 색 팔레트

페인트 회사인 듈럭스 오스트레일리아Dulux Australia는 고맙게도 나를 위해 2013년 6월에 색과 감정에 관한 작은 설문 조사를 실시한 바 있다. 설문 조사를 위해 다양한 색으로 구성된 여섯 가지 색 팔레트를 만들었다. 그리고 설문 대상자 100여 명에게 이 여섯 가지 색 팔레트를 보여주면서 "각 색 팔레트를 보았을 때 가장 강하게 느껴지는 감정이 무엇인가?"라고 물었다. '차분한', '행복한', '신나는', '긍정적인' 등과 같은 감정을 예상할 수 있었다. 그런데 설문 조사 후 듈럭스사가 조합한 색 팔레트를 보았을 때, 나는 행복한 감정을 느끼지 못했다. 내게는 그 팔레트가 통념상 행복한 색상이라고 여겨지는 색상만 모아놓은 것 같았다. 노란색, 보라색, 오렌지색, 청색 등 누가 봐도 뻔한 색상이 포함되어 있었기 때문이다.

그래서 나는 아예 우리 집을 듈럭스 실험실로 만들어, 부엌과 거실에 페인트칠을 했을 때 내 기분이 좋아지는 색상이 무엇인지 알아냈다. 그것은 흰색, 은색, 회색, 금색과 적절하게 어우러진 환한 노랑과 초록, 그리고 수줍은 소녀 같은 분홍색이었다. 하지만 이 색상들은 나의 개인적인 선택일 뿐이며, 독자 여러분 중 상당수는 이런 색들과 더불어 살면 입가에 미소가 지어질 거라는 데 동의하지 않으리라는 사실을 잘 알고 있다. 하지만 대부분의 사람들이 색깔계의 '행복 전도사'로 인정한 유일한 색이 있으니, 그것은 바로 노랑이다. 노랑은 햇살을 연상시키고 기분을 좋게 만드는 대뇌 화학물질인 세로토닌의 분비를 촉진한다. 여러분의 삶에 행복한 색상으로 추가했을 때 결코 실패하지 않을 색상이 하나 있다면 그건 바로 이 유쾌한 노랑이다. 노란색을 의외의 즐거움을 주는 장치로 사용하면 놀라운 효과를 얻을 수 있다. 예를 들어 찬장 내부를 노란색으로 칠하면 찬장 문을 열 때마다 햇살이 쏟아지는 듯한 느낌을 받을 것이다. 계단 가리개를 노란색으로 선택해도 좋다.

자연에서 받은 영감

색상을 선택할 때 나는 언제나 자연을 출발점으로 삼는다. 자연의 색조는 마치 냄새, 소리, 촉감처럼 나를 어떤 순간과 기억으로 데려간다. 단지 파란 하늘이나 초록색 나무만 이야기하는 것이 아니다. 여러분도 자연 속에 있을 때 1초도 안 되는 짧은 순간 동안 번개를 맞은 듯 짜릿하거나 가슴이 뻥 뚫리는 듯한 느낌을 경험한 적이 있을 것이다. 그런 순간에 숨 막힐 듯 아름다운 무언가를 창조하는 데 필요한 영감을 얻을 수 있다.

홈 인테리어에서 색을 사용할 때는 자연적인 재료와 결합하면 좋은 효과를 낼 수 있다. 홈 인테리어에서 색 사용에 실패하는 이유는 대개 색상이 너무 야단스럽기 때문이다. 하지만 아무리 화려한 색상이라도 울, 리넨, 면, 목재, 석재 같은 자연적인 재료에 적용하면 색감이 훨씬 더 부드러워져 다른 인테리어 요소와도 잘 어우러진다.

세계 금융 위기를 겪고 난 뒤, 사람들은 모든 일에 자신감을 잃고 기본으로 돌아가고 싶어 하는 것 같다. 과거 자연주의 건축가와 공예가는 산업혁명이 가져온 예술의 기계화, 양산화 경향에 반발해 자연목, 백도자기, 석재 등 순수 소재를 은, 청동, 구리 같은 금속재와 혼합해 새로운 미학을 탄생시켰다. 이러한 '취향'이 오늘날에도 되살아나고 있다. 수제품이 점점 더 각광받는 추세여서, 완벽함을 추구하는 기계적 미학은 이제 구식이 되어버렸다. 대담한 붓 터치, 고르지 않은 페인트칠, 그리고 아날로그와 디지털 방식의 합작으로 완성한 이미지가 사람들의 마음을 사로잡고 있다. 환경에 대한 관심이 날로 커짐에 따라 녹색과 청색이 우리 생활 곳곳에서 사용되고 있다. 사람들도 다루기 힘든 색상을 단독으로 사용하는 것이 아니라 대자연이 그러하듯 여러 색을 섞어서 사용하는 법에 점차 눈을 뜨고 있다.

색에 대한 자신감

내가 최근 수년 사이 깨달은 사실은, 색을 사용하면 자신감이 생기며, 자기 자신과 가정에 대한 자신감은 행복으로 이끈다는 것이다. 색의 강점 중 하나는 적은 돈으로 집 안 분위기를 완전히 바꿀 수 있다는 것이다. 색을 사용하는 것은 인테리어를 최대한 활용할 수 있는 손쉬운 방법이다. 하지만 많은 사람들이 두려움 때문에 색 사용에 선뜻 도전하지 못하고 있다. 홈 인테리어에 색을 사용하려는 사람들에게 자주 듣는 말은, "실패하면 어쩌지?", "저 색으로 벽을 다 칠했을 때 이상하게 보이면 어쩌지?", "내가 집을 완전히 망쳐버리면 어쩌지?" 같은 것들이다. 정말이지, 나는 이런 말들을 귀에 못이 박히도록 듣고 있다. 이제부터 이런 쓸데없는 걱정은 그만두자! 실패를 예상하지 말고 성공을 기대하자!

실험 정신을 가지고 색을 가지고 놀아야 한다, 실패를 통해 배워라. 모든 것이 도전 정신과 배우려는 의지에 달려 있다. 만일 일이 잘못되더라도 연습할 기회라고 여기고 다음번에는 좀 더 나아질 거라고 생각하자.

흥미롭게도 색에 대한 사람들의 자신감은 계절에 따라 바뀌는 것 같다. 더운 여름철에는 사람들이 일반적으로 색에 대해 좀 더 개방적으로 변해 핑크나 형광빛 노랑 같은 보다 대담한 색상을 택하는 반면, 겨울철에는 움츠러들고 보수적이 되어 안전한 회색을 택하곤 한다. 계절이 바뀌었다고 색을 포기할 이유는 없다. 겨울이야말로 우리의 삶에 색을 품어야 할 시기다. 단지 하이라이트를 주거나 보색 효과를 내려고 색을 살짝 가미하는 정도를 말하는 것이 아니다. 어둡고 추운 겨울철에는 집 안으로 보다 많은 색을 적극적으로 끌어들여야 한다. 그리고 덥고 짜증 나는 여름철에는 마음을 진정시키는 보다 시원한 색상을 선택한다.

자신감을 가지고 색을 사용할 때, 그 색은 당신의 개성을 표현해준다. 당신이 강하고 능력 있고, 다른 사람들이 동경하는 대단한 사람임을 색을 통해 드러내자. 말이 씨가 되듯 믿음이 현실이 된다.

현관문을 흰색, 회색, 혹은 검은색이 아닌 유채색으로 칠한 집은 매력적이고 따뜻하고 쾌적하게 느껴진다. 뉴욕이 인정한 '색의 여왕' 기슬랭 비냐스Ghislaine Viñas는 현관문을 선명한 오렌지색으로 칠한 스카이 하우스SkyHouse를 만들었는데, 그 문은 우리가 상상할 수 있는 가장 친근하고 매력적인 문이다. 그 색은 누구나 생각해낼 만한 뻔한 색이 아니라, 너무나도 멋지고 매력적이며, 그 집에 감각 있고 유머러스한 사람들이 살 것이라고 생각하게 만드는 색이다. 성인들은 대부분 자신이 세련되고 우아한 사람으로 보이고 싶어 하고, 그렇게 보이기 위해 안전하고 보수적인 색상을 선택하는 것 같다. 하지만 우리의 삶에 발랄하고 화려한 색을 끌어들인다 해도 얼마든지 세련되고 우아하게 보일 수 있다.

색을 이용해 장식을 할 때 절대 해서는 안 되는 일이란 없다. 색은 건축적 실수를 감쪽같이 감출 수 있는 매우 유용한 수단이다. 그래도 대담한 색조를 사용하기가 꺼려진다는 사람들에게 해줄 수 있는 조언은, 좀 더 자신 있게 사용할 수 있는 고전적인 색상과 혼용하는 방식으로 색 표현을 시도해보라는 것이다.

건강을 북돋는 색

색은 우리의 건강과 행복에 커다란 변화를 줄 수 있다. 치유를 위해 색을 사용하는 것은 요즘 탄생한 개념이 아니다. 고대 그리스에서는 '색채 진단법colour-diagnosed'으로 환자를 진단했고, 그런 다음 환자를 처방한 색을 발산하는 사원에 머물게 했다. 최근에는 요양원이나 의료 서비스 환경에서 치유를 돕기 위해 색을 사용하는 디자인 전문가가 각광받기 시작했다. 색은 정신 건강에 매우 중요한 영향을 미친다. 우울하거나 기가 꺾였을 때는 세상이 잿빛으로 보인다. 우울하거나 불안해하는 사람들은 자신의 기분을 회색과 연관시키는 반면, 행복한 사람들은 노란색을 더 선호한다. 한 연구에서 따르면 우울할 때는 색이 칙칙하게 보일 수 있다고 한다. 따라서 만일 여러분이 우울증이 있는 사람을 위해 공간을 디자인한다면, 밝고 환한 색조를 택해야 한다.

영국 소매업체 리틀우드Littlewoods에서 수행한 조사에 따르면 침실 벽이 회색인 사람들은 주당 섹스 횟수가 1.8회인 데 반해 보라색인 경우는 주당 3.49회라고 한다.

하지만 색 사용을 권하고 싶은 마음만큼이나 색에 대한 이해가 중요하다는 것을 강조하고 싶다. 색을 잘못 사용해 집 안 분위기를 지나치게 야단스럽거나 어수선하고 경박스럽게 만드는 사람들이 많다. 강렬한 색으로 넓은 공간을 뒤덮으면 심각한 눈의 피로를 초래할 수 있다. 색 자극눈이 색을 감지하게 만드는 빛의 방사에 의한 자극과 자극 변이stimuli variations는 개인의 건강과 웰빙에 좋은 영향을 미치기 때문에 적극적으로 고려해볼 필요가 있다.

색과 감정

색은 강력한 소통 수단이다. 색이 사람의 감정뿐만 아니라 생리적으로도 영향을 미칠 수 있다는 사실이 여러 연구를 통해 밝혀졌다. 색이 호르몬과 대뇌의 신경전달물질에 작용함으로써 우리 몸이 느끼고 행동하는 방식에 영향을 미치는 것이다.

1960년대에 스위스 심리학자 막스 뤼셔Max Lüscher는 인간이 특정한 색상에 대해 느끼는 감정은 그 색상과 관련된 경험에 근거한다는 이론을 제시했다. 그는 연구를 통해, 일반적으로 초록색이 안전과 평온함을 연상시키는 것은 과거 유목민들이 푸른 숲을 주위에 쉽게 노출되는 들판과 따가운 햇살을 피할 도피처로 삼은 데서 유래한 것일 수도 있다는 사실을 밝혀냈다. 과거에 숲은 오늘날 우리가 집에 대해 느끼는 것과 유사하게 휴식과 회복의 장소로 여겨졌을 가능성이 크다는 것이다. 막스 뤼셔의 연구는 '생존이란 자연이 색을 통해 우리에게 알려주고 우리와 소통하려는 것을 이해하는 것에 달려 있음'을 암시한다. 세계적인 색채 전문가 상당수가 뤼셔의 이론을 디자인 작업을 위한 가이드로 삼고 있다.

색이 인간의 감정에 미치는 영향이 실로 엄청나지만, 많은 사람들은 집 안을 장식할 때 자신이 원하는 감정 상태에 따라 색을 결정하기보다 최신 유행색을 선택하는 경향이 있는 것 같다. 참으로 안타까운 일이다.

색깔의 분위기와 언어 연상

여러분이 공간에 연출하고 싶은 분위기와 그 분위기에 어울리는 색상을 매치하는 연습을 해보자. 먼저, 공간에 창조하고 싶은 분위기나 느낌을 표현하는 단어 하나를 선택하자. 그 단어를 떠올렸을 때 무엇이 연상되는지 설명한다. 그런 다음 그것과 어울리는 색깔을 적어보자. 다음은 내가 생각해낸 단어와 그 단어에서 연상되는 색깔과 분위기를 적은 것이다.

상징적인

상징적인 색은 국가, 혹은 우리의 생활 방식을 바꾸는 역사적인 순간과 관련 지을 수 있다. 이러한 색들은 강렬하고 색감이 풍부하며, 대담하게 사용해야 한다. 또 인상적이고 압도적인 분위기를 풍기기 때문에 대규모 작업에 잘 어울린다. 내가 생각하는 상징적인 색깔은, 왕실과 관련된 감청색royal blue, 티파니의 민트 블루minty blue, 브루탈리즘 건축brutalist architecture의 상징인 콘크리트의 짙은 회색 등이다.

관대한

내 경우 관대함이라는 주제가 나오면 음식과 관련짓지 않을 수 없다. 관대함은 깊고, 더 따뜻하고, 더 짙은 색조와 관련 있다. 특히 근채류와 가을 색조가 떠오르는데, 예를 들면 자두색, 짙은 황록색, 짙은 오렌지색, 겨자색, 검붉은색 등이다.

공감적인

이 단어를 생각하면 개방적, 이해심, 온정과 더불어 냉정함, 침착함 같은 느낌이 연상된다. 내 경우는 보다 시원하고 옅은 청색이나 초록색, 흰색, 연한 회색이나 암회색 등이 떠오른다.

장난스러운

이 단어는 햇빛이 쨍쨍 내리쬐는 해변에서 수영하거나 공원에서 뛰어노는 야외 활동이 연상된다. 따뜻하고 친근하며 미소가 가득한 분위기다. 장난스러운 색 팔레트는 대담하거나 화려할 필요는 없다. 나는 육감적이고 생동감 있는 색조나 서늘하고 차가운 청색, 은색, 금색, 진노랑, 혹은 요정의 날개 같은 무채색을 배경으로 한 쨍한 하늘색 등이 떠오른다.

태평한

여기서는 진지함이나 딱딱함은 피하는 것이 중요하다. 이런 분위기를 내는 색은 밝고 환해야 하며 공간에 경쾌함과 신선함을 불어넣어야 한다. 내 경우는 수선화 노랑이나 연분홍, 청색 혹은 눈부신 흰색을 배경으로 한 초록색이 생각난다.

호기심 많은

지혜와 넘치는 활력이 요구되는 탐험이 연상된다. 이 단어와 관련된 색은 현대적이며, 펄쩍펄쩍 뛰면서 계단을 오르락내리락하는 것 같은 생동감을 품고 있다. 이 단어와 연상되는 색 팔레트는, 따뜻한 올리브 그린에 강렬한 오렌지, 진자주에 밝고 화사한 노랑, I. K. B. International Klein Blue, 프랑스 화가 이브 클랭이 창조한 코발트 블루와 울트라 블루의 중간쯤 되는 청색에 편안한 커피색, 차가운 청색에 앤티크 화이트antique white, 약간 바랜 듯한 느낌을 주는 크림색이 살짝 도는 흰색, 혹은 회색에 짙은 빨강 등이다.

장-크리스토프 우마Jean-Christophe Aumas는 자연에서 영감을 얻어, 자신의 파리 아파트에 완벽하게 어울리는 낯설면서도 느낌이 센 팔레트를 창조했다.

"I haven't really made
mistakes with colour.
It's more that I have liked
the outcome less than I thought
I would.
I keep on learning."

Ghislaine Viñas, *interior designer*

"색을 선택할 때 완전히 실패한 적은 없었다.
결과가 생각한 것에 못 미치더라도 그런대로 만족하는 편이기 때문이다.
계속 배워나가는 중이다."

기슬랭 비냐스, 인테리어 디자이너

색깔은 세상에 신선한 생동감을 불러일으킨다. 놀라움, 재미, 유머, 행복감을 만들어낸 벽들에게도 가장 좋은 무기가 되어준다.

Remember ...

비원색은 원색보다 더 차분한 분위기를 낸다.

원색 중 가장 차분한 색은 파란색이며 근소한 차이로 그 뒤를 잇는 색은 옅은 빨강이다.

노랑, 주황, 빨강 등 화려한 색상을 너무 많이 사용하면 시각을 부정적으로 자극할 수 있다.

자극을 전혀 가하지 않는 것은 지나치게 자극하는 것만큼이나 해로우므로, 무채색일 경우는 항상 유색을 추가한다.

단색으로는 분위기를 조성하기 어려우므로 감각을 자극하려면 적어도 두 가지 이상의 색깔이 필요하다.

무채색만 사용할 때는 무늬나 질감으로 변화를 주는 것이 필수다.

"The absence of colour
makes me unhappy.
When only careless greys or
whites are used,
I can't find anything to
resonate with in a building."

Jean-Christophe Aumas, *creative director*

"색이 없는 공간에 있으면 우울해진다.
회색이나 흰색 톤만 사용한 무성의한 건물에서는
그 어떤 감정도 느낄 수 없다."

장-크리스토프 우마, 크리에이티브 디렉터

마탈리 크라세, 디자이너
프랑스 파리 벨빌

"어릴 때 어떤 색을 좋아하든지 세월이 흐름에 따라 선호하는 색상도 지속적으로 바뀌게 마련입니다. 사람들은 색을 선택할 때 모험을 하지 않으려는 경향이 있어요. 색이 자신의 삶에 놀라운 가능성을 선사할 수 있다는 사실을 간과하고 있어요. 색은 만국 공통어예요. 색을 공간이나 제품에 잘 활용하면, 사람들이 그 공간이나 제품을 어떻게 사용할지 직관적으로 인식하는 데 도움을 줄 수 있지요. 우리가 알고 있는 색의 능력은 빙산의 일각일 뿐이에요. 색이 인간의 정신 상태와 행복에 미치는 영향과 그 잠재력에 대해서는 밝혀내야 할 부분이 여전히 무궁무진하답니다."

HIGHLIGHT

인쇄 공장을 개조해 집과 스튜디오로 변신시켰다. 집 안 구석구석을 자주색과 빨강부터 라임, 노랑, 그리고 눈부신 흰색에 이르기까지 폭넓은 색조를 탐색하는 색 실험실로 사용하고 있다.

BELIEF

색은 과학이 아닌 느낌으로 선택한다. 따라서 사람들은 대체로 색에 대해서는 지나치게 보수적이다.

LESSON

색은 디자이너의 협력자다. 색은 우리가 공간에 의도한 시나리오를 분명히 드러내도록 해주는 마법의 열쇠다.

"나는 타성에 젖은 방식을 거부한다.
나는 색이 디자인의 전반적인 기능을 규정하는 데
매우 중요한 역할을 한다는 믿음을 갖고
색상을 선택한다."

Chapter Two

Communal Living

더불어 살기

NO MAN
IS AN ISLAND,
ENTIRE OF ITSELF;
EVERY MAN IS
A PIECE
OF THE CONTINENT,
A PART OF THE MAIN.

John Donne, *Meditation XVII, 1623*

그 누구도
완전히 고립된 섬이 아니다.
모든 인간은
대륙의 한 조각이며
대양의 일부다.

존 던, '묵상 17', 1623

유대감을 가져라

Feel connected

생각거리

더불어 살기

사회적 디자인

소속 욕구

우리는 너무 오랫동안 공동체를 희생하면서까지 개인주의의 가치를 중시하는 사회에서 살아왔다. 하지만 인간은 사회적 동물이고 소속감이 필요한 존재다. 다른 사람들과 긴밀한 관계를 맺고자 하는 것이 인간의 기본 욕구다. 우리는 집단에 소속되기를 원하며 집단 속에서 어울리기를 원한다. 또 보살핌을 받고 싶어 하며 다른 이에게 거부 당하지 않기를 바란다. '소속'되고 싶은 욕구는 감정, 생각, 행동에 상당 부분 영향을 미친다. 행복하고 건강한 삶을 영위하기 위해서는 함께 살아가며 서로를 후원하고 지지하는 삶을 살아야 한다.

발전된 사회에 사는 사람들은 좀 더 부유할지는 모르지만 그렇다고 더 행복한 것은 아니다. 이는 어쩌면 시간이 흐를수록 사람들이 서로에게서 점점 더 멀어졌기 때문일지도 모른다. 개인과 공동체는 점점 더 독립적이 되었고, 서로에 대한 현실적인 필요성은 점점 더 줄어들었다. 과거에는 이웃의 집을 짓기 위해 온 마을 사람들이 팔을 걷어붙이고 나섰지만, 지금은 이웃 사람 이름을 아는 것만으로도 다행으로 여길 판이다. 많은 사람들이 혼자 살고, 재택근무를 하며, 여가 시간 중 많은 부분을 사람을 직접 만나기보다 인터넷으로 쇼핑이나 사교 활동을 하는 데 보낸다.

1938년 하버드 대학교 그랜트 연구소Harvard Grant Study에서 삶의 질을 조사하는 실험을 시작했다. 현재까지 거의 80년 동안 268명의 삶을 추적 관찰해온 이 연구는, 건강하고 행복한 삶에 대한 가장 철저한 연구이며, 놀라울 정도로 깊고 광범위한 주제를 다룬다 이 연구에서 밝혀진 것은 삶에서 진실로 중요한 단 한 가지는 다른 사람들과의 관계라는 사실이다.

분명한 사실은 친구나 가족과 더 많이 연락하고 교류하는 사람들이 어떠한 상황에서든 더 행복하다는 것이다. 바로 이것이 우리가 집을 디자인하거나 주거용 건물을 개발할 때 '어떻게 하면 단란함, 유대감, 소속감을 창조하고, 깊고 의미 있는 대화를 조성하는 공간을 디자인할 수 있을까?'를 제일 먼저 생각해야 하는 이유다.

오늘날 많은 사람들은 가족공동체가 무너지고 있는 것에 대해 염려한다. 물론 가족에 대한 전통적인 관념은 세월의 흐름에 따라 변화되어왔다. 가족공동체는 지금까지 양부모 가정으로 진화해왔지만 오늘날에는 편부모 가족, 다세대 가족, 그리고 복합 가족 이혼, 재혼 등으로 혈연이 아닌 가족이 포함되는 가족 등으로 다각화되는 양상이다. 이러한 '제1차 집단가족 등'이 우리의 삶을 이끌며, 정체성과 가치, 믿음에 대한 강한 인식을 가장 근본적인 수준에서 우리에게 부여하고 있다. 하지만 집이라는 공간에서 어떤 형태의 가족이 살든 간에 모두 똑같은 문제에 봉착한다.

일반적으로 그릴 수 있는 집 안 풍경은 가족 구성원들이 제각기 다른 공간에 틀어박혀 있는 모습이다. 아이들은 텔레비전에 들러붙어 있고, 부모는 부엌 식탁에 앉아 스마트폰을 들여다보거나 밀린 집안일을 하거나 위층 컴퓨터 앞에 앉아 블로그에 글을 올리면서 말이다. 행복에 관련한 여론 조사에서, 응답자 중 18퍼센트가 그들의 가족 구성원이 모두 같은 시간에 집에 있을 때 각자 다른 공간에 있을 가능성이 매우 높다고 말했고, 36퍼센트는 때때로 그렇다고 응답했다. 가족 사이에 수준 있는 대화가 오간다고 대답한 응답자는 절반을 겨우 넘긴 52퍼센트였다.

안타깝게도 응답자 중 17퍼센트가 외로움을 느낀다고 답했다. 그리고 약 17퍼센트는 가족과 깊고 의미 있는 대화를 나눌 수 없어 외로움을 느끼며, 20퍼센트는 가족이나 친구와 함께 보낼 시간이 충분하지 않아 외롭다고 답했다. 친밀한 관계를 갈망하는 독신자도 이와 동일한 반응을 보였다.

하지만 외로움을 고독감과 혼동해서는 안 된다. 고독은 멋지고 아름다운 사유의 시간이 될 수 있지만, 인간은 태초부터 생존을 위해 서로에게 의존해왔다. 함께 사냥하고 식량을 구했을 뿐만 아니라, 안전과 온기와 우정을 나누었다. 인간은 진화를 거듭해왔지만, 소속되고 싶은 본능은 변함없이 지속되어왔다.

디자인을 할 때는 어떻게 하면 그 공간을 사용하는 사람들에게 즐거움을 주고 그들을 웃게 만들 수 있을지 생각해야 한다.

런던에서 활동하는 디자이너 리 브룸Lee Broom이 자택은 완벽한 오락 공간으로 디자인했다. 개방적이고 매력적인 분위기를 풍기면서도 프라이버시를 보장하는 공간이다.

덴마크 인테리어 제품 회사인 비포Vipp의 수석 디자이너 모르텐 보 옌센Morten Bo Jensen의 자택 부엌은 단지 음식을 조리하는 공간이 아닌 사람들이 머물면서 즐거운 시간을 보낼 수 있는 곳으로 디자인했다.

독일 건축가 안야 테데[Anja Thede]는 좁고 개방된 공간에 프라이버시를 부여하는 데 커튼이 얼마나 큰 역할을 하는지 증명한다.

도시가 커지고 건물들이 점점 더 높아짐에 따라, 사람들이 느끼는 고립감도 점점 더 커지고 있다. 사람들 사이에 신뢰감과 유대감을 형성할 수 있는 해법을 찾는 일이 시급하다.

Communal Living
Agenda

인터넷이 인간관계의 단절과 소외를 심화시킬까?

소셜 미디어와 휴대폰 사용의 증가에도 35세 이하 사람들은 예전보다 외로움을 더 많이 느낀다고 한다. 뉴욕 대학 사회학과 교수인 에릭 클리넨버그Eric Klinenberg는 "외로움을 결정하는 것은 관계의 양이 아니라 질이다"라고 말한다. 페이스북과 같은 웹사이트는 '진짜' 친구가 누구인지에 대한 우리의 판단을 왜곡시키며, 사람들은 제대로 된 대화를 통해 교류하기보다 단순히 '좋아요' 버튼을 누르는 것에 더 만족하는 관음증 환자가 되어가고 있다.

소셜 미디어가 다른 이들과 관계를 맺는 방식을 바꾸어놓았기 때문에, 우리는 관계 속에서 어떻게 만족감을 느낄 수 있는지 다시 생각해야 할 필요가 있으며, '트윗'이나 '상태 업데이트'를 아무리 많이 하고 문자를 아무리 많이 받는다고 해도 만족감을 얻을 수 없다는 사실을 깨달아야 한다. 인스타그램, 트위터, 페이스북 같은 소셜 미디어를 통해 아무리 많은 이야기를 나누어왔다 해도 얼굴을 마주 보며 하는 진짜 대화에 비하면 조족지혈에 불과하다. 만일 다른 사람들과 대화하는 유일한 공간이 소셜 미디어라면 한집에 산다고 한들 무슨 의미가 있겠는가.

사람들이 소셜 미디어에 평균적으로 소비하는 시간은 놀라울 정도로 많다. 해피폴 조사에서 우리가 소셜 미디어에 얼마나 중독되어 있는지 알 수 있는 흥미로운 결과가 나왔다. 응답자 중 약 58퍼센트가 소셜 미디어를 위해 시간을 보내고 난 뒤 기분이 더 좋아지지 않았다고 대답했으며, 사실상 기분이 더 나빠졌다고 응답한 사람들은 무려 51퍼센트나 되었다. 그리고 자신이 소셜 미디어에 올린 포스트에 대해 사람들이 '좋아요'를 누른 숫자가 자신의 기분이나 자부심에 영향을 미칠 수 있다고 생각한 응답자가 56퍼센트나 된다는 것은 그리 놀라운 일이 아니다. 사회가 끊임없이 신기술을 수용하고 그 기술을 소통과 상호작용의 수단으로 사용함에 따라, 면대면 사교 기술을 익히고 개발하는 것이 더욱 중요해졌다. 이러한 기술을 개발하기에 가장 좋은 장소는 바로 가정이다.

평생 친구

일본어 '이키가이いきがい'는 '인생을 살맛 나게 만드는 가치 혹은 보람'으로 번역할 수 있다. 오키나와 섬은 세계에서 100세 이상 고령자가 가장 많이 사는 곳으로 유명하다. 어떤 사람들은 이들의 장수 비결이 식단이라고 생각하지만, 대부분의 지역 주민은 가족이나 이웃과의 긴밀한 유대 관계 때문이라고 믿는다. 노인들은 젊은 세대와 활발히 교류하고, 금요일마다 섬의 여러 마을이 돌아가면서 주민들이 새로 온 사람들과 만나거나 오랜 친구나 친척과 밀린 이야기를 나누는 자리를 마련한다.

강력한 사회적 유대감이 사람들이 더 오래, 더 건강하게 삶을 영위하는 데 도움을 주는 것 같다. 미국의 브리검 영 대학Brigham Young University과 노스캐롤라이나 대학이 공동으로 수행한 연구에서 적절한 사회관계를 유지하는 사람은 사교 활동이 불충분하거나 부적절한 사람에 비해 오래 살 가능성이 50퍼센트나 더 높은 것으로 나타났다.

좋은 대화는 물론이고, 심지어 친분 관계가 있는 사람의 이야기를 듣는 것만으로도 지적 능력이 향상될 수 있다는 사실을 알고 있는가? 전문가들은 사교 활동이 십자말풀이 같은 뇌 훈련 게임처럼 두뇌보유고頭腦保有高 형성에 도움이 될 수 있다고 믿는데, '두뇌보유고'란 알츠하이머병으로 뇌의 한 부분이 손상될 경우 저수지의 물처럼 끌어다 쓸 수 있는 두뇌 기능을 말한다.

이런 이야기가 다소 우울하게 들릴 수도 있겠다. 하지만 우리가 직면한 문제가 무엇인지 알아야 이를 해결할 방안을 모색할 수 있고, 이 과정에서 터득한 지식을 공간에 거주하는 사람들이 대화하고 교류하며 나아가 행복을 느끼도록 도와주는 공간을 디자인하는 데 사용할 수 있다.

오픈플랜식 생활

'오픈플랜open-plan식' 디자인이란 벽이나 칸막이를 하지 않고 모든 방을 한눈에 볼 수 있는 개방형 구조로 설계하는 방식을 말한다. 이런 디자인은 가족 구성원 간의 상호작용을 촉진하고 유대감을 형성하는 데 도움을 줄 수 있다.

오픈플랜 방식이 프라이버시를 침해하지나 않을까 염려할 필요는 없다. 놀랍게도 해피폴 응답자 중 가정에서 프라이버시를 더 많이 확보할 필요성을 느끼지 않는다고 대답한 사람이 81퍼센트에 달했다. 물론 누구에게나 나 혼자만의 시간이 어느 정도 필요하지만, 하루가 끝날 무렵에는 일반적으로 가족이나 동거인과 함께 시간을 보내기를 원한다. 혼자가 아닌 다른 사람과 살고 있을 때, 사람들은 그들과 더불어 시간을 보내고 싶어 하는 경향이 있다.

오픈플랜식 생활을 성공적으로 영위하는 비결은, 다른 사람과 교류할 수 있는 아주 큰 사회적 공간 하나를 마련하고, 그와 더불어 프라이버시가 보장되는 또 하나의 공간을 확보함으로써, 각자가 공동체의 일원임을 느끼는 동시에 개인적인 용무를 볼 수 있게 만드는 것이다. 최근에는 한집에서 각자 다른 공간에 있는 가족 구성원이 대화나 스킨십 같은 직접적인 교류는 하지 않더라도 적어도 서로를 보는 것은 가능한 공간이 홈 디자인 분야에서 주목받고 있다.

공동 공간은 가족과 친구를 집 안의 특정 장소로 끌어들여 그들이 그곳에 오래 머물면서 이야기를 나누고 놀이를 하거나 창의적인 활동을 할 수 있는 이른바 '핫 존hot zone'이 되어야 한다. 비결은 벽감벽면을 우묵하게 들어가게 만든 공간, 창가 자리, 칸막이 가구, 벽 대신 커튼이나 내부 창문 등을 포함시키는 것이다. 우묵한 곳에 만든 좌석은 매우 낭만적이며 사람들을 불러 모으는 매력이 있다. 넓고 탁 트인 거실 한쪽에 지면을 좀 낮게 해 흔히 '대화실'이라고 부르는 작은 거실 공간을 마련하면 강한 친밀감을 조성할 수 있다. 오픈플랜식 공간 내에 층을 달리해 설계하면 친밀감과 프라이버스가 동시에 충족되는 분리된 구역을 만들 수 있다.

고정관념 버리기

'부엌은 가정의 중심이다'라는 말이 있듯이, 나는 이 멋진 공간에서 행복한 디자인을 위한 단서를 찾아야 한다고 생각한다. 사람들은 음식이 가득하고 생산적인 분위기 속에 머물고 싶어 한다. 대화와 웃음, 가벼운 가십거리를 나누기에 완벽한 분위기를 조성하는 매개체로 음식만 한 것이 또 있을까?

우리는 안락한 분위기를 만들 때 엉뚱한 곳에 주력하는 것 같다. 일반적으로 거실을 꾸미는 데 많은 돈과 시간을 소비하지만, 대부분의 사람들이 거실에서 보내는 시간은 하루에 한두 시간밖에 되지 않는다. 해피폴 조사에서는 응답자 중 70퍼센트가 거실용 소파에 호주 달러로 2000~6000달러약 170만~520만 원를 기꺼이 쓰는 반면, 식탁 구입에는 61퍼센트가 700~1000달러약 60만~87만 원밖에 쓰지 않는 것으로 나타났다. 만일 거실 소파에 투자한 만큼의 돈을 안락한 식탁 의자를 구입하는 데도 투자한다면, 부엌에서 가족과 함께 보내는 시간이 좀 더 길어지지 않을까? 푹신하면서 가급적 등받이가 있는 의자를 선택해 어떤 일이 생길지 한번 실험해보면 어떨까?

만일 텔레비전 앞에는 편안한 소파를 두어야 한다는 고정관념을 버린다면, 테이블에 둘러앉아 대화를 나눌 수 있도록 유도하는 보다 역동적인 환경을 조성할 수 있을 것이다. 소파를 식탁으로 옮기고 대신 식탁 의자를 거실 텔레비전 앞에 놓았을 때, 과연 집 안 풍경이 어떻게 바뀔지 상상해보자. 거실 대부분을 부엌 공간으로 넘긴다면 너무 과할까? 우리는 부엌을 단지 기능적인 공간으로만 생각하고, 삭막한 흰색으로 가급적 미니멀하게 꾸미려고 하는데, 이 또한 과감히 탈피해야 할 고정관념이다. 오히려 반대로 부엌은 따뜻하고, 감각적이며, 편안하면서도 매력적으로, 다시 말해 사람들을 한자리에 불러 모으기 좋은 장소로 디자인해야 한다.

향연 테이블

'다이닝 테이블dining table' 혹은 '다이닝 룸dining room' 같은 말이 내게는 케케묵은 구식으로 느껴질 때가 많다. 이러한 단어는 딱딱한 격식, 냉랭한 대화, 불편한 좌석, 그리고 가끔 특별한 날에나 사용하는 장소 등의 이미지가 연상되기 때문이다.

그래서 나는 '정찬dining'이라는 말 대신 좀 더 따뜻한 느낌을 주는 '향연feasting'이라는 말로 바꿔야 한다고 생각한다. '향연 테이블feasting table'이나 '향연장feasting room' 같은 말로 바꿔 부른다면, 곧바로 후한 인심이나 위안, 그리고 막힘 없이 술술 이어지는 대화가 떠오를지도 모른다.

크리스마스 파티나 송년회 같은 특별한 날에는 보통 가족과 친구들이 커다란 식탁에 둘러앉아 지난 한 해 동안 있었던 일을 이야기하거나 짓궂은 농담, 재미있는 이야기를 나눈다. 런던 정치 경제 대학에서 실시한 조사에서, 사람들이 크리스마스, 혹은 명절에 가족이나 친구들과 식탁에 둘러앉아 있을 때 가장 행복하다고 느낀다는 결과가 나온 것도 전혀 놀라운 일이 아니다. 나는 우리가 이런 잔칫상을 차릴 때 들이는 노력과 의식儀式을 일상생활에서도 실천했으면 하고 바란다. 물론 과음, 과식은 배제하고 말이다!

가족이나 친구들과 둘러앉아 음식을 나눠 먹는 것은 유쾌하고 즐거운 일이다. 피자 한 조각이라도 상관없다. 컬럼비아 대학의 국립 중독 및 약물 남용 센터The National Center on Addiction and Substance Abuse는 부모와 규칙적인 식사를 하면서 채소의 중요성이나 대화 예절, 나이프와 포크 사용법 등을 배우는 어린이들은 흡연이나 음주, 식이 장애, 또는 우울한 감정을 경험할 가능성이 더 낮다는 연구 결과를 발표했다. 함께 식사하는 자리에서 텔레비전이나 스마트폰 등 현대문명의 이기를 사용하는 것에 대해 어떻게 생각하는가. 해피폴의 조사에서는 응답자 중 단 29퍼센트만이 집에서 식사를 할 때 스마트폰이나 텔레비전을 보지 않는다고 응답했다.

나는 개인적으로 '향연 테이블'은 집 안에서 제일 큰 가구라야 한다고 생각한다. 테이블이 충분히 크면 친구나 가족이 모두 한자리에 앉을 수 있을 뿐만 아니라, 일을 하거나 공부를 할 때도 아주 유용하게 사용할 수 있다. 두 사람이 각각 긴 테이블의 양쪽 끝에 앉아서 일하면, 방해받지 않고 일에 집중할 수 있으면서도 가끔 고개를 들어 서로를 쳐다볼 수 있다.

길쭉하든 둥글든 간에 대형 테이블 한가운데에는 언제나 유리잔, 물병, 견과류나 과일이 담긴 그릇, 소금·후춧가루·설탕 그릇, 촛대 등이 무심한 듯 놓여 있어야 한다. 사용하지 않는다 하더라도 말이다. 그렇게 하면 큰 테이블이 위압적으로 보이지 않고 편안하고 정감 있게 느껴진다.

여러분이 사랑하는 사람을 향한 테이블 주위에 좀 더 오래 머물게 하고 싶다면 안락한 의자에 투자하기를 권한다. 그리고 벤치에는 반드시 쿠션을 놓자.

함께 아무것도 하지 않기

이케아는 2010년에 가족생활, 아동 발달, 그리고 놀이의 중요성에 대한 조사로는 최대 규모인 '플레이 리포트Play Report'를 발표했다. 이 발표에 따르면, 조사에 참여한 부모 중 45퍼센트가 자녀와 질 높은 시간을 충분히 보내고 있지 못한다고 느끼는 것으로 나타났다. 그리고 부모 중 71퍼센트가 자녀와 함께 느긋하게 보내는 시간을 좀 더 많이 갖기를 원했다. 자녀들과 함께 있을 수 있다면 특별한 활동을 하지 않아도 상관없다는 의견이었다. 또 53퍼센트의 어린이가 엄마, 아빠와 함께 부엌에서 시간을 보내고 싶어 하는 것으로 나타났다.

즉석 댄스파티든 양말 짝 맞추기든 상관없이, 어린이들은 단지 부모, 가족, 친구와 더 많은 시간을 함께 보내기를 원한다. 아무것도 하지 않고 빈둥거리는 것, 예컨대 소파에 누워 이야기 나누는 것이 사실은 가장 보람 있는 시간인 경우가 많다. 함께 시간을 보내는 데는 특별한 규칙이 필요 없다. 때때로 미리 계획하지 않고, 가족 전 구성원이 특별히 하는 일 없이 그냥 한자리에 모여 있을 때가 가장 행복한 시간이라고 느껴지기도 한다. 그런 이유로 여러분의 집 안에도 그냥 빈둥거리며 시간을 보낼 수 있는 공간을 만들어보라고 권하고 싶다. 쿠션이나 방석으로 가득 채운 구석 공간을 만들 수도 있고, 큰 소파나 기다란 탁자를 배치할 수도 있다. 잘 정돈되어 있으면서도 편안하고, 기능적이면서도 안락하고, 단순하면서도 동시에 아름다운 집은 가족 구성원을 결속시키는 데 큰 도움을 준다. 하지만 문제는 어떻게 하면 이런 집을 만들 수 있느냐 하는 것이다. 과학기술이 급변하는 세상에도 공동생활 공간을 만들 때는 기본으로 돌아가는 것이 가장 확실한 해결책이다.

수직적 생활

오늘날 도시 곳곳에서 고층 아파트가 쑥쑥 솟아오르는 것을 목격하게 된다. 건축가들은 초고층 주거 빌딩에서 사는 것에 '수직적 생활vertical living'이라는 이름표를 붙였다. 전 세계적으로 대도시의 주거비가 천정부지로 치솟는 탓에, 사람들은 도심 주택지의 협소한 생활공간에서 살기 위해 전통적인 뒷마당을 포기하고 있다. 이러한 형태의 공간에 사는 사람들은 행복 수준을 높이기 위해 이웃들과 유대감을 느끼는 것이 중요하다. 하지만 고층 건물에서의 삶은 고립감과 고독감을 키운다는 연구 결과가 속속 나오고 있다. 또 5층 이상 고층 건물에서 거주하는 사람들은 외로움을 더 많이 느끼고 새 친구를 사귀기가 더 힘들다는 연구 결과도 있다.

오늘날 많은 건물에서 결여된 것은 바로 공동체 의식이다. 특히 고층 건물은 개발하는 과정에서 마을이나 촌락 형성에 중점을 둘 필요가 있다. 건물 내에 고층 거주민들이 서로 대화를 나누고 사교 활동을 할 수 있는 여건을 마련해야 한다. 일반적으로 같은 건물에서 거주하는 사람들은 공통점이 많을 가능성이 크다. 정부는 시행령 등을 통해 아파트 건물 내에 공동생활 공간을 마련하도록 보장해야 한다. 여기에는 도서관이나 거주민들이 재택근무 시 이용할 수 있는 공용 사무실, 혹은 옥외 정원 등도 포함된다. 이러한 공동생활 공간은 거주민들이 외로움을 덜 느끼게 만들고 한 건물 내에 공동체 의식을 조성하는 데도 기여할 것이다.

사회 디자인

최근 사회 디자인social design 운동이 폭발적인 관심을 불러일으키고 있다. 이는 사람들이 생산적이고 성취감을 느낄 수 있으며 보다 행복한 삶을 영위할 수 있게 해주는, 보다 나은 사회를 만드는 데 디자인이 어떤 도움을 줄 수 있을지 모색하는 운동이다.

흥미롭게도, 최근에는 환경 디자이너들이 행복이라는 주제를 가지고 전략적인 방식으로 씨름하는 모습을 자주 목격하게 된다. 호주 시드니에 자선단체인 '미션 오스트레일리아Mission Australia'가 소유한 '커먼 그라운드Common Ground'라는 건물이 있다. 이 단체는 노숙자들에게 영구적인 숙소를 제공함으로써 사람들이 극단적인 노숙 생활에서 벗어나 사회 구성원으로 복귀하도록 돕는다. 이 건물의 잠재력은 무궁무진하겠지만, 무엇보다 인상적인 것은 사회 디자인적 측면이 두드러진다는 사실이다. 이 건물은 주거용으로, 건물 내에 의사, 치과 의사, 정신과 의사가 상주하며, 체육관, 컴퓨터실, 책 교환소, 텔레비전 시청실과 요리 교실이 열리는 공동 주방도 포함되어 있다. 반려동물을 키우는 것도 허용된다. 나는 반려동물을 들어오지 못하게 하는 건물은 '어린아이들은 들어올 수 없음'이라는 팻말을 내거는 것만큼이나 부당하다고 생각한다. 반려동물은 거주자들에게 위안을 줄 뿐만 아니라 이웃 간의 대화를 유도하는 최고의 매개체다.

이러한 아이디어들은 미래의 아파트 단지에서 더 많이 볼 수 있을 것이다. 앞으로는 건물을 구입 할 때 위치라든가 미적인 부분뿐만이 아니라 사회 디자인이 얼마나 잘되어 있는지가 중요한 고려 사항이 될 것이다. 심지어 자동차 나눔자동차를 빌려 쓰는 방법 중 하나로, 렌터카와 달리 주택가 근처에 보관소가 있으며, 주로 시간 단위로 필요한 만큼 사용한 후 반납하는 제도뿐 아니라 자전거 나눔이나 공구 나눔 서비스까지도 고려하게 될 것이다. 거주자들이 미술 전시회를 개최할 수 있는 화랑 공간도 고층 주거 건물에 등장하기 시작했다. 건물 옥상에서 기른 신선한 채소를 거주민뿐만 아니라 지역 공동체에도 판매할 수 있게 협동조합을 결성해 운영하는 사례도 있다.

앞으로는 주거용 건물에 레스토랑을 포함시키거나 룸서비스를 제공하는 인근 레스토랑 같은 사업 계획이 등장하리라고 확신한다. 그렇게 되면 저녁 식사용으로 피자나 프라이드치킨, 나초 등을 테이크아웃하는 수준을 넘어, 호텔에서 룸서비스를 받듯이 집에 가만히 앉아 아름다운 그릇에 담겨 배달된 음식을 먹고, 식사가 끝나면 현관문 밖에 빈 그릇을 내놓기만 하면 될 것이다.

관리인 서비스도 보다 보편화될 것이다. 관리인 서비스는 거주자를 더 많이 끌어들이는 주거용 건물의 장점으로 작용하는 추세다. 나도 관리인이 있는 건물에서 살아본 적이 있는데, 사실 이 서비스는 호사스럽다기보다는 도시에서 수직적 생활을 하는 사람들에게 꼭 필요한 서비스다. 관리인은 단지 우편물을 받아주는 도어맨의 역할을 넘어, 거주자들이 매일 싱긋 미소를 지으며 인사를 건넬 수 있는 대상이며, 거주자들이 화장실이 막혔거나 이웃과 문제가 생겼을 때 도움을 요청할 수 있는 생활의 조력자다.

하지만 상호작용은 강요할 수 없다. 공동 정원, 광장, 그리고 공동생활 공간 등이 사람들의 관심을 끌지 못해 사용하지 않은 채 버려진 사례를 너무나도 많이 보아왔다. 공동 공간을 디자인하기 전에 그 공간을 사용할 공동체나 단체의 의견을 반영하는 것이 중요하다. 만약 거주자들이 책을 전혀 읽지 않는다면 공동 구역에 도서관을 만들어봤자 무슨 소용이 있을 것이며, 공용 텃밭을 조성해보았자 거주자들이 텃밭을 가꾸는 데 시간을 쓸 생각이 없다면 또 무슨 소용이 있겠는가. 만일 초기 단계부터 거주자들의 의견을 듣고 그들이 공동 구역을 만드는 데 적극적으로 참여하도록 유도한다면, 거주자들이 그 공간에 대한 주인 의식과 자부심을 가지게 될 것이다. 뿐만 아니라 이는 이웃끼리 서먹서먹한 분위기를 깨고 서로 알고 지내며 나아가 유대 관계를 맺게 하는 데 더없이 좋은 방법이기도 하다.

"What makes my partner and
I happy is entertaining at our home.
We designed it to be theatrical,
fun and full of surprises.
We have had some great parties
here that will remain wonderful
memories for us and our
friends for a very long time."

Lee Broom, *designer*

"나와 내 배우자가 행복을 느끼는 순간은
우리 집에서 즐거운 시간을 보낼 때다.
우리는 집을 연극적이고 재미와 놀라움이 가득한 공간으로 디자인했다.
집에서 우리와 친구들이 아주 오랫동안 좋은 추억으로 간직할 멋진 파티도 몇 번 열었다. "

리 브룸, 디자이너

Ritual ideas for your family & friends

가족과 친구들을 위한 의식 만들기

이른바 '인간 표류 human drift' 현상을 해소하기 위해 우리가 해야 할 일은,
각자의 인생에서 중요한 사람들과 교류하는 기회를 자주 만드는 것이다.
이를 장려하기 위해 매주, 혹은 정기적으로 실천하는 의식儀式을 만들어보자.
생일이나 추모제 같은 주기적인 가족 행사는 가족 구성원이 손꼽아 기다리는 대표적인 가족 의례다.
이러한 행사는 소중한 추억을 만드는 기초가 되기 때문에,
각 가정에서는 자신들만의 가족 의례를 만들 필요가 있다.
아래는 여러분이 참조할 수 있는 몇 가지 아이디어다.

영화 감상의 밤
일요일마다 '향연' 테이블에 둘러앉아 바비큐 먹기
금요일은 피자 먹는 날
가족 구성원 중 좋은 일이 있을 때마다 다음 날 아침을 푸짐하게 먹기
개 산책시키기
가족 중 누군가가 우울하거나 슬플 때 꽃이나 나무 심기
매주 일요일 정원이나 텃밭 가꾸기
게임하는 날 정하기
가족 구성원 모두가 식사 준비에 참여할 수 있게 각자에게 임무 부여하기
특별한 행사가 있을 때 가족이 함께 집 안 장식하기

시노자키 히로유키篠崎弘之, 건축가
일본 도쿄

전통적인 2층 주택을 5층 공간으로 설계한 이 집은 프라이버시가 거의 없는 열린 공간처럼 보이지만, 데라도 씨 가족은 이 집에서 혼자만의 시간을 갖는 데 큰 어려움을 느끼지 않는다. 높이가 다른 상자를 쌓아 올린 것처럼 각 공간의 높이를 달리 설계함으로써 마치 서로 아주 멀리 떨어져 있는 듯 착각하게 만든다. 건축가인 시노자키 히로유키는 이렇게 말한다. "우리는 교류나 접촉에 초점을 맞추지 않고, 어떻게 하면 한 공간을 공유하는 사람들 간의 거리에 가변성可變性을 부여할 수 있는지에 관심을 둡니다. 이는 작은 공간에서 밀실공포증을 느끼지 않고 다른 사람과 시간을 보내거나 다른 사람과 멀찌감치 거리를 둘 수 있는 자유에 대한 거죠."

HIGHLIGHT

협소한 부지에 지은 9.4미터 높이의 이 집은 고밀도 공간에서 사는 사람들의 프라이버시를 지킬 수 있도록 디자인했다. 각기 높이가 다른 5층 안에 있는 모든 방은 창이나 문으로 막혀 있지 않고 개방되어 시각적으로 연결되어 있다.

BELIEF

프라이버시를 보장하기 위해 구태여 문이나 벽으로 차단할 필요가 없다. 멀리 떨어져 있다는 착각을 만들어내는 것이 중요하다.

LESSON

부지가 좁은 주택이라도 그 집에 거주하는 사람들의 프라이버시를 보장하는 개방형 설계가 가능하다.

"일본식 주택은 왜 그렇게 개방적이냐는 질문을 자주 받는다.
우리가 모색하는 것은 공간을 개방하느냐 닫느냐 하는 문제가 아니라,
어떻게 하면 공간 사이에
미묘하고 다양한 거리감을 부여하느냐 하는 것이다."

Chapter Three

Downtime

섬

THE TIME
TO RELAX IS
WHEN YOU
DON'T HAVE TIME
FOR IT.

Sydney J. Harris, *Strictly Personal, 1953*

바빠서

여유가 없을 때야말로

쉬어야 할

때다.

시드니 J. 해리스, 《철저히 개인적인》, 1953

휴식을 취하라

Take a break

생각거리

바쁜 삶에 대한 숭배

느긋해져야 할 필요성

안식처로서의 가정

이번 연구를 진행하면서 봉착한 큰 문제 중 하나는 모든 사람이 '너무 바쁘다'는 것이었다. 나를 비롯한 대부분의 사람들이 자신이 감당할 수 있는 수준을 넘어선 일정을 만든다. 이번 주 내 상태는 최악이었다. 얼굴에 뾰루지가 잔뜩 나고, 머리카락은 래브라도가 털갈이 하듯 뭉텅뭉텅 빠지고, 호흡에도 문제가 있었다. 그런 와중에도 내 전화기는 이거 해달라 저거 해달라는 내용의 메시지 알림음을 끊임없이 띠롱띠롱 울렸고, 나는 발바닥에 땀이 날 정도로 이리저리 돌아다녀야 했다. 이럴 때면 나는 작은 동굴 속에 기어 들어가 꽁꽁 숨어 지내고 싶은 마음이 굴뚝같다. 하지만 이런 생각마저도 스트레스가 된다. 그러면 내가 사람들을 실망시켰다는 죄책감을 느낄 테니까!

스스로 바쁘지 않다고 감히 말할 수 있는 사람들에게는 이런 생활이 놀라운 신세계처럼 여겨질 것이다. 단 한 주도 '다른 사람은 멋지게 사는데 나는 왜 이 모양일까' 하는 생각을 하지 않고 넘어간 적이 없는 건 나뿐만일까? 때때로 '바쁘다'는 불평이 하소연이라기보다 자랑처럼 여겨질 때가 있다. '너무 바쁜' 것이 훈장이라도 되는 것처럼 말이다. 해피폴 조사에서는 씁쓸하게도 응답자의 37퍼센트가 자신들은 바빠야 하거나 다른 사람들에게 바쁜 것처럼 보여야 하며, 그것을 자신들의 성공을 입증하는 증거라고 생각하는 것으로 나타났다. 그러나 이것은 분명 잘못된 생각이며, 잠시 쉬면서 정신에 자양분이 되는 활동을 하는 것에 결코 죄의식을 느껴서는 안 된다.

우리는 성공에 대한 기준을 정할 때 방향성을 잃어버린 것 같다. 성공이란 다람쥐가 쳇바퀴 도는 것 같은 삶이 아니라, 일을 덜하고, 일과 스트레스에서 분리되고, 가족과 더 많은 시간을 보내고, 휴가나 여행을 떠나는 삶을 사는 것이 아닐까? 물론 성공한 사람들은 우리네 평범한 사람들처럼 쳇바퀴를 돌지는 않을 테지만 말이다. 이 시점에서 나는 자신이 소유한 외딴섬에서 해먹 위에 한가로이 누워 일하는 리처드 브랜슨 Richard Branson, 버진 그룹을 다국적 기업으로 성장시킨 영국 기업인을 떠올리지 않을 수 없다. 진짜 성공적인 삶이란 바로 그런 모습이 아니겠는가!

우리는 풍요롭고 자유로운 시대에 살고 있지만, 사회 전체가 허탈감과 우울증을 겪고 있다. 많은 사람들이 돈벌이에 스스로를 혹사시키고 있다. 점점 줄어드는 자유 시간을 순간적인 쾌락을 좇는 데 허비하면서 말이다. 하지만 지금까지 많은 연구 결과에서 볼 수 있듯이, 행복은 돈으로 살 수 없다. 이러한 생활 방식은 건강에 치명타를 주어 '과로사'로 이어지게 할 위험이 크다. 일본 보건노동복지부가 실시한 조사에서 주당 평균 65시간 이상의 근무를 4주 이상 지속하거나, 주당 60시간 이상의 근무를 8주 이상 지속한 근로자는 과로사할 가능성이 큰 것으로 나타났다. 최근 몇 년 동안 대부분의 사람들이 생각하는 성공적이고 풍요로운 삶에 대한 개념이 180도로 바뀌었다. 이제 성공한 삶이란 바쁘고 화려한 삶이 아니라 평화롭고 조용한 삶이다.

우리는 일상에서 '속도를 늦춰라. 일을 멈추고 휴식을 취하라'라는 말을 끊임없이 듣는다. 어떻게 하면 브레이크를 잡고 삶을 즐길 수 있을까? 대부분의 사람들은 속도를 늦추라는 말을 듣길 싫어한다. 가장 좋은 방법은 일을 멈추고 휴식을 취하고 싶게 만드는 공간을 각자의 집 안에 만드는 것이다. 급변하는 세상에서 살아가는 사람들은 긴장과 스트레스를 해소하고 재충전할 수 있는 공간을 원한다. 하지만 불행히도 현대사회에는 사람들이 '느림', '긴장 풀기', '휴식' 같은 말을 실현할 여건이 마련되어 있지 않으며, 오늘날 대부분의 가정은 현대인들이 바쁜 일정을 소화할 수 있도록 편리성 위주로 설계되었다. 하지만 평온한 시간을 보내기 위해서는 집 안에 어머니의 자궁 같은 안전하고 평화로운 분위기를 조성하는 한편, 주위 환경과도 조화를 이루게 할 필요가 있다.

집을 안식처나 피란처로 보는 관점은 새로운 것이 아니다. 집이란 본디 우리가 고독과 휴식과 고요함을 찾는 장소다. 하지만 현실에서 집은 가족의 본부요 보육원이요 식당이며 일터이기도 하다. 우리는 집 안에 들어서는 순간, 할 일이 산더미처럼 쌓여 있음을 깨닫는다. 아이 도시락, 저녁 준비, 청소, 세탁, 숙제 등, 집안일은 해도 해도 끝이 없다. 따라서 주거 디자인은 이러한 일을 많은 시간을 들이지 않고 보다 쉽게 할 수 있게 하는 데 중점을 둘 필요가 있다.

사람들에게 무엇이 당신을 행복하게 만드는지 물어보면 인생의 작은 부분이라는 대답을 종종 듣는다. 하지만 그것을 즐기려면 여가 시간이 필요하다. 사람들이 속도를 늦추고 작은 즐거움을 누릴 수 있게 하는 공간을 만드는 것은 지극히 중요한 디자인의 역할이다. 공동생활 공간을 디자인할 때 내가 항상 염두에 두는 다섯 가지가 있는데, 그것은 PEACE, 즉 프라이버시Privacy, 오락Entertainment, 분위기Ambience, 안락함Comfort, 인간공학Ergonomics이다. 이 다섯 가지는 디자인할 때 명심해야 할 5계명이다.

천연섬유를 가볍게 지조한 천으로 만든 쿠션으로 구석 공간을 채우면 긴장을 풀고 편안하게 휴식을 취하는 어느한 공간을 만들 수 있다.

벽난로는 공간을 따뜻하게 하고 사람들을 불러 모은다. 또 불이 타닥타닥 타오르는 소리는 사람의 마음을 편안하게 해주고, 삶을 낙추하게 만드는 힘이 있다.

따뜻한 색과 차가운 색을 적절히 배합해 침실을 꾸미면 밤을 아늑하게 만들기 위한 완벽한 분위기를 연출할 수 있다.

리넨 소재의 침대 시트는 피부에 닿는 감촉이 시원해 숙면에 도움을 준다.

조용한 시간은 독서를 위해서만이 아니라 한 주를 돌아 보고 미래를 설계하기 위해서도 필요하다. 이러한 시간은 최상의 컨디션을 유지하는 데 필요한 에너지를 재충전하는 시간이기도 하다.

Downtime
Agenda

텔레비전을 끄자!
느리게 살기 운동
긴장 완화 효과
숙면
아늑함과 편안함
조용한 시간 갖기

텔레비전을 끄자!

텔레비전 시청이 우리를 우울하게 만들 수 있다는 사실을 알고 있는가? 보통 사람들은 하루에 네 시간 이상 텔레비전을 시청하는데, 연구 결과 텔레비전은 우리를 조금도 행복하게 해주지 않는 것으로 나타났다. 나는 허접한 텔레비전 프로그램을 시청하는 것을 좋아한다. 이렇게 말하니 마치 부끄러운 비밀을 털어놓는 것 같은 기분이 든다. 특히 집 안에 텔레비전이 없는 분들에게는. 그렇다. 나는 이른바 '드라마 페인'이다. 텔레비전 시청자 동지들이여, 슬프게도 여러분에게 들려줄 좋은 소식은 없다. 대부분의 조사에서 우리가 가장 좋아하는 방송 프로그램을 볼 때 느끼는 감정은 바로 우울함으로 나타났다. 한 연구에 따르면 텔레비전을 장시간 시청하면 소유 욕구가 크게 증가하며, 텔레비전을 한 시간 시청할 때마다 만족감이 5퍼센드 줄이든다고 한다.

가족 중 텔레비전을 끼고 사는 사람이 있으면 텔레비전 시청을 끊기가 쉽지 않다. 매일 밤 서로 다른 프로그램을 시청하려고 리모컨 쟁탈전을 벌이는 집도 많을 것이다. 하지만 일주일에 딱 3일 저녁만 텔레비전을 시청한다는 원칙을 세워 실천해보자. 그런 다음 6개월 동안 점차 시청 시간을 줄이려고 노력해본다.

한 가지 희망적인 소식은, 행복감을 주는 영화를 시청하면 기분이 극적으로 좋아질 수 있다는 것이다. 몇몇 연구에서 웃기거나 영감을 주는 영화를 시청하는 것이 기분을 향상시키는 매우 효과적인 방법임을 밝혀냈다. 따라서 텔레비전 방을 만들 생각을 접고 기운을 북돋아주는 홈 시어터를 만드는 데 주력하는 것이 현명한 일일지도 모른다. 영화를 시간 날 때만 가끔 보는 것보다 정기적으로 시청하면 매우 효과적인 기분 전환 방법이 될 수 있다. 하지만 우울하고 폭력적인 영화는 그 반대의 기분을 유발할 수 있다는 점을 유의하자.

만약 저녁을 온통 트위터, 인스타그램, 페이스북, 블로깅, 텔레비전 시청, 이메일 확인 등으로 채운다면, 그것도 이 모두를 동시에 하면서 보낸다면, 제발 그만두자! 당신은 지금 휴식을 취할 수 없을 정도로 너무 많은 디지털 정보를 뇌 속에 채워 넣고 있다. 이런 행동은 밤사이 당신의 몸과 마음이 휴식을 취하고 재충전하는 데 필수적인 수면을 유도하는 물질을 분비하지 못하도록 방해한다. 이 말은 전자 기기는 밤새도록 꺼놓아야 한다는 게 아니라 - 물론 그렇게 하면 더할 나위 없이 좋겠지만 - 적어도 잠자리에 들기 두 시간 전에는 디지털 기기에서 완전히 해방된 시간을 갖도록 하라는 뜻이다. 철학자 알랭 드 보통Alain de Botton은 금요일 늦은 저녁부터 일요일 저녁까지 '뉴스 안식일news Sabbath'을 갖도록 제안했다. 그 시간 동안에는 텔레비전, 라디오, 신문을 포함한 그 어떤 뉴스 매체도 가까이하지 않고 휴대폰을 확인하고 싶은 충동도 억눌러야 하며, 그 대신 우리 자신의 두 눈을 통해 세상을 경험해야 한다.

휴식을 취하려고 노력하라. 책을 읽고, 식사 후 반려견과 산책을 하고, 음악을 듣고, 친구나 연인과 대화하는 시간을 가져라. 이렇게 하면 밤에 잠도 더 잘 오고, 기분도 더 상쾌할 것이며, 다음 날 활력이 느껴질 것이고, 일의 능률도 훨씬 더 오를 것이며, 따라서 숨돌릴 시간도 갖게 될 것이다. 하지만 말하기는 쉬워도 실행하기는 힘들다. 이럴 때 내가 할 수 있는 조언은, 딱 일주일만 시도해보고 효과를 지켜보라는 것이다. 그러면 누가 시키지 않아도 스스로 실천하는 자신을 발견하게 될 것이다.

느리게 살기 운동

FOMO'좋은 기회를 놓치고 싶지 않은 마음'이라는 뜻의 'fear of missing out'의 줄임말나 YOLO'인생은 한 번뿐이다'라는 뜻의 'you only live once'의 줄임말 같은 신조어는 우리에게 삶에 더욱 순응하라는 압박을 가하면서 어느새 현시대의 좌우명이 되어버렸다. 하지만 삶을 살아가는 데는 각자 다양한 속도가 존재하는 것이 아닐까?

느리게 살기 운동slow movement는 현대의 빠른 속도에 대한 반발로 일어난 운동이다. 이 운동은 처음에는 음식에 초점을 맞추어 진행되었고, 슬로푸드Slow Food라는 단체가 패스트푸드에 사로잡힌 세상에 대항하기 위해 탄생시켰다. 이와 유사하게, 슬로 디자인slow design도 인간의 장기적인 웰빙과 환경 보존과 관련 있다. 이 운동에 참여하는 디자이너들은 정신적인 측면에 중점을 두고, 경험을 중시하는 지속 가능한 디자인에 관심을 가지며, 건축을 디자인할 때 인간 행동과 자연적인 주기를 고려하려고 노력한다.

슬로 디자인은 '만드는making' 관습을 적극 찬양하며, 사람들에게 과거의 방식을 환기한다. 예를 들어 최근 몇 년 사이 빠른 시간에 커피를 뚝딱 만드는 에스프레소 머신을 피하고 직접 물을 부어 커피를 내리는 고전적인 커피 메이커로 돌아가자는 운동이 일어나고 있다. 이런 도구를 사용하려면 번거로움과 더 많은 수고를 감수해야 하지만, 전체 과정은 더 느리고, 보다 전통적이고 감각적이며, 명상적인 경험을 선사한다. 대부분의 사람들은 오랜 시간 천천히 익힌 찜 요리나 자가 양조 맥주같이 정성이 듬뿍 들어간 음식과 음료를 더 좋아한다. 쿠션도 디지털 방식으로 생산한 것보다 스크린 인쇄로 찍어낸 것을 더 선호하며, 소파 덮개도 체인점 진열대에서 파는 것보다 지역의 공예가가 두툼하게 짠 덮개를 구입할 때 기꺼이 더 많은 돈을 지불할 것이다.

이 시대에 만연한 속도 중독 현상이 삶의 질뿐만 아니라 생산성과 건강마저 위협하고 있으므로, 디자이너들이 '슬로 디자인'의 원칙을 수용해야 한다고 생각한다. '느린 삶'을 부분적으로라도 시도해보는 것이 어떨까? 일주일 동안 해야 할 일을 제일 중요한 순서대로 적어보자. 아마 대부분은 지나치게 많은 일을 적고 어떻게든 일정에 맞춰보려 노력할 것이다. 하지만 느긋하게 살고 싶다면 일을 줄여야 한다. 목록 맨 밑에서부터 중요하지 않은 것을 제외한다면, 20분 동안 전화기를 끄고 아늑한 곳을 찾아 재충전하는 휴식 시간을 가질 수 있을 것이다. 그리고 회의나 약속 사이에 시간을 넉넉하게 두어 일정을 짠다면 급히 서두르는 상황은 피할 수 있다. 또는 정원 일, 명상, 요가, 태극권 등 삶에 느림의 미학을 부여할 수 있는 활동을 시도해볼 수도 있다.

그냥 하던 일을 멈추고 주위를 둘러보자. 적어도 30분은 자녀, 부모, 혹은 친구와 대화를 나누는 데 보내자. 하늘을 보고 바람의 움직임을 느껴보자. 새들이 지저귀는 소리를 듣고, 책을 읽거나 긴 시간 동안 호사스러운 목욕을 즐겨보자. 최근에 하던 일을 멈추고 집에 걸려 있는 그림이나 사진을 감상한 것이 언제였는가? 몽상은 시간 낭비가 아니다. 사실 몽상은 긍정적인 효과를 낳는 것으로 나타났다. 캘리포니아 대학의 한 연구팀은 몽상을 하는 사람들은 문제에 봉착했을 때 좀 더 효과적으로 대처할 가능성이 크다는 사실을 밝혀냈다. 건물과 주택을 지을 때도 사람들의 몽상을 부추기는 환경을 만드는 것이 중요하다. 밖을 내다볼 수 있는 창문, 밀실, 혹은 장소나 시간의 기억을 자극하는 사진……. 이 모든 것들은 디자인 과정에서 반드시 고려해야 할 사항이다.

긴장 완화 효과

이 책을 위해 자료를 조사하는 동안, 나는 내 생활에 큰 변화를 주었다. 일과 생활이 좀 더 균형을 이루고, 무엇보다 내가 더 행복해졌으면 하는 바람에서였다. 하지만 그 일은 생각만큼 쉽지 않았다.

내게 집 안에 새로운 색을 추가한다거나 침구 스타일을 바꾼다거나 하는 것은 쉽고 행복한 일이다. 하지만 요가와 명상을 실천하는 일은 정말 힘든 일 중 하나다.

나는 명상법을 배우기 위해 강좌에 몇 번 등록한 적이 있었다. 하지만 무슨 이유에선지 너무 긴장되었다. 강의료가 비싸다는 사실을 알았을 때 나의 시니컬한 성격이 본색을 드러내기도 했다. 하지만 나한테 잘 맞는 요가나 명상법을 찾으려고 무척 애썼다. 잘될까, 하는 의심을 떨쳐내고 일단 해보는 데까지 해봐야 한다는 생각도 갖고 있었다. 요가와 명상은 사람들이 전자 기기에서 벗어나고, 스트레스를 풀고, 자신을 삶의 중심에 두는 데 도움을 주며, 행복을 느끼게 만든다는 것이 여러 연구에서 입증되었기 때문이다. 그래서 나는 행복으로 이르는 모든 길이 항상 요가나 명상에 귀결되는 이유가 무엇인지 알아내고 싶었다. 그리고 내가 알아낸 사실은 소파에서 빈둥거리거나 차 한 잔의 휴식만으로는 충분하지 않다는 것이다. 우리는 육체적 긴장감에서 해방되고 정신적으로도 완전히 스위치를 꺼버리는 것 같은 '깊은 휴식'을 경험할 필요가 있다.

여러분에게 불교 신자가 되라거나 염불을 하라고 설득하려는 것이 아니니 걱정 마시라. 하지만 하루에 단 20분 동안의 명상만으로 2~3시간의 휴식과 맞먹는 효과를 거둘 수 있다고 한다. 이렇게 하면 머리가 맑아지고 집중력을 높이고 기력을 증진시키는 데 도움이 될 뿐만 아니라, 자부심이 높아지고 기억력과 지력, 창의력이 향상된다.

또 우울증, 피부 질환, 불안감, 약물 남용을 치료하는 데도 도움이 되며, 행복 수준에도 긍정적인 영향을 미친다고 한다.

요가나 명상을 하는 사람들이 많아질수록, 사람들이 이러한 요법을 실천할 수 있게 조용한 시간을 제공하는 공간의 필요성이 높아진다. 나처럼 여유가 없는 사람들은, 명상이나 요가 전용 방은 고사하고 여분의 의자 하나 놓을 공간도 마련하기 힘들다. 하지만 집 안의 작은 구석도 이러한 용도에 맞는 공간으로 재탄생시킬 수 있다. 예컨대 조용한 공간이 필요하다면 집 안에서 거의 사용하지 않는 장소에 가장 좋아하는 의자 하나를 갖다 놓는 것은 어떨까? 또는 그냥 침실 문을 걸어 잠그고 침대 위에 걸터앉는 것은? 하지만 운 좋게도 집 안에 여분의 방이 있는 독자를 위해 아래와 같이 도움이 될 만한 몇 가지 팁을 소개한다.

일단 문 안으로 들어서자마자 긴장이 풀리고 편안하게 느껴지는 공간을 만들고 싶을 것이다. 그렇다면 차분한 색상, 즉 부드러운 톤의 청색, 녹색, 노란색 계열을 선택하면 실패할 확률이 적다. 빨강이나 오렌지 계열은 피해야 한다. 만일 불빛이 머리 위에서 내리비친다면 어둑한 조명으로 바꾸거나, 촛불이나 작은 스탠드를 이용해 보다 은은한 분위기를 낸다. 물소리가 긴장을 풀어주고 마음을 편안하게 해준다는 이유로 방 안에 소형 일본식 분수를 설치하는 사람도 있다. 무엇보다 중요한 것은 전화기, 텔레비전, 컴퓨터 같은 전자 기기를 방 안에서 치우는 것이다. 하지만 은은한 음악이 나오는 오디오 시스템을 두고 싶어 하는 사람이 있을 것이다. 그리고 마음을 차분하게 해주는 아름다운 소품이나 장식품을 한두 개 정도 배치하는 것은 좋지만, 잡동사니로 방 안을 가득 채워서는 안 된다. 휴식에 도움이 되지 않는 것은 과감하게 치워버려라.

숙면

너무나 바쁜 일상에 휘둘려 밤잠을 설치고 충분한 수면을 취하지 못하는 사람들이 점점 증가하고 있다. 불안감, 우울증, 불면증 등으로 삶의 질과 건강을 위협받는 요즘, 숙면의 중요성이 그 어느 때보다 높아지고 있다.

잠을 충분히 자지 못하면 질병에 걸릴 위험이 높아진다는 정신이 번쩍 나게 하는 이야기는 여러분도 들어봤을 것이다. 여기에 더해 충분한 숙면은 행복한 삶과도 밀접한 관련이 있다는 사실이 많은 연구 결과를 통해 입증되었다. 그런데 내가 지난 몇 년간 관찰해 온 바에 따르면, 집 안을 꾸밀 때 대부분의 사람들이 제일 홀대하고 대충 넘어가는 곳 중 하나가 바로 침실이다. 대체로 거실 같은 공동 공간을 꾸미는 데 더 중점을 두기 때문이다. 그러나 침실을 평온하고 위안을 주고, 방음과 차광이 되는 안락한 환경으로 만드는 일이야말로 그 무엇보다 먼저 해야 할 일이다. 침실 환경을 바꾸면 수면의 양과 질을 크게 개선할 수 있다. 매일 밤 숙면을 취하면 긍정적인 시각이 생겨날 가능성이 크다. 심지어 한 연구에서는 매일 밤 충분한 시간 동안 숙면을 취하는 것이 봉급이 크게 오르는 것보다 더 큰 행복감을 느끼게 해주는 것으로 나타났다. 사실, 밤잠을 설친 날은 아침에 배우자나 아이들의 요구나 번잡스러움을 참아내기가 훨씬 더 힘들다. 호텔에서 자면 잠이 더 잘 온다고 느끼는 사람들이 많은 것도 결코 우연이 아니다. 호텔 체인은 고급 리넨과 침대가 그들의 지속적인 영업을 보장해주는 비결이라고 믿는다. 우리도 호텔에 버금가는 수준으로 침대에 정성을 기울일 필요가 있다. 침대는 우리가 휴식을 취하고, 잠자고, 사랑을 나누고, 텔레비전을 보고, 심지어는 먹고 마시고 일을 하는 곳이기도 하니까. 애플 스마트폰 사용자 4만 5000명을 대상으로 한 조사에서, 사람들은 섹스가 그 어떤 것보다 삶에 활력소가 된다고 생각하는 것으로 나타났다. 이 사실 하나만으로도 우리가 편안한 침대에서 잠을 자야 할 충분한 이유가 된다!

따라서 침대와 매트리스와 침구는 형편이 허락하는 한 최고급품으로 구입하고, 매트리스는 5~7년마다 새것으로 교체하자. 부부가 한 침대를 쓴다면, 숙면을 위해 퀸이나 킹 사이즈를 선택한다.

해피폴 설문 조사 결과, 응답자 중 30퍼센트가 매트리스 구입 시 평균적으로 3000호주 달러한화로 약 250만 원를 지출하는 것으로 나타났다. 소위 '꿀 매트리스'를 사기 위해 그 정도의 돈을 투자해놓고, 병원 침대에서나 쓰는 뻣뻣한 침대보로 덮어 효과를 반감시킨다면 무슨 소용이 있겠는가? 뻣뻣한 침대보 대신 감촉이 부드러운 시트와 침대보, 담요를 끄트머리가 자연스럽게 바닥에 닿도록 펼쳐놓으면 한결 편안하고 아늑한 분위기를 연출할 수 있다. 침구 직물은 살갗에 닿았을 때 기분이 좋아지는 감촉 좋은 직물로 선택하자. 침대 시트용으로는 시원한 면이나 리넨이 좋고, 담요와 침대 커버와 퀼트 등은 보드랍고 매끄러운 벨벳이나 울이 적합하다. 침실 카펫은 발바닥이 닿을 때 기분이 좋아지는 폭신한 소재로 선택해야 한다.

침실은 시원하고 조용하며 어두워야 한다. 또 너무 덥거나 추우면 수면을 방해할 수 있다. 메모리폼 베개가 대유행이긴 하지만 통기성도 떨어지고 여름에 아주 더울 수 있다. 침실에는 머리 위에서 비추는 밝은 전등보다 촛불이나 와트 수가 낮은 전구를 사용하는 스탠드가 더 바람직하다. 햇빛은 자연적이고 긍정적인 에너지의 원천이지만 평화로운 숙면을 방해할 수 있다. 아침 해는 뇌에 깨어나라는 신호를 주므로 수면 시간에는 햇빛을 차단해야 한다. 침실을 평온하고, 감각적이며, 위안을 주는 분위기로 꾸미려면 노을이 연상되는 색상을 사용하는 것도 방법이다. 초록색, 연보라, 담자색, 캐러멜색도 추천할 만하다.

밤에는 휴대폰을 들여다보고 있지 않는다 해도, 문자나 메일이 도착할 때마다 발신음이 띠룽띠룽 울리거나 부르르 진동하거나 화면이 켜진다. 따라서 잠자리에 들기 전, 모든 전자 기기는 다른 방에 두는 것이 좋다. 침실에는 휴대폰 자명종 기능 대신 전통적인 자명종을 놓아두자.

아늑함과 편안함

최근 세계에서 가장 행복한 나라로 선정된 덴마크의 국민들은 가정 행복의 비결은 '휘게hygge'를 성취하는 것이라고 믿고 있다. '휘게'는 정확하게 번역하기 어려운 단어지만, 일반적으로 익숙하고 아늑한 것에 둘러싸인 편안함을 통틀어 말한다고 이해할 수 있다. 아늑함과 편안함은 공간에서 여유롭게 시간을 보낼 수 있게 도와주고, 마음껏 자유를 느끼게 해준다.

친구나 가족이 한 장소에서 좀 더 많은 시간을 보내게 하고 싶다면 자연스럽고 편안한 분위기를 조성하는 데 디자인 초점을 맞춰야 한다. 사람들은 자신의 집이 세련되고 멋지게 보이길 원하면서도, 한편으로는 아늑하고 편안하기를 바란다. 편안함과 세련됨 사이에서 적절한 균형을 유지하는 것은 어려운 일이다. 아무리 최신 유행 스타일의 의자나 소파, 혹은 인테리어라 할지라도 편안하지 않다면 무용지물일 것이다. 이 경우 내가 해줄 수 있는 조언은 주변을 다양한 질감으로 둘러싸라는 것이다.

손가락과 발가락을 황홀하게 만드는 질감은, 살갗이 표면에 닿는 순간 우리가 갈망하는 느긋한 호사스러움을 전해준다. 평범한 소파라도 굵은 멀티컬러 털실로 뭉친 듯한 느낌이 나도록 직조한 울 쿠션이나 양털이 그대로 남아 있는 양가죽 소파 덮개 등을 이용해 완전히 변신시킬 수 있다. 바닥도 여러 장의 러그로 패치워크처럼 연출하면 분위기가 확 살아난다. 그리고 침대는 침대 시트, 누비이불, 그리고 보드랍거나 두툼한 덮개 몇 장을 겹겹이 펼쳐놓으면 한층 아늑한 느낌을 준다. 무엇보다 방 안 분위기를 상황에 맞게 조성하는 것이 핵심이다. 당신의 가족이나 친구는 아늑하고 친밀한 공간에서 더 잘 모이고 어울리는지, 아니면 햇빛으로 가득한 탁 트인 공간을 더 선호하는지 생각해보자. 그들이 어느 쪽을 선호하는지 알아내면, 당신은 그것을 수용하고 끝까지 그 방향을 고수해야 한다. 미온적이고 애매한 디자인 메시지는 불편한 좌석, 거슬리는 색깔, 지나치게 밝은 조명, 너무 덥거나 추운 기온과 마찬가지로 사람들을 불안하게 만들 수 있기 때문이다.

조용한 시간 갖기

과중한 업무, 복잡한 집 안 문제, 그 밖에 얼굴을 찌푸리게 만드는 일상의 스트레스에서 벗어나 자유로운 시간을 갖는 것은 중요한 일이다. 일상에서 벗어나 잠시 일탈을 누리는 것은 전혀 문제될 게 없지만, 휴가를 떠나거나 요가를 하려면 돈이 필요하다. 하지만 이보다 더 간단하고 경제적인 방법이 있다. 집 안에서 조용한 시간을 가질 자신만의 공간을 찾기만 하면 된다.

정신 건강을 위해서는 텔레비전을 끄고 컴퓨터를 멀리할 필요가 있다. 그 대신 음악을 듣고 책을 읽거나 조용히 앉아 명상 여행을 떠나는 것이다. 세상 사람들은 각자 저마다의 방법으로 집 안에 평온한 공간을 마련한다. 아늑한 골방이나 벽감을 만들거나, 커튼이나 병풍을 이용하거나, 혼자만의 시간을 갖기 위해 욕실이나 침실로 향하기도 한다.

흥미로운 점은, 앞에서 언급했듯 해피폴 응답자 중 81퍼센트가 집 안에서 프라이버시를 더 확보해야 할 필요성을 못 느낀다고 대답했다는 것이다. 집 안에서 프라이버시를 보장받는 데 가족 규모나 집 크기는 별문제가 되지 않는 듯하다. 사실, 가정에서 사랑하는 사람들과 함께 시간을 보내고 싶은 것은 당연하다. 하지만 가끔 집 안에서 혼자만의 시간을 갖고 싶을 때가 있는 법이다.

홀로 조용한 시간을 갖는 것은 단지 어른들에게만 필요한 것이 아니다. 《너무 바쁜 아이들The Over-scheduled Child》이나 《스트레스에 시달리는 아이들The Pressured Child》 같은 책 제목에서도 알 수 있듯이, 요즘 부모들은 자녀들의 하루를 학원이나 숙제 등의 일과로 빈틈없이 빼곡히 채우려고 하고, 그 때문에 아이들은 엄청난 스트레스에 시달리고 있다. 집을 자녀들이 좋아할 만한 공간으로 꾸며보면 어떨까. 놀이방으로 들어가는 비밀의 방을 만들고, 아이들에게 자기만의 의자나 소파를 마련해주고, 아이들이 배를 깔고 누워 그림을 그리거나 책을 읽을 수 있게 바닥에 쿠션이나 러그를 잔뜩 던져놓는다. 그리고 아이들이 자기 방을 직접 꾸미게 해 자신만의 세계를 꿈꿀 수 있게 하자.

홈 인테리어 스타일리스트 엠마 페르손 라게르베리(Emma Persson Lagerberg)와 록 밴드 '카디건즈(The Cardigans)'의 드러머 벵트 라게르베리(Bengt Lagerberg)는 그들의 취사 공간을 자신들이 좋아하는 것으로 꾸몄다.

엄마 페트라 라케르베리와 빠드 라케르베리는 자신들만의 '성스러운 금요일'을 즐긴다. 그들은 금요일 저녁을 온전히 가족들과 함께 보낸다.

줄리 반덴브루케Julie Vandenbrouche가 건축 사무소 51n4e와 텍스타일 디자이너 슈발리에-메이슨Chevalier-Masson에게 의뢰해서 제작한, 사교 활동과 휴식을 돕는 듯한 데이베드daybed.

미르코 베첸, 저널리스트
스테파네 호울만, 크리에이티브 플래너
스위스 인터라켄

"집에서 휴식을 취하려면 머물고 싶은 마음이 들어야 합니다. 제가 우리 집에 처음 발을 들였을 때, 우리 집이 저를 얼싸안고 온몸에 입을 맞추는 것 같았어요. 편히 쉬고 싶은 집을 갖고 싶다면 디자인의 고정관념을 무시하고 자신이 옳다고 느끼는 대로 실행해야 해요. 바닥에 까는 카펫을 벽에 걸거나 해먹을 설치해보는 것은 어떨까요? 제가 낮잠 자기 제일 좋아하는 장소는, 아래층 거실의 리넨 소파 위예요. 벽면과 바닥 전체를 원목 패널로 에워싸 자연의 정취가 물씬 풍기는 곳이죠. 우리는 조용하고 아늑한 분위기를 만들기 위해 테이블 조명이나 바닥 조명을 사용합니다. 천연 직물을 활용하고, 현대적 감각의 가구를 고가구나 빈티지 소품과 적절하게 섞어서 배치하기도 하고요. 미묘하고 다양한 분위기를 내기 위해 진줏빛이 감도는 아주 연한 회색에서 민트 그린에 이르기까지 40여 가지 색상으로 구성된 색 팔레트를 사용했어요. 이곳에서 우리는 요리하고, 빵을 굽고, 차를 만들고, 잠자고, 대화하고, 책을 읽고, 먹고, 마시고, 벽난로에서 타닥타닥 타오르는 장작불을 바라보며 아늑한 분위기에 빠져들지요. 여기서 지낼 때는 산책하러 나가 상쾌한 산 공기를 맘껏 들이마십니다. 이곳은 친구나 가족과 함께, 복잡한 일상생활에서 멀찌감치 떨어져 각자의 삶을 객관적으로 조망하는 시간을 가질 수 있는 곳입니다. 누구든 우리 집 문을 들어서는 순간 무장해제가 되어버리지요."

HIGHLIGHT

200년 된 농가를 아늑한 현대 주택으로 변모시켰다. 집 안의 모든 벽을 스트레스에 지친 영혼을 달래는 데 도움을 주는 차분한 색상의 페인트로 칠했다.

BELIEF

집은 단지 거기 사는 사람들만을 위한 것이 아니라 누구나 즐기고 휴식을 취하며 스트레스를 풀 수 있는 장소라야 한다. 또 사람들이 즉시 편안함을 느끼고 진정한 자기 본연의 모습을 찾을 수 있게 격려해주는 곳이어야 한다.

LESSON

집을 느긋하게 휴식을 취할 수 있는 곳으로 만들었을 때 나타나는 놀라운 변화는, 사랑하는 가족이나 연인, 혹은 이웃과 대화하는 시간을 마련하는 일이나 단순한 것을 즐기는 데 더 적극적으로 나서게 된다는 것이다.

"우리는 먼지 같은 회색이 많이 섞인 색이
사람들을 진정시키는 작용을 하고,
'마음을 편안하게 해주는 집'에 맞는 분위기를 조성한다는
사실을 알아냈다."

Chapter Four

Edit

편집

EVERY INCREASED POSSESSION LOADS US WITH A NEW WEARINESS.

John Ruskin, *The Eagle's Nest, 1872*

소유가 늘 때마다
근심도
늘어난다.

존 러스킨, 《독수리 둥지》, 1872

집착을 버려라

Free yourself

생각거리

─────────────────

지나치게 많은 소유물
단순한 삶의 추구
적게 사고 더 행복해지기

불필요한 것을 제거하는 편집 기술은 21세기를 살아가는 데 무엇보다 필요한 기술이다. 살림살이가 적어 공간을 적게 차지하면, 이산화탄소 방출량도 줄어들고 돈도 더 많이 절약되며 그만큼 더 행복해진다. 지나치게 많은 소유물에서 느껴지는 압박감과 부담감이 줄어들 때 해방감을 느끼게 된다. 주위에서 가재도구와 온갖 잡동사니가 숨막힐 듯 꽉 들어찬 집들을 적지 않게 볼 수 있다. 하지만 집이라는 무대의 주인공은 가구나 장식품이 아니라 사람이다. 집은 우리 삶의 배경이 되어야지 그 반대가 되어서는 안 된다.

나는 주위에서 "우리 집은 너무 작아"라거나 "수납공간이 충분하지 않아"라는 말을 자주 듣는다. 하지만 문제의 핵심은 집이나 수납공간의 크기가 아니라 집 안에 잔뜩 쟁여둔 물건들일 가능성이 크다. 즉 집 안을 '편집'할 필요가 있다는 뜻이다.

사람들은 이번 시즌에 유행하는 쿠션에서 최신 전자제품에 이르기까지, 불필요한 물건들로 집 안을 가득 채우는 데 너무 많은 돈을 허비하고 인생을 복잡하게 만드는 경향이 있다. 여기에는 뚜렷한 목적 없이 더 큰 물질적 풍요를 추구하려는 현대인들의 광기 어린 욕망이 반영되어 있다. 하지만 이 모든 것은 함정이다. 비록 해피폴 응답자 중 28퍼센트는 기분 전환을 위해 가끔 집 안을 꾸밀 물건을 구입했다고 대답했지만, 물질 획득에 대한 집착은 사실상 사람들을 불행하게 만든다는 연구 결과가 있다. 또 한 연구에 따르면, 사람들에게 가족이나 친구 같은 비물질적 대상은 물질적 대상보다 아홉 배나 더 중요하다고 한다. 따라서 물건을 많이 사는 행위는 우리를 더 행복하게 만드는 것이 아니라 오히려 더 큰 스트레스와 걱정 근심을 유발할 수도 있다.

이슬람 종교학자 쉐이크 패드라라 하에리Shaykh Fadhlalla Haeri에 따르면, 개인의 행복에서 가장 중요한 요인은 자기 절제력의 수준이라고 한다. 술, 음식, 섹스에 무절제하게 탐닉하면 몸과 마음, 정신을 지치고 나약하게 만들 수 있다. 불필요한 물건을 사는 쇼핑 습관을 스스로 통제하지 못하는 것 또한 문제다. 만일 절제력을 발휘한다면 긍정적 자아상을 강화하고 쓸데없는 소유물의 수도 줄어들 뿐만 아니라, 집의 노예가 아닌 진정한 주인으로 거듭날 것이다. 절제는 안정성을 낳고, 안정성은 만족감을 낳는다. 쇼핑 습관을 통제할 수 있는지 자문해보자. 만일 그렇지 않다는 대답이 나오면 주변을 점검할 필요가 있다.

자제력이나 삶의 방향성을 잃어버렸을 때, 잠시 멈춰서 초심으로 돌아갈 필요가 있다. 옛 조상들의 생활 방식을 한번 떠올려보자. 그때는 생활 조건이 혹독했고, 모든 에너지가 생존에 필요한 사냥과 채집 활동에 집중되었다. 집은 어느 정도의 안전을 제공하는 피란처 구실을 했다. 가구는 철저히 기능 중심으로 디자인했으며, 유목 생활에 맞도록 무엇보다 기동성을 중요시했다. 예컨대 식탁 대신 나무판을 무릎 위에 올려놓고 사용했고, 사용하지 않을 때는 거치적거리지 않게 벽에 걸어두었다. 사람들은 오직 생존에 필요한 도구만 가지고 살았다. 그로부터 수백 년이 흘러 생존을 위한 신체 활동이 예전보다 훨씬 덜 격렬해지고, 차츰 정착 생활 형태로 변화함에 따라, 사람들은 생존에 필요 없는 푹신한 물건을 집 안에 끌어들였다.

'적을수록 더 좋다'라는 말의 뜻을 모르는 사람은 없을 것이다. 그렇다면 생존과 행복한 삶을 영위하기 위해서는 어느 정도의 물건이 필요할까? 한마디로 말하면, 우리가 정말 좋아하고 필요한 물건만 구입하는 것이 정답이다. 불필요한 것을 제거한 삶이란 곧 의식 있는 결정을 내리는 삶이라 할 수 있다. 더 적게 소유하는 삶을 택할 때, 그것을 단순히 '미니멀리즘'으로 낙인찍을 게 아니라 '숙고된 단순함'으로 보아야 한다. 미니멀리즘은 차갑고 극도로 절제된, 가급적 가구를 배제한 고급 인테리어를 연상시킨다. 반면 '숙고된 단순함'은 공간의 부담을 현명하게 경감시켰음을 시사한다. 보다 적게 소유해 걱정을 줄이고 삶의 부담도 경감시킨다면, 삶의 균형 감각을 회복할 수 있을 것이다.

평균의 해심은 소유물을 없애는 것이 아니라, 자신이 필요하고 좋아하는 물건을 간직하는 것이다. 베를린에서 활동하는 건축가 아르노 브란트후버Arno Brandlhuber는 선반에 책과 부엌용품을 함께 진열해놓았다.

'숙고된 단순함은 개성 없는 미니멀리즘 양식을 창조하는 것이 아니다. 이것은 우리를 생기있게 할 뿐인 불필요한 감동•사니를 제거하는 것이다.

미니멀리즘 양식 페어리면, 조각 같은 느낌을 주는 품목을 몇과 공간에 흥미로움을 더하자.

영국 디자이너 리 브룸은 런던 자택에 있는 테이블에 자신의 애장품 몇 점을 올려놓았다. 이 테이블은 리 브룸이 직접 디자인한 '헤리티지 보이(Heritage Boy)' 타일 커피 테이블이다.

Edit
Agenda

"I want our designs to embody beauty and history and, most importantly, outlive fleeting trends."

Jonas Bjerre-Poulsen, *architect*

"나는 우리의 디자인이 아름다움과 역사성을 구현하고,
무엇보다 일시적 유행이 아니라
오랫동안 존속되기를 바란다."

요나스 비에레-포울센, 건축가

더 많이 소유하면 더 행복해질까?

소유욕은 끝이 없다. 사람들은 "이게 있으면 좋을 텐데", "저게 있으면 얼마나 좋을까" 하며 끊임없이 요구한다. 이는 우리 사회에 팽배한 소비주의와 광고의 책임이 크다. 현대인은 더 많은 물건을 구입해야 삶의 질이 높아진다는 메시지에 에워싸여 있다. 우리가 하루에 평균적으로 접하는 광고는 3500여 종에 이른다고 하는데, 그만큼 귀중한 에너지가 낭비되는 셈이다. 타인의 소유물을 끊임없이 탐하고 열망하는 태도는 자신의 기쁨과 만족감을 좀먹는 짓이다. 이는 또 자신의 눈앞에 잠재적인 행복이 무궁무진함에도 자신의 삶에 무엇인가가 결여된 듯한 상대적 박탈감이 들게 한다.

사람들은 외모를 꾸미듯 집도 다른 이에게 좋은 인상을 주기 위해 아름답게 꾸민다. "우리 집 소파에 쿠션을 몇 개 너 놓아야 할까?", 혹은 "이 꽃병을 갖다 놓으면 우리 집도 잡지에 나오는 집처럼 멋지게 보일까?" 같은 질문은 나 혼자만 하는 게 아닐 것이다. 우리는 뭔가를 크게 오해하고 있다. 일반적으로 소파는 가정에서 사용 횟수가 적은 가구 중 하나다. 하지만 단지 가정 내의 공개된 장소에 배치한다는 이유 때문에 가장 많은 돈을 쓰는 품목이 되었다. 그런데 사람들은 가정에서 가장 많이 사용하는 품목인 침대 매트리스에는 비교적 돈을 많이 쓰지 않는다. 그것은 사적인 공간인 침실에, 그것도 침구로 덮인 채 감춰져 있기 때문이다. 우리는 왜 하루에 세 시간밖에 사용하지 않는 품목에는 1만 호주 달러약 850만 원 이상을 쓰면서, 하루 여덟 시간 이상을 사용하는 품목에는 더 적은 돈을 쓰는 것일까? 아니, 좀 더 직설적으로 말해, 아무리 번듯한 고가의 가구라 해도 하루에 한 시간도 사용하지 않는다면 집 안에 둘 필요가 있을까?

적을수록 좋다

'적을수록 좋다'라는 말은 미적인 측면에서뿐만 아니라 정신 건강에도 해당된다. 해피폴 응답자 중 약 41퍼센트가 집 안에 있는 많은 물건과 가재도구 때문에 부담을 느낀다고 응답했다.

돈으로는 결코 행복을 살 수 없으니, 불필요한 물건을 사는 데 돈을 쓰는 어리석은 짓은 그만두자. 그리고 새로 무언가를 구입하기 전에 스스로에게 다음과 같은 세 가지 질문을 해보자.

- 이 물건은 2년 내에 새로 교체해야 하는 것인가?
- 이 물건은 수선 또는 천갈이를 해서 다시 사용할 만한 가치가 있는 것인가?
- 이 물건은 고장이 나거나 쓸모가 없어졌을 때 미련 없이 내다 버릴 수 있는 것인가?

만일 위의 세 질문에서 '네'라는 답변이 나온다면, 나는 그 품목을 사지 말라고 조언하고 싶다. 지금 사면 돈을 길거리에 버리는 것이나 다름없으니 나중을 위해 돈을 아껴두자. 좀 더 기다리면 정말로 마음에 들고 오래가는 품질 좋은 물건을 구입할 수 있을 것이다. 이렇게 하면 돈도 절약될 뿐 아니라, 환경에는 말할 것도 없고 행복과 웰빙을 증진시키는 데도 크게 도움이 된다.

소유물의 일생

현대인 중에는 쇼핑 중독자가 되어, 손에 들어온 물건은 절대 버리는 일 없이 꽁꽁 쟁여두는 사람이 많다. 쇼핑은 현대인들의 악습 중 하나다. 우리는 더 많은 물건이 필요 없다는 걸 잘 알면서도 여느 중독자와 마찬가지로 악습을 끊지 못하고 또다시 물건을 사 모은다.

나는 우리가 일생 동안 많은 돈을 들여 사 모은 물건의 최후에 관련해 크나큰 깨달음을 얻은 적이 있다. 나의 조부모님이 최근 세상을 떠나셨다. 두 분이 평생 동안 사 모으신 가재도구며 물건이 상당했는데, 식구들은 각자가 원하는 것을 고르기 위해 그 물건들을 거실 마루 위에 펼쳐놓았다. 모두 개인적인 추억이 서려있는 물건을 택했고, 나머지 물건은 쓰레기 처리장이나 중고품 가게로 향하는 신세가 되었다.

그 과정에서 나는 큰 충격을 받았다. 내가 평생 동안 금전적 압박에 시달리고 꿈을 희생해가면서 열심히 일했다는 것을 증명하는 물질적 증거가, 결국 타인의 선택을 기다리는 신세가 되어 마루 위에 쌓여 있는 광경이 머릿속에 그려졌기 때문이다. 인간이 남기는 것 중 진정으로 가치 있는 것은 기억뿐이라는, 다시 말해 가족, 친구, 사랑하는 사람들이 소중하게 간직할 추억뿐이라는 사실을 깨닫는 순간이었다.

당신의 소유물이 당신 자녀들에게 짐이 되게 해서는 안 된다. 당신이 세상을 떠난 뒤, 자녀들이 당신이 남긴 소유물을 가지고 서로 싸우지나 않을까 걱정할 필요도 없다. 그리고 값비싼 물건에 투자할 때 대대로 물려줄 가보를 사는 거라며 콧대를 세울 필요도 없다. 당신 자손들의 취향이 당신과 똑같으리라는 법은 없으니까. 가보라는 것은 그것을 물려받는 자손들이 그것을 치워도 죄책감을 느끼지 않는다거나, 의무감에 8인용 대형 식탁을 좁아터진 원룸 아파트에 억지로 구겨 넣어야 하는 상황이 아닌 경우에만 그 가치가 빛난다. 따라서 가보로 삼을 물건을 구입하기 전에, 자손들이 그 물건을 원하고 그 물건에 난 흠집까지 사랑하게 될지 곰곰이 생각해봐야 한다.

진품의 가치

소비자는 똑같은 이야기에 싫증을 느낀다. 중심가를 거닐면서 가정용품 가게에서 판매하는 물건을 살펴보면, 모든 가게에 똑같은 상품을 진열해놓고 있다는 것을 알게 된다. 이제 현란한 진열장이 만들어낸 환상에서 깨어나, 그 물건의 '정통성'에 의문을 제기하는 사람들이 점점 더 많아지고 있다. 진정한 사랑은 어디에 있을까? 소중하게 간직하고 싶은 물건은 어디서 찾을 수 있을까? 참으로 놀라운 것은, 사람들은 이런 문제에 관련한 지식이 없다는 사실이다. 그보다 더 충격적인 것은, 자신들이 소유한 대부분의 물건이 누가, 어디서 어떻게 만든 것인지 알고 싶은 생각조차 없다는 사실이다.

그러나 일각에서는 진짜를 찾는 구매자를 중심으로 뚜렷한 움직임이 일고 있다. 우리는 대체로 한눈에 띄는 물건이 있으면 충동적으로 기꺼이 더 많은 돈을 주고서라도 사고 싶어 한다. 대형 브랜드는 매주 새 상품을 쏟아내는 것이 지속 가능성과 부합하지 않는다는 것을 깨달아 생산 속도를 줄이고 수공예품 콘셉트를 받아들이고 있다.

몇몇 브랜드는 진품의 중요성을 인식하고 있다. 여러 이탈리아 디자이너 브랜드는 아시아 지역으로 아웃소싱을 주어 원가를 절감하고 이윤을 늘려 자신들의 DNA를 배신하는 생산 방식을 취해왔다. 하지만 최근에는 이들 회사들도 생산지를 다시 이탈리아로 옮기고 있다. 'Made in Italy'라는 상표는 브랜드의 가치를 높이는 강점으로 작용한다. 소비자는 상품 자체뿐만 아니라 브랜드의 '스토리'도 함께 구입하기 때문이다.

진짜를 간직하라

해피폴 응답자 중 24퍼센트가 유명 디자이너 가구를 소유하는 것이 큰 의미가 있다고 대답했다. 그런데 문제는 이렇게 응답한 사람들 중 30퍼센트가 진품을 살 형편이 안 되면 이른바 '짝퉁' 제품을 사겠다고 대답했다는 것이다. 덴마크 생활용품 브랜드 비프의 수석 디자이너인 모르텐 보 옌센은 "디자인은 미학에 관한 것이 아니라 브랜드의 약속과 스토리다"라고 내게 말한 적이 있다. 짝퉁 제품을 구입한다는 것은 진품이 보장하는 약속을 구입하기보다 부르주아의 생활 방식을 따라잡기 위해 그 명성을 구입한다는 뜻이다. 짝퉁을 구입하는 것은 어떤 의미에서는 우리 스스로 짝퉁의 삶을 살겠다고 말하는 것이나 다름없다. 모조품은 제품의 품질, 장인 정신, 원산지의 명예, 지속 가능성, 오래 지속되는 가치에 입각해 디자인한 것이 아니다. 모조품은 투철한 장인 정신이 부재한 상태에서 소삼하게 생산되고 원산지는 불분명하다. 그렇기 때문에 모조품에서는 지속되는 가치를 결코 기대할 수 없다.

가짜 제품으로 주변을 채우는 것은, 형편이 되지 않아 누리지 못하는 타인의 생활양식을 돋보이게 만드는 들러리 역할을 하는 것이나 다름없다. 진품을 모방한 의자, 탁자, 조명은 세월이 흘러도 가짜일 수밖에 없으며, 따라서 소유자가 이런 제품에 큰 애착을 느낄 가능성은 희박하다. 우리 집에는 유명 디자이너 가구가 몇 점밖에 없다. 물론 많이 사들일 형편이 되지 않아서다. 하지만 큰마음 먹고 사들인 제품은 나의 애장품이 된다. 그러니 싸다는 이유로 가짜 제품을 사지 말고 돈을 좀 더 모았다가 진품을 사거나, 색다른 창의적 대안을 모색하라고 제안하고 싶다. 예컨대 빈티지 가구를 구입한다거나, 집에 있는 가구를 리폼할 수도 있을 것이다. 또 가격이 부담 없는 젊은 디자이너의 제품을 발굴하는 재미도 쏠쏠하다. 하지만 자신이 직접 디자인해서 만드는 가구만큼 애착이 가는 물건은 없을 것이다.

지속 가능성

우리의 미래에 행복을 가져오는 또 다른 요인은 지속 가능성이다. 현재 지구는 엄청난 쓰레기로 몸살을 앓고 있는데, 이렇게 된 데는 끊임없이 쏟아져 나오는 염가 제품도 한몫한다. 언젠가부터 싼 가격과 최신 유행 디자인이 사람들이 물건을 구매할 때 고려하는 최우선 사항이 되었다. 200달러 정도로 장바구니 한가득 옷과 액세서리를 구입하거나, 2000달러 남짓한 돈으로 한꺼번에 집 안 전체를 꾸몄다는 사실에, 우리는 마치 가치 있는 일을 한 것처럼 뿌듯해한다. 하지만 이러한 사고방식은 바뀌어야 한다. 가치는 '초특가 대박 세일'에서 나오는 것이 아니라 잘 만들고 오래 지속되는 아름다움에서 나온다.

돈을 어디에 어떻게 쓸지 선택하는 것은 바로 자신이다. 그러니 충동구매의 욕구를 누르고 시간을 갖고 돈을 좀 더 모아 질 좋은 제품을 구입하자. 더불어 물건을 사기 전에 구매 원칙을 다시 정할 필요가 있다. 제품의 가치는 자신에게 정말로 필요한 것인지 그렇지 않은 것인지를 기준으로 판단해야 한다. 간단히 말해, 잘 만든 물건, 그리고 망가졌을 때 그냥 버리기보다 수선해서 사용할 수 있는 제품을 구입하는 것이 현명하다.

장기적인 비전을 갖고 끝까지 고수하라

사람들은 집을 꾸밀 때 뚜렷하고 장기적인 비전을 갖고 있지 않는 경우가 대부분이다. 그 결과 그날그날 발생하는 불편함을 일시적으로 해결하기 위해 물건을 사게 된다. 이런 임시방편 해결책은, 그 물건을 볼 때마다 "그때 다른 물건을 샀으면 더 좋았을 텐데"라는 후회를 낳는다. 미봉책으로 구입한 이런 물건들은 얼마 못 가 쓰레기 매립장에 묻히는 신세가 되고 만다. 해피폴 응답자 중 54퍼센트가 물건이나 가구를 집 앞 도로변에 내놓거나 자선단체에 기부하는 일이 자주 있다고 대답했다. 하지만 자선단체에 기부한 물건조차 결국 쓰레기 매립장에 묻히는 일이 허다하다.

미래를 내다보는 장기적인 비전은, 어떤 변화를 꾀할 때 긍정적인 목표를 제시할 뿐만 아니라 상황을 보다 흥미롭게 만들어주고, 불편함이나 문제점도 임시방편으로 해결하지 않고 좀 더 참고 두고 볼 수 있게 해준다. 보다 행복한 가정을 꾸리기 위해서는, 하나의 비전을 정하고 장기적인 목표를 향해 매일 차근차근 나아가는 자세가 필요하다. 성실히 행동으로 옮겨 목표를 현실로 만들자. 당신과 가족을 위한 이상적인 가정생활을 그려보자. 뚜렷한 비전을 갖고 있으면, 장기적인 계획에 맞지 않는 물건을 집 안에 들이고 싶은 충동을 억제하기가 훨씬 더 쉬워진다. 장기적인 목표를 세우고 희망과 일관성을 가지고 이를 이루기 위해 차근차근 실천해나간다면 비록 현재의 공간이 마음에 들지 않더라도 낙담할 일은 결코 없을 것이다.

진정한 요구를 파악하라

자신에게 진정으로 필요한 것이 무엇인지 결정하려면, 우선 자신이 어떻게 생활하고 있는지 유심히 관찰하고 나서, 자신의 생활양식을 구성하는 행동과 물품에 우선순위를 매겨볼 필요가 있다. 스웨덴의 인테리어 스타일리스트인 엠마 페르손 라게르베리는 내게 이렇게 말한 적 있다. "나는 내 삶이 단순해지기를 원해요. 소유물이 주는 부담감에서 벗어나 좀 더 가벼운 기분으로 살고 싶어요."

이제 스스로에게 이런 질문을 던져보자. 저 구석에 있는 의자에 앉는 사람이 있는가? 저 식탁에서 얼마나 자주 식사를 하는가? 아이팟을 마지막으로 사용한 적이 언제였나? 팩스로 나한테 메시지를 보내는 사람이 있는가? 이 빠지고 차 얼룩이 묻은 머그잔이 진짜로 나에게 큰 의미가 있는가? 러닝머신에 먼지가 뽀얗게 앉아 있다면, 그 대신 운동화 한 켤레가 더 쓸모 있을 뿐 아니라 공간도 훨씬 덜 차지하지 않을까?

이제 대청소를 시작하고, 장롱이며 찬장이며 선반을 샅샅이 뒤져야 할 때가 되었다. 다른 것으로 대체할 수 없는 것만 간직하라. 몇 년 동안 햇빛을 보지 못한, 별로 중요하지 않은 물건으로 가득한 상자는 즉시 버려라. 당신이 그 상자를 몇 년 동안 한 번도 열지 않았다면, 그 속에 든 물건은 사실상 필요 없는 물건이라는 의미다. 이제 소유물에 비정상적으로 집착하는 태도를 버리자.

디지털화하라

과학기술은 '편집'에 관한 한 결정적인 도움을 줄 수 있다. 책 수백 권을 서가에 꽂아두거나 잡지나 신문 등을 모아두는 대신, 간단히 태블릿 PC 같은 디지털 기기에서 내려받기를 통해 이용할 수 있게 되었다. 음악이나 영화 파일도 컴퓨터나 심지어 휴대폰에도 저장할 수 있게 되자, 많은 사람들이 공간을 많이 차지하는 아날로그 저장고를 버리고 인터넷으로 음악을 듣거나 영화를 듣는 쪽으로 돌아섰다. 디지털 사진은 일반화된 지 오래되었고, 예전에 찍은 가족사진도 스캔받아 디지털 파일로 저장하는 추세다. 또 요즘은 대부분이 인터넷을 통해 필요한 정보를 얻기 때문에 두꺼운 전화번호부나 주소록, 그리고 책장을 가득 채운 백과사전 전집이나 안내 책 등은 더 이상 필요 없게 되었다.

기울과 청문도 이제 '똑똑해'지고 있다. 다시 말해, 이런 가재도구에도 첨단 기술을 적용해 다른 디지털 기기처럼 이메일, SNS, 텔레비전 시청과 영화 감상, 화상통화 등을 할 수 있게 되었다. 그 결과 DVD 플레이어, 게임기, 텔레비전, 그리고 이런 기기의 부속품이 점차 사라지고 있다. 하지만 이런 첨단 기술도 우리가 통제할 수 있는 범위 내에서 사용해야만 복잡하지 않은 단순한 삶을 영위할 수 있다.

잡동사니를 치워라

어디서부터 손을 대야 할지 막막한 상황이라도 해결방안은 늘 있게 마련이다. 잡동사니를 치우면 즉각적인 효과가 나타난다.

나는 집 안을 온갖 잡동사니로 발 디딜 틈도 없이 만드는 데 탁월한 재주가 있다. 이는 내가 집 안을 스트레스를 주는 상태로 두고 싶어서 일부러 그런 것이 아니라, 신제품이나 마음에 드는 가구만 보면 집 안에 들여놓고 싶어 사족을 못 쓰는 내 성향 탓이다.

우리 집에 '도전의 공간'이라고 부르는, 남들은 '참사 현장'이라고 생각할 만한 방이 하나 있는데, 이곳은 내가 입지 않는 옷을 보관하고, 세탁기와 건조기를 넣어두는 곳이다. 한마디로 난장판이라, 이곳에 발을 들여놓을 때마다 대체 어디서부터 어떻게 손을 봐야 할지 몰라 패닉 상태에 빠지곤 한다. 나는 다른 사람들의 공간을 꾸미거나 정리하는 데는 프로지만, 우리 집을 정리하거나 꾸며야 할 때는 에베레스트를 기어오르는 듯한 심정이 되곤 한다. 남에게는 가재도구를 내다버리라고 하기는 쉬워도 자기 집 살림살이를 내다버리기란 결코 쉬운 일이 아니다. 게다가 가족 구성원에게 자기 물건을 버리라고 하면 목소리가 커지고 방문이 쾅쾅 닫히는 험악한 상황이 벌어지기 일쑤다.

집 안의 잡다한 물건을 치우면 생활공간에 대한 통제권을 되찾을 수 있다. 지금 여러분 주변에 있는 물품의 목록을 만들어보자. 목록을 이용하면 일관성 있게 정리 정돈하는 데 도움이 된다. 집을 정리할 때 무턱대고 시작하면 엄청난 일거리에 압도되어 자칫 포기하기 쉽다. 일을 한 번에 할 수 있는 양만큼 몇 차례로 나누어서 하면 시간을 좀 더 효율적으로 관리할 수 있다. 또 어디서부터 정리를 시작해야 할지 몰라 일을 차일피일 미루는 것도 피할 수 있다. 다음은 집 안에 짐이 되는 물건을 정리하는 데 도움이 될 몇 가지 실천 방안들이다.

- 더 이상 사용하지 않는 책, 옷, 그리고
  기타 소유품 중 적어도 3분의 1은 버려라.
- 각 방에 있는 가재도구 하나하나를 놓고,
  지금 사용하는 물건인지, 아니면 공간만 잡아먹는
  애물단지인지 생각해보라.
- 집 안을 꾸미기 위해 산 가재도구 중 70퍼센트는,
  시간이 지날수록 가치가 커지거나 적어도
  지금의 가치를 계속 유지하는 품목으로 채워라.
- 소유품의 100퍼센트가 자주 사용되고 제대로
  작동되어야 하며, 만약 사용하지 않더라도
  좋은 추억이 깃들어 있는 것이어야 한다.
  만약 그렇지 않다면 미련 없이 버려라.
- 집 안에 새로 물건을 하나 들여오면, 반드시
  물건 하나를 내보낸다는 규칙을 정하라.
- 올해는 직접 만든 가구를 최소한 하나는
  마련하겠다는 목표를 세워라.

Am I a hoarder?

혹시 내게도 저장강박증이?

집 안의 물건이나 소지품이 위안을 주기보다 불편함을 준다.

뭐든지 내 손을 떠난다는 것은 불안하고 허전한 기분이 들게 한다.

'언젠가는 쓸 데가 있을지 모르니까 이건 가지고 있어야 해'라는 생각을 자주 한다.

똑같은 종류의 물건을 두 개 이상 가지고 있다.

지나간 복권이나 잉크가 나오지 않는 펜이 가득 담긴 주석 잔을 가지고 있다.

책상이나 식탁 한구석에는 늘 색 바랜 서류 뭉치, 광고지, 그리고 아직 읽지 않은 청구서가 쌓여 있다.

망가진 전자 제품이나 기계도 나중에 고쳐 쓸 생각으로 버리지 않고 가지고 있다.

2년 이상 손도 대지 않은 미개봉 상자가 있다.

이런 분들에게 내가 해줄 수 있는 최고의 조언은

"미련 없이 모두 내다버려라!"

건축가 요나스 비에레 포올센이 직접 디자인한, 곡면하게 외파에 있는 자태. 그는 단순함, 기능성, 감촉성(tactility)에 중점을 두었다.

"Don't forget
to focus on the little details,
from door handles
to light switches."

Michael Leeton, *architect*

"문손잡이에서부터 전등 스위치에 이르기까지
작은 부분에 세심하게 신경 써야 한다는 것을
잊지 마라."

마이클 리튼, 건축가

"To preserve the spirit of a room is the challenge of change."

Jan Rösler, *architect*

"방 인테리어를 바꿀 때
그 방에 깃든 기운을 보존하는 일은
어렵고도 중요한 문제다."

얀 뢰슬러, 건축가

아르노 브란들후버, 건축가
독일 베를린 미테 지역

"우리는 집 안을 필요 없는 물건으로 가득 채우지요. 저는 대부분의 가구를 이베이Ebay, 인터넷 중고 장터에서 구입하고, 싫증 나면 구입할 때 지불한 금액과 거의 비슷한 가격으로 되팝니다. 이것이야말로 똑똑한 경제 활동이 아닐까요? 공간을 더 넓게 쓰고, 돈을 덜 쓰세요. 공간에 너무 많은 돈을 쓰지 마세요. 저는 항상 다른 사람들이 피하는 땅이나 건물을 택합니다. 그리고 문제에 맞서 싸우기보다 그것들을 대상으로 삼아 일하는 것을 좋아합니다."

HIGHLIGHT

브루탈리즘의 특징인 노출 콘크리트를 인테리어 디자인에 광범위하게 적용함으로써 어수선한 느낌을 감소시켰다.

BELIEF

훌륭한 건축물은 보기 좋은 외관과 지속 가능한 디자인, 이 두 가지로 설명할 수 있다. 공간을 변경 불가능한 고착된 개념으로 정의해서는 안 된다.

LESSON

최고로 행복한 공간은 거주자가 어떤 생활 방식을 원하든 간에 거주자의 요구에 완벽하게 부응할 수 있는 융통성이 보장된 공간이다. 사람들이 자신들의 요구와 욕망을 이뤄내는 것은 중요한 일이다.

"나는 디자인이 노출 콘크리트 벽, 합판, 쇠파이프, 합성수지판 등을 사용하는
'로파이lo-fi'를 추구해야 한다고 생각한다.
건축 자재를 적절히 추려내면
보다 저렴한 가격으로 잘 설계된 집을 지을 수 있다."

Chapter Five

Flow

흐름

THE GRACE OF A
CURVE
IS AN INVITATION TO REMAIN.
WE CANNOT
BREAK AWAY FROM
IT WITHOUT HOPING
TO RETURN.

Gaston Bachelard, *The Poetics of Space, 1958*

곡선의 우아함은
머무르라는 초대의 몸짓이다.
우리는 회귀에 대한
희망 없이는
그것과
결별할 수 없다.

가스통 바슐라르, 《공간의 시학》, 1958

길을 내라

Clear a path

생각거리

무아경

자연의 연속성

직관적 디자인

영어 표현 중 'flow state'라는 말이 있는데, 이는 일이든 놀이든 간에 의식 상태를 바꿔버릴 정도로 그 행위에 완전히 몰입하고 빠져드는 것을 의미한다. 일에 완전히 몰두하다 보면 세상이 어떻게 돌아가는지도 잊고 시간이 얼마나 흘렀는지도 모를 때가 있다. 헝가리 심리학자 미하이 칙센트미하이Mihaly Csikszentmihalyi는 행복과 창조성에 대한 연구를 통해, 인간은 이 무아경의 상태에서 성취감과 행복을 느낀다는 사실을 알아냈다.

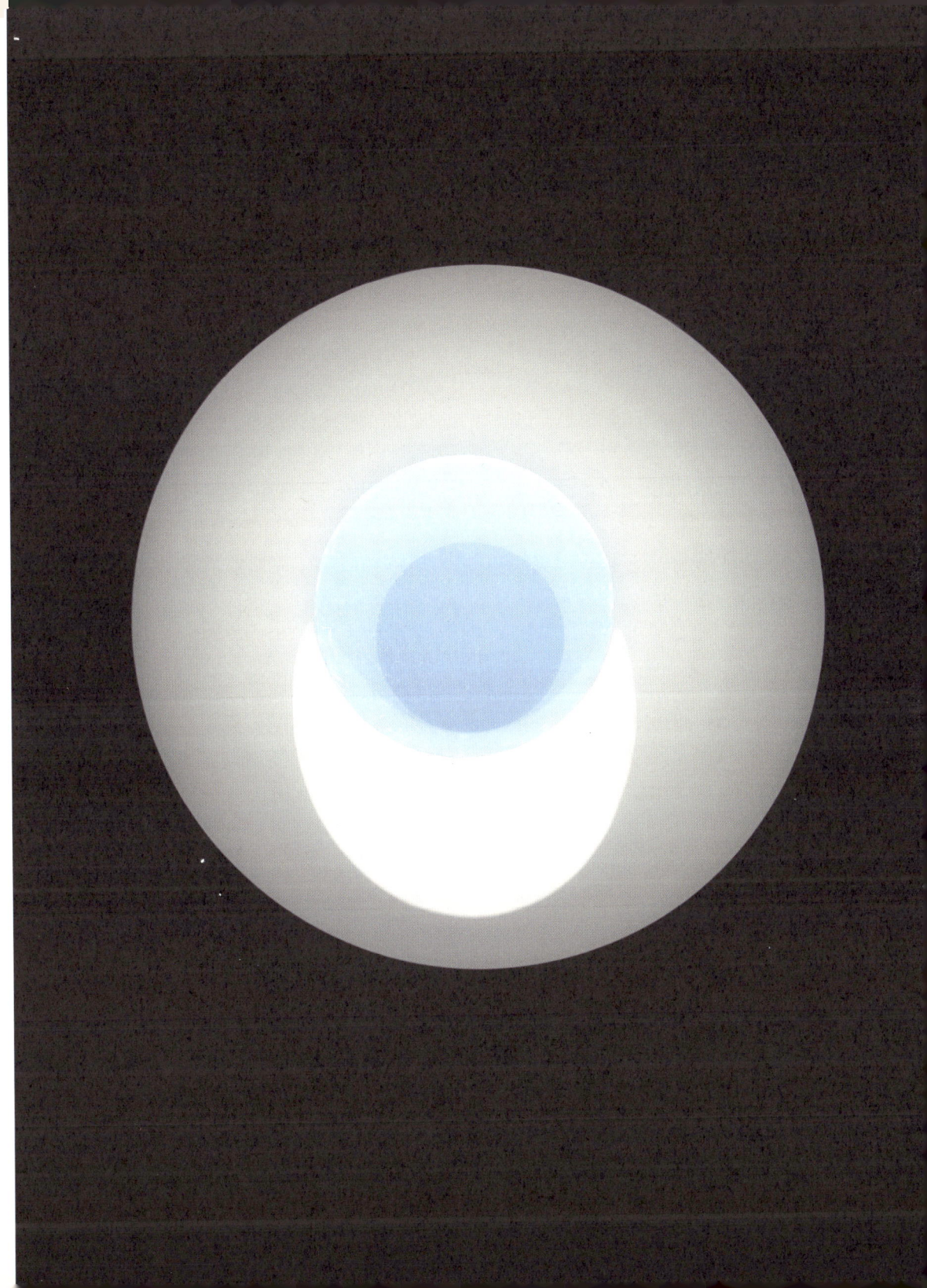

이 이론을 우리가 사는 집과 건물과 도시계획에 적용한다 해도 지나친 비약은 아닐 것이다. 디자이너들은 문제를 해결하는 동시에 사람들의 일상생활에 긍정적인 힘을 불어넣는 방법을 지속적으로 모색해오고 있다. 사람들은 잘 설계된 공간에 있거나 사려 깊게 만든 제품을 사용할 때 예상보다 더 오래 머물거나 더 오래 사용하게 될 것이다. 그것은 그 공간이나 제품을 이용하는 것이 재미있어서일 수도 있고, 생산적이기 때문일 수도 있으며, 혹은 둘 다일 수도 있다. 공간이나 제품을 통해 기쁨을 맛보거나 만족감을 느낄 때 사람들은 행복한다. 디자인에 이러한 몰입감을 부여하는 것은 사용자를 위해 최상의 경험을 창조하는 일이다.

공간을 막힘 없이 원활하게 이동할 수 있을 때 성공적인 인테리어 디자인이라 말할 수 있다. 냉장고에서 뭔가를 꺼내러 갈 때마다 발가락이 식탁이나 의자에 부딪친다면 나중에는 그 발가락은 물론 발가락을 아프게 한 그 가구도 성할 리 없을 거라는 것은 천재 과학자가 아니더라도 짐작할 수 있다. 빙상 올림픽 선수처럼 미끄러지기는커녕 진흙 바닥에 박힌 것처럼 뻑뻑하게 움직이는 문이나 서랍은 또 어떤가. 여러분도 이런 경험을 한 적이 있을 것이다. 내 경우는 열고 닫을 때마다 애를 먹던 서랍이 끝내는 열리지 않아 그 속에 보관해두었던 물건을 영영 꺼내지 못한 일도 있었다. 혹시 어두울 때 현관 입구에 벗어놓은 신발에 걸려 넘어진 적은 없는가? 자연스러운 흐름의 단절은 대체로 잘못된 곳에 놓아둔 물건이나 가재도구 때문에 발생한다.

공간 내부의 이동이 보다 수월하고 거치적거리는 것이 적을수록, 그 환경에 대한 몰입도와 만족감이 더 커지고 더 큰 행복을 느낄 수 있다.

최근에 나는 흐름이 원활하지 않는 집 구조 때문에 엄청난 스트레스를 받고 있다. 나는 자전거를 이웃들과 함께 쓰는 안마당에 세워두는데, 대문 근처에 줄지어 늘어선 쓰레기통들 때문에 자전거를 끌고 나가려면 매번 쓰레기통 네 개를 옮겨야 하거나 첩보 영화 주인공에 버금가는 날렵한 동작으로 집 안을 누벼야만 겨우 통과할 수 있다. 그러니 이런 번거로움을 감수하면서 자전거를 끌고 나가는 일이 과연 얼마나 될지 여러분도 쉽게 짐작할 수 있을 것이다.

'좋은 디자인이란 사용자가 디자인을 인식하지 못할 정도로 자연스럽게 디자인하는 것이다'라는 유명한 말이 있는데, 이 말은 공간에 자연스러운 흐름을 부여하는 데도 적용될 수 있다. 흐름을 부여하는 일이란 단지 가구에 걸려 넘어지지 않고 집 안을 자유롭게 다닐 수 있는 길을 만드는 것뿐만 아니라, 문이 부드럽게 열리게 한다거나 찬장에서 냄비를 쉽게 꺼낼 수 있게 만드는 것도 포함된다. 이는 아름다운 외형뿐만 아니라 운영 체제도 직관적으로 디자인된 아이폰을 생각하면 쉽게 이해할 수 있을 것이다.

아이폰은 굳이 설명서를 읽지 않아도 마치 머릿속에서 작동하는 것처럼 아무런 불편함 없이 사용할 수 있다. 건물과 집을 디자인할 때도 이러한 직관적인 접근 방식을 택할 필요가 있다.

나는 일본 사람들이 공간 활용의 대가라고 늘 생각해왔다. 동료 디자이너들은 일본인이 섬세함과 디테일의 귀재라고 이야기하곤 하지만, 나는 일본 디자이너들의 프로젝트 중 마감이 완벽하지 않은 사례를 많이 보아왔다. 내가 생각하는 일본인의 가장 큰 능력은 무엇보다, 공간의 영향력에 대한 높은 이해도와 네거티브 스페이스물체, 즉 포지티브 스페이스positive space에 둘러싸여 생기는 공간, 포지티브 스페이스가 조화를 이루게 하는 능력이 아닐까 한다.

콧구멍만 한 건물이든 귓구멍만 한 건물이든, 일본인은 공간을 실제 크기보다 더 크게 느껴지도록 만드는 능력이 있다. 이는 일본의 전통 가옥에는 가재도구나 장식품이 많이 비치되어 있지 않기 때문이기도 하지만, 무엇보다 일본 가옥의 공간은 융통성과 확장성이 있기 때문이다. 일본 사람들은 여닫이문을 사용하는 대신 '쇼지'라고 부르는 미닫이문을 칸막이로 사용했다. 나무로 짠 틀에 화선지를 발라 만든 이 칸막이는 빛을 투과시키고, 가벼우며, 무엇보다 공간을 영구히 차단하지 않는다. 방과 방 사이에 있는 칸막이는 필요할 때 옆으로 밀어 열거나 전체를 떼어 옮길 수 있다. 이렇게 해서 방이 더 넓게 확장되거나 정원과 바로 이어져 건물 내부에 있는 사람이 자연과 일체감을 느끼게 해준다. 일본 사람들은 이러한 흐름을 연속시키기 위해 반듯한 나무 바닥을 방 안에서부터 바깥 툇마루까지 깔았는데, 때때로 이 툇마루가 건물의 처마보다 더 뒤어나오는 경우도 있었다.

옥외와 연결된 작은 건물이 다른 층으로 사람을 끌어들이는 멋진 방법이다.

가구 배치도를 만들 때는 반드시 모든 통로가 원활하게 이어지도록 해야 한다.

천장에 있는 둥근 채광창과 작은 샤워기를 에워싸고 있는 유기적인 모양의 벽이 매력적인 공간을 만들어냈다.

리튼 포인튼 아키텍츠Leeton Pointon Architects와 수지 리튼Susi Leeton이 설계한 호주 멜버른 집에 있는, 조각품같이 매우 인상적인 나선형 계단실. 광대한 공간에 부드러운 느낌을 주는 역할을 한다.

리톤 포인트 아카펜소는 좀더 작단 듯로 형태의 부엌이 좀 더 넓어 보이도록 타일 벽을 곡선으로 휘게 디자인했다. 또 수납공간에 커튼을 달아 공간을 보다 쉽게 이용할 수 있도록 했다.

Flow
Agenda

통행 흐름
행복한 곡선
변화무쌍한 공간

통행 흐름

이상적인 생활 영역은 공간이 서로 잘 어우러져 막힘 없이 통행하게 하고 사람들이 그 공간을 사용하도록 유도할 수 있어야 한다. 집 안에서 통행 흐름을 차단할 필요가 있는 공간은 침실과 욕실뿐이다.

공간 내에 최소한의 가구와 물건을 둔다 하더라도 여전히 통행의 흐름이 원활하지 않을 수 있다. 통행 흐름이 보다 원활한 집은, 다른 방과 연결되지 않는 막힌 구역이 있는 집보다 훨씬 더 잘 팔린다. 지난 수년 동안 통행 흐름에 문제가 있는 집을 여러 번 방문하면서 발견한 사실은, 다른 공간과 차단된 방은 통행을 유도하지 못해 결국 사용 횟수가 낮거나 쓸모없는 방으로 전락한다는 것이다.

대체로 기존의 건물을 증축할 때 큰 난관에 부딪히게 되는데, 이때 기존의 공간과 신축 공간이 느낌이나 분위기가 서로 자연스레 연결되지 않는 경우를 종종 목격한다. 새로운 공간과 오래된 공간을 자연스레 이어주는 노하우가 없으면 이렇듯 삐걱거리고 혼란스러운 결과를 초래하게 된다.

통행 흐름을 원활하게 할 수 있는 몇 가지 다른 방법으로는, 복도 공간을 제거하고, 분리 벽을 부수고, 집 내부나 건너편 공간을 볼 수 있도록 하거나 자연의 미풍이 집 전체를 막힘 없이 통과할 수 있도록 방을 배치하는 것이다.

집 전체에 통행 흐름을 원활하게 만드는 것만큼이나 방 안에서 쉽게 이동할 수 있게 만드는 것도 중요하다. 한 침대를 두 사람이 함께 쓰는 경우 침대 한쪽 면을 벽에 붙여 사용하는 것보다 더 나쁜 것은 없다. 이렇게 하면 벽 쪽에서 자는 사람은 침대를 기어서 나가고 기어서 들어와야 하는데, 한밤중에 화장실에 가야 할 일이 생기면 이만저만 불편한 일이 아닐 것이다. 이와 마찬가지로 거실에 놓는 소파와 탁자 사이에는 항상 공간을 넉넉히 두어야 한다. 가구 모서리에 부딪히거나 무언가에 걸려 넘어지는 일이 있다면, 이는 분명 가구 배치가 잘못되었기 때문이거나, 공간에 비해 가구가 너무 많거나 크기 때문이다.

문, 창문, 계단 등, 이 모든 것이 흐름을 원활하게 하는데 중요한 역할을 한다. 집 안을 돌아다닐 때 이런 요소들 때문에 느끼는 기쁨과 재미를 과소평가해서는 안 된다. 만일 한 방에서 다른 방으로 가려고 문지방을 넘어설 때 그 방으로 가려고 했던 이유가 무엇인지 잊어버린 적이 있다 해도 걱정할 필요가 없다. 한 연구에 따르면, 사람이 출입구를 통과할 때 감정이 리셋되면서 건망증을 유발한다고 한다. 얼마나 낭만적인가! 어릴 때부터 들어온 '문을 통과하면, 완전히 다른 세상 열린다'는 시 구절 같은 말이 과학적으로 증명된 셈이다! 이는 우리가 출입구를 가능하면 따뜻하고 매력적으로 만들기 위해 공을 들여야 하는 또 다른 이유이기도 하다. 하지만 만일 자연스러운 흐름을 만들고 싶다면 문을 너무 많이 만들지 않는 것이 좋다. 좌절감을 유발할 수 있기 때문이다.

행복한 곡선

대부분 곡선이 더욱 자연스러운 환경을 조성한다고 생각한다. 곡선은 건물을 부드럽고 여성스러운 공간으로 탈바꿈시킨다. 예리한 각이 없는 우아한 곡선을 적용한 공간은 건물의 강점이 될 수 있다.

인간이 만든 세상은 대부분 직선으로 이루어져 있다. 그건 그럴 만한 이유가 있어서다. 우선 직선은 논리적이다. 또 직선과 직선은 서로 잘 들어맞고 적용하기도 쉬워 보다 경제적으로 건물을 지을 수 있다. 반면 곡선은 완전히 다른 역동성을 제공한다. 휜 테두리나 아치는 낭만적이고 신비로운 분위기를 만들어낸다. 건물 안팎의 평면을 모두 부드러운 곡선으로 디자인하면 공간에 연속성을 부여하고 딱딱함이나 날카로움도 사라진다. 또 유기적인 곡선은 중간색과 완벽한 조화를 이루어 환상적인 분위기를 자아낼 수 있다.

철제 나선형 계단은 건물의 미관을 저해할 소지가 있다. 하지만 건축 회사 리튼 포인트 아키텍츠에서 설계한 멜버른 주택의 휜 미끄럼틀 같은 계단은 보는 사람으로 하여금 감탄을 자아내게 한다. 그 계단은 시적이고 평화로우며 완벽하다. 이 집의 중심이자 구심점 역할을 하는 것도 바로 그 나선형 계단이다. 그 계단을 만나면 '계단을 올라가야 하는군' 하는 생각 없이 저절로 올라가게 된다.

여러 연구에서 사람들은 탁자든 소파든 시계든 서체든 간에 직선형 오브제보다 곡선형 오브제를 더 선호하는 경향이 있는 것으로 나타났다. 심리학자인 오신 바타니안Oshin Vartaninan 박사가 이끄는 연구 팀은 건축 디자인의 이미지를 보면 우리 두뇌에서 어떤 일이 일어나는지 실험했다. 연구 팀은 실험 참가자들에게 다양한 건축물의 사진을 보여주고 '아름답다'와 '아름답지 않다'라는 두 답변 중 하나를 선택하도록 요구했다. 그 결과 대다수의 사람들이 직선보다 곡선을 특징으로 한 디자인을 더 선호했다.

개인적으로 나는 휴대폰 모델 중 테두리를 곡선으로 처리한 1세대 아이폰 3G를 제일 좋아한다. 곡면 케이스에 균열이 생기는 등의 결함이 있었을지는 몰라도, 그 모델을 버리고 테두리가 각지고 모서리가 뾰족한 신형으로 갈아타야 했을 때 느낀 애석한 심정은 이루 말할 수 없었다.

곡선은 사람의 눈과 마음을 끌어당긴다. 이 말은 곧, 곡선이 우리 내면의 긍정적인 감정을 건드려 우리를 더 행복하게 만들 수 있다는 뜻이다. 그렇다면 사람들은 왜 곡선을 더 좋아할까? 최근 연구에 따르면 딱딱한 직선과 각이 진 모서리로 이루어진 오브제는 공포를 유발하는 뇌 신경에 영향을 준다고 한다. 부드러운 곡선은 무해한 것으로 인식되는 반면, 날카로운 오브제는 위험을 연상시킨다는 것이다. 이러한 연구 결과에 공감은 하나, 사실 늘씬한 유선형 디자인은 대단히 세련되고 멋지지만 원형이나 곡선은 구식처럼 느껴지던 시대도 분명히 있었다. 인간이 원래 곡선에 대해 친숙함을 느낀다고 해서 항상 곡선이 뛰어나다고 여겨진 것은 아니다. 이집트 피라미드의 직선을 생각해보라.

곡선으로 작업할 때 따르는 유일한 문제점은 직선보다 반듯하게 만들기가 힘들다는 것이다. 우리 주위에 감각적인 곡선을 이루는 건축물이 적은 것도 바로 이런 이유 때문인지도 모르겠다. 예컨대 2012년에 영국 정부는 개발비를 절감하기 위해 학교 건물을 지을 때 곡선과 접이식 벽folding walls의 사용을 사실상 금지시켰다. 이에 영국 왕립건축가협회Royal Institute of British Architects는 이러한 엄격한 규제가 학생과 교사 모두의 행동과 정서에 좋지 않은 영향을 미치지 않을까 우려하고 있다.

변화무쌍한 공간

매일이 새로운 시작이다. 이와 걸맞게 공간도 끊임없이 변하는 요구에 부응해야 한다. 행복한 디자인은 융통성 있는 디자인이다. 따라서 공간도 사람의 기분에 따라 변할 수 있어야 한다.

사람은 기분에 따라 다른 사람들과 어울리고 싶은 날도 있고, 널찍하고 탁 트인 공간에 있고 싶은 날도 있으며, 자신만의 동굴 속으로 숨고 싶은 날도 있다. 따라서 공간을 디자인할 때는 가변적인 기능과 형태를 추구할 필요가 있다. 지속 가능한 집이나 도시를 생각할 때 내 머릿속에서 제일 먼저 떠오르는 것은 바로 사회학자 레온 C. 메긴슨Leon C. Megginson이 한 말이다.

"가장 강한 자들이 살아남은 것이 아니다. 살아남는 종족은 변화에 적응하는 능력이 가장 뛰어난 종족이다."

2012년 9월에 나온 보도에 따르면, 호주에서 노시 발전 속도가 빠른 지역에서는 15분마다 새집 한 채가 완공된다고 한다. 내가 우려하는 점은 이렇게 초고속으로 완공된 집에는 거주자의 웰빙과 행복에 대한 장기적인 생각이 결여되어 있다는 것이다. 내 꿈은 수익성이나 신속한 매각보다 거주자의 행복을 최우선으로 고려할 수 있도록, 건물 설계를 시작하기 전부터 개발회사와 함께 작업하는 것이다.

현실적으로 생각해도, 행복해지려는 사람들의 열망을 충족시킨다면 수익성이나 신속한 매각도 자연히 보장될 것이다. 또 개발업자들은 자신들이 수명이 고작 10년밖에 안 되는 집이 아니라 몇 대에 걸쳐 사용할 수 있는 집을 만들었다는 자부심도 덤으로 가질 수 있을 것이다.

개발업자들은 두루 적용되는 방식을 채택해 현재의 트렌드와 구매자의 요구를 동시에 충족시키려고 한다. 그러나 이러한 태도가 족쇄가 되는 경우를 무수히 목격해왔다.

이런 식으로 만든 건물이나 설비는 5~10년 내에 매력도가 현저히 떨어진다. 구식이 되어버린 시설은 구매자들의 새로운 요구에 전혀 부응하지 못할 것이고, 싸구려로 지은 건물은 취약해 보일 것이다. 따라서 신규 개발이나 새로운 주택 단지를 설계할 때는 융통성 있는 디자인 개념을 적용할 필요가 있다.

잘 디자인한 건물들은 탁월함, 융통성, 적응성, 내구성 등을 특징으로 한다. 나는 앞서 출판한 《삶의 방식을 다시 생각하라》에서 이러한 형태의 디자인을 '변화무쌍한 공간'이라고 부른 바 있다. 여러 도시의 주택 지역이 점점 밀집화됨에 따라, 공간의 융통성과 확장성이라는 강점을 가진 일본식 주택에서 아이디어를 얻으려는 건축가와 디자이너가 점점 더 많아지고 있다. 무엇보다 거주자를 실망시키지 않고 융통성을 발휘할 수 있는 공간이 필요하다. 방이든 건물이든 간에 가변적일수록 활용도는 훨씬 더 커진다. 공간은 어떠해야 한다거나 사람은 어떻게 살아야 한다는 식의 완고한 원칙주의만큼 좌절감을 주는 것은 없다. 규정에 반항하고 싶은 것은 인간의 천성이다. 개성을 이길 수 있는 것은 아무 것도 없다. 만약 누군가가 당신에게 집을 이러저러하게 짓거나 꾸미라고 한다면, 당신은 속으로 이렇게 생각할 것이다.

'대체 이 사람은 뭐 하는 사람이야? 나에 대해 뭘 알고 있다고? 무엇이 나를 행복하게 만드는지 알고 지껄이는 것인가?'

66 사이즈를 입는 사람이 옷 가게에 갔는데 44 사이즈 옷밖에 없다면 기분이 어떻겠는가! 두루두루 적용할 수 있는 일원화된 방식으로 주택을 디자인하는 것도 이와 똑같은 상황이면서도 비용은 비용대로 많이 든다. 건축가가 공간에 사용하는 자재가 더 적을수록, 그리고 각 방의 기능을 구체적으로 지정하지 않을수록, 거주자가 공간을 필요에 맞게 조정할 수 있는 여지가 훨씬 더 커진다.

세계적으로 재택근무가 급격히 증가하는 오늘날에는 주거 생활과 업무를 병행할 수 있는 융통성 있는 공간의 필요성이 더욱 대두된다. 앞으로 삶이 어떻게 펼쳐질지 아는 사람은 아무도 없다. 그러니 무슨 일이 벌어지더라도 상황에 따라 변경할 수 있는 가변적 공간이 필요한 것이다. 변화의 가능성이 많은 주택은 거주자에게 해방감을 부여한다. 방과 방 사이, 혹은 안과 밖의 경계를 없애면 한계도 사라진다. 이런 공간은 완전히 다른 관점에서 세상을 볼 수 있게 해준다.

키른 회전문은 시각적으로 즐거움을 줄 뿐만 아니라 소형 가옥에서 소중한 벽 공간을 절약할 수 있는 방법이다.

"Human beings have confined themselves to dead ends and angles that impede their movement."

Antti Lovag, *architect*

"인류는
움직임을 방해하는 막힌 끝과 귀퉁이에
스스로를 가두며 살아왔다."

안티 로바그, 건축가

넨시 렌지Nancy Renzi, 인테리어 디자이너
호주 시드니

"이 집은 제가 지금까지 살아본 집 중 보호받고 있다는 느낌이 가장 많이 드는 집이에요. 마치 자궁 속에 살고 있는 것 같아요. 저를 감싸 안고 있는 듯한 둥근 벽으로 둘러싸인 이 집에 있으면 마음이 편안해지고 안전하다는 느낌을 받죠. 건물이 산비탈에 아늑하게 들어앉아 있는 것도 마음을 차분하게 만들어줍니다. 우리가 자연의 훼방꾼이라는 생각이 들지 않고 마치 이 집이 자연의 일부분인 것처럼 느껴져요.

예전에 살던 집은 해변에 위치한 오픈플랜식 직선 구조를 띤 아파트였는데, 거기서는 우리 애들이 친구들과 자기 방에 콕 틀어박혀 있거나 컴퓨터를 하거나 했어요. 그런데 이 집은 침실이 모두 작게 설계되었을 뿐만 아니라 곡선 구조가 식구들을 공동생활 공간에서 교감하도록 북돋워줍니다. 예전 오픈플랜식 집에서는 텔레비전이 하루 종일 켜 있었지만, 이 집에서는 텔레비전을 켜는 일이 거의 없어요. 이 공간이 우리 가족의 생활 방식을 크게 바꾸어 놓았어요. 우리 애들 친구들도 이 집에서 시간 보내는 걸 좋아하죠. 우리 가족끼리 있을 때는 '대화실'에 앉아 악기를 연주하곤 합니다. 거기는 아주 친밀한 장소고, 한번 들어오면 나가기가 쉽지 않죠. 거기서는 친하고 편한 사람들과 함께 있어야 해요. 그래서 제가 잘 모르는 사람들은 그곳에 초대하지 않아요. 오직 가족이나 절친한 친구만 초대하죠. 벽난로에 불을 지펴놓으면 친밀감이 더욱 고조된답니다. 공간이 넉넉하게 느껴지지만 실제 건물 면적은 그리 넓지 않아요. 넓게 느껴지는 이유는 곡선이 방과 방 사이를 흐르듯 이어주기 때문입니다."

HIGHLIGHT

1971년에 완공된 환상적인 조각 작품 같은 곡선 형태의 이 집은 산비탈에 아늑하게 들어앉아 아름다운 북부 시드니 해변을 바라보고 있다.

BELIEF

사람은 직선으로 이루어진 건물보다 곡선을 적용한 건물에서 일을 더 잘 수행하고 더 즐겁게 지내는 경향이 있다.

LESSON

곡선 형태의 구조를 띤 집에는 가구나 그림 등을 통해 직선적 요소를 포함하는 것이 좋다. 직선이 없다면 곡선에 대한 감각이 무뎌지기 때문이다.

"공간에 균형감을 주기 위해서는
벽에 직선이 포함된 미술품을 걸어야 한다.
사방이 곡선이라면
방향감각을 잃어버릴 테니까."

Chapter Six

Humour

유머

HUMOUR IS BY FAR THE MOST SIGNIFICANT ACTIVITY OF THE HUMAN BRAIN.

Edward de Bono, *Daily Mail, 1990*

유머는
인간의 두뇌 활동 중
가장 탁월한 활동이다.

에드워드 드 보노, 〈데일리 메일〉, 1990

삶을 웃음으로 채워라

Let the laughter in

생각거리

유쾌한 화룡정점

위트와 따스함

미소 짓게 만드는 공간

단지 합리적 디자인을 실현하기 위해 유머가 가득한 기발하고 엉뚱한 인테리어 요소를 제거해야 할까? 절대 안 될 말이다! 사실 대부분의 디자인에서 결핍된 것이 바로 유머다. 나는 이런 잘못된 상황을 바로잡고 싶다. 지나치게 진지함을 추구해 인간미를 잃어버린 건물을 흔히 볼 수 있다. 우리는 개성 있고 기분 좋은 요소를 더 많이 끌어들여 보다 대담하고 충실한 디자인을 추구해야 한다.

약간 우울한 느낌을 주는 디자인도 많다. 디자인은 아름답고 화려하고 기능적이어야 하지만, 기쁨이나 긍정적인 기운도 전해야 한다. 우리는 공간을 디자인할 때 고전적인 개념이나 양식을 따르고 싶어 하지만, 자칫 진부해질 우려가 있다. 이를 피하는 비결은 장난스러운 요소를 추가하는 것이다. 심각하거나 우울한 느낌을 주는 공간에 유머를 추가하는 것은, 마치 《오즈의 마법사》에서 도시가 칙칙한 적갈색 집 안에서 문을 열고 나와 총천연색으로 펼쳐진 화려한 오즈를 맨 처음 접하는 순간과 같은 효과를 준다. 내가 늘 좋아하고 기억하는 집은 대담하고, 화려하고, 재치 있고, 개성 강한 집이다.

많은 디자이너들이 공간에 재치와 유머를 추가하는 것을 꺼리는 이유는 전체 분위기가 조잡해지지나 않을까 하는 염려 때문일 것이다. 하지만 이는 어리석은 생각이다. 디자이너들은 목을 꽉 죄고 있는 넥타이를 느슨하게 풀고 좀 더 여유를 가질 필요가 있다. 늘 진지한 태도를 취하기보다 심각한 상황도 유머러스하게 풀어내며 스스로를 웃음거리로 만들 줄도 알아야 한다. 유머는 사람들을 보다 흥미롭게 만드는 등 긍정적인 영향을 미친다. 집을 즐겁고 기억에 남는 곳으로 만드는 것은 거창한 디자인 개념이 아니라, 빙긋 웃는 오렌지색 동물 장식품이나 벽에 적힌 농담 몇 마디 같은 아주 작은 것들이다.

심각한 삶을 보낼 것인가, 아니면 유쾌한 삶을 살 것인가 하는 것은 개인이 선택할 문제다. 그렇지만 세상에서 결코 심각해서는 안 되는 곳이 있다면 바로 가정이다. 그렇다고 해서 집 안을 서커스장처럼 만들라는 것은 아니다. 물론 서커스장처럼 만들면 무척 재미있겠지만. 내 말의 요지는 심각한 디자인 개념에 낙천성과 유쾌함을 버무려 넣으라는 것이다. 재미있고 유쾌한 요소를 기꺼이 수용하고도 충분히 아름답고 세련된 건물을 창조할 수 있다. 유머가 깃든 디자인은 우리를 웃음 짓게 할 뿐만 아니라 디자이너의 지적 능력, 다시 말해 디자이너가 사람들을 즐겁게 해주고 삶을 생동감 있게 만드는 방법에 관련한 풍부한 지식을 가지고 있다는 사실을 입증해준다.

과거 디자인에서의 유머는 대담한 괴짜 디자이너들만의 전유물이었다. 베르너 팬톤 Verner Panton, 1926-1998, 조너선 애들러 Jonathan Adler, 네덜란드 디자이너 헬라 용에리위스 Hella Jongerius, 스페인 태생의 파트리시아 우르키올라 Patricia Urquiola 같은 디자이너들은 저절로 미소 짓게 만드는 작품과 공간을 창조해 큰 인기를 누리고 있다.

이들 프로 디자이너에게서 영감을 끌어내고, 장난스럽고 유쾌한 품목으로 공간에 활력을 불어넣어보자. 여러분의 공간에 뜻밖의 엉뚱한 요소를 추가해 미소 짓게 만드는 곳으로 만들고, 매력적인 형태와 색깔과 재료, 혹은 동물 장식을 이용해 개성이 한껏 드러나게 해보자. 웃음은 우리 삶에서 지극히 중요한 요소다. 빙긋 웃음이든 킥킥거림이든 상관없이 앞으로는 웃음을 유발하는 건물과 공간을 더 많이 볼 수 있기를 바란다.

거금을 십만 원인 장비인 방범 카메라에 톡톡 튀는 생각을 칠해 위협적인 이미지를 반감시켰다.

고양이 주민 토머스를 위해 누숙의 번화가에 설치한 앙증맞은 생쥐 출입문.

뉴욕에서 활동하는 인테리어 디자이너 기슬랭 비나스는 여행 DIY 큐 베어(Qee Bear)를 들여놓이 차갑고 단조로운 백색의 공간에 못바의 즐거움을 더했다.

줄무늬 양말 같은 아주 작은 디테일을 추가해 무이(Moooi)의 시그니처 디자인인 '밀 램프'에 유머를 가미했다. 스웨덴 디자인 그룹 '프런트(Front)' 디자인.

기본 좋은 생활공간을 만들기 위해 일러스트레이터를 고용해 벽면에 개성 넘치는 그림을 그리게 했다. 마크 멀로니Mark Mulroney 작품.

내가 이 책에 실을 사진을 촬영하기 위해 요나스 비에레 포울센의 집을 구하는 동안 케일 행복했던 때는,
그의 침대에서 참대보를 벗기고 아이슬란드의 가정용 침구 브랜드 노르딕 엘리먼츠Nordic Elements의 이불에 그러진 곰과 눈을 마주친 순간이었다.

Humour
Agenda

가벼워지기
긍정적 자세
친근감을 주는 공간
뜻밖의 요소들

가벼워지기

디자인계 전체가 가벼움을 추구할 필요가 있다. 사람들을 즐겁고 유쾌하게 만들어주는 인테리어를 창조하는 것은 심리학적으로는 물론 생리학적으로도 중요한 일이다. 미소를 짓거나 웃음을 터뜨리는 단순한 행위가 뇌에 우리가 행복하다는 메시지를 전달한다. 그러면 기분을 좋게 하는 엔도르핀이 분비되어, 혈압을 낮추고 혈당을 조절하며 소화를 촉진한다. 아랫배가 땅기도록 폭소를 터뜨리는 순간보다 더 좋은 것은 없다. 웃음은 전염된다. 누군가의 웃음소리를 들으면 사람들은 궁금해하며 이유를 묻고, 곧바로 그 웃음에 동참한다. 혼자 있을 때보다 다른 사람과 함께 있을 때 웃을 확률이 30배 더 높다고 한다. 다른 사람들과 함께 웃는 행위는, 사람들과 친교를 맺고 관계를 유지하는 데 도움을 주기 때문에 사회적으로도 중요한 의미가 있다.

나는 지금까지 우울한 장소를 여러 곳 방문한 바 있다. 그중에서도 노인과 노숙자를 위한 시설은 특히 끔찍했다. 우리 인간은 사회·경제적 위치, 문화 수준, 혹은 나이와 상관없이 그 누구나 행복을 느끼게 해주는 공간과 장소에 거주할 자격이 있다. 아무리 딱딱한 의료 기관이라 할지라도, 오래된 농담에 킥킥거릴 수 있는 여유의 중요성을 결코 간과해서는 안 된다. 또 디자이너는 그 장소에 거주하거나 일하는 사람들의 '웃음 코드'를 이해할 필요가 있다. 나한테는 배꼽 잡는 유머가 고객에게는 전혀 웃기지 않는 이야기일 수 있다는 것을 명심하자. 자신의 유머를 고객에게 이해시킬 것이 아니라, 고객의 유머와 친해지도록 노력해야 한다.

긍정적 자세

여러분은 어떤지 잘 모르지만, 나는 나쁜 소식을 들으면 곧잘 우울해지는 편이다. 마치 끊임없이 포탄이 쏟아지는 전쟁터에 있는 듯한 기분이 들 때가 많다. 주위에 우울, 공포, 분노에 휩싸인 사람이 너무나 많다는 것이 내게는 그리 놀랄 일이 아니다. 우울한 기분에 빠져 있으면 논리적인 해결 방안을 찾기가 훨씬 더 힘들어지고, 사소한 문제도 한층 더 큰 문제로 여겨질 수 있다. 따라서 힘든 상황일수록 긍정적인 면에 더 집중할 필요가 있다.

낙관적 디자인은 기회를 주고, 문제를 해결하고, 제약이 되는 요인을 없애고, 행동양식을 보다 나은 방향으로 개선하는 것을 지향한다. 낙관적 디자인은 거리낌 없고 밝고 공감적이며 너그럽다. 1960년대에 영국 디자이너 테렌스 콘랜은 생기와 행복감을 주는 색깔과 자연적인 질감, 그리고 단순한 기하학적 형태 등을 이용해 낙관적 정서가 가득한 디자인을 창조했다. 오늘날 낙관적 디자인은 미래에 대한 희망과 확신을 표현한다는 의미에서 다시금 각광받고 있다. 전통적 디자인을 경쾌한 색상과 그래픽 프린트로 새 단장해 출시하기도 한다.

한 가지 분명한 것은 사람들은 대부분 스스로를 낙관주의자라고 생각한다는 점이다. 해피폴 조사에 따르면 응답자 중 88퍼센트가 그렇다고 대답했다. 긍정적 정서가 시야를 넓히고, 불안감과 육체적 스트레스를 해소하는 데 도움이 되기 때문에 이는 매우 좋은 소식이 아닐 수 없다. 긍정적인 생각에 중점을 둘 때, 사람들은 더 큰 행복감을 느낄 뿐만 아니라 더욱 번영할 것이다.

친근감을 주는 공간

'친근감을 주고 따뜻한 집으로 만들라'라고 하면 뻔한 소리 같지만 막상 실행하려면 어떻게 해야 할지 막막해진다. 친근함과 행복감은 딸기와 생크림처럼 궁합이 잘 맞는다. 공간에 이러한 분위기를 조성하고자 할 때 시도해볼 만한 방법으로는 물건, 직물, 색상 등을 의인화해 어떤 타입과 친해지고 싶은지 스스로에게 물어보는 것이다. 예컨대 부엌 싱크대의 수도꼭지 같은 소품을 고를 때도 모양이나 재질이 다른 다양한 제품을 살펴보고, 자신이 선호하는 스타일이 방울 모양 같은 쾌활한 스타일인지, 깔끔하고 세련된 스타일인지, 독특하고 개성이 뚜렷한 스타일인지, 전통적이고 잘생겼지만 약간 뻔뻔한 스타일인지, 매력적인 환경운동가인지, 아니면 수줍어하지만 사려 깊은 스타일인지 생각해보는 것이다. 이 방법은 행복하고, 친숙하며, 재미있는 분위기를 추구하겠다는 기본 방향을 끝까지 고수할 수 있는 최고의 방법일 뿐 아니라, 아이디어를 즐겁게 생각해낼 수 있는 방법이기도 하다.

경쾌하면서 따뜻한 분위기를 풍기는 집은 삶에 활력을 준다. 또 '밝고 가벼운' 느낌을 주며, 만사가 잘 풀릴 거라는 기분이 들게 한다. 소재와 색상과 문양에도 매력과 따스함과 진실함이 가득하다. 친근한 공간은 친구와 시간을 보내고, 특별한 행사를 치르고, 선물을 주고받거나 뜻밖의 기쁜 소식을 전해 듣는 장소다. 친근감을 주는 집은 일반적으로 웃음과 유머가 넘친다. 집을 디자인할 때 명심해야 할 점은 배우자가 좋아하고 재미있다고 생각하는 디자인을 포함시켜야 한다는 것이다. 배우자의 행복감이 높아질수록 당신의 행복감도 함께 높아질 테니까.

뜻밖의 요소들

예측 불가능한 요소는 집 안에 생동감과 즐거움을 선사한다. 엉뚱한 색상이나 형태, 질감을 사용하면 공간에 활력을 주고 사람들이 미소 짓게 만든다. 남성성과 여성성을 대비시킨다거나, 빈티지 거울을 식탁으로 사용한다거나, 화장실 벽에 대형 무늬가 있는 벽지를 바른다거나, 강화유리를 바닥재로 쓴다거나, 천장을 고광택 페인트로 칠한다거나 하는 독특하고 개성 있는 방법을 시도해보자. 호기심이 많을수록 새롭고 예측 불가능한 요소를 발견할 가능성이 크다. 그리고 재미있다.

좋은 디자인은 대체로 '창조'되기보다 자연스레 '드러나는' 것이다. 마치 발견되기를 기다리며 늘 그 자리에 있어온 것처럼. 이 책을 쓰기 위해 전 세계를 돌며 조사하는 동안 이른바 '반전의 매력'이 있는 집을 두어 곳 방문했다. 처음에는 지나치게 진지한 디자인 개념을 적용해 그 집에 사는 사람들의 개성이 결여된 공간처럼 보였다. 침대 커버를 걷어내기 전까지는 말이다. 어느 집에서는 침대 커버를 벗기자 커다란 회색 곰 한 마리가 인쇄된 이불이 나타났고, 또 다른 집에서는 알록달록한 물방울무늬 이불이 드러났다. 사실 이 두 집은 공교롭게도 내가 집주인과 이야기를 나누지 못한 유일한 집이었다. 하지만 그 엉뚱하고 재미있는 그림을 발견하자마자 나는 그 사람들이 어떤 사람이든 상관없이 곧바로 그들을 좋아하게 되었다. 침대 커버 밑에 숨겨진 그 작은 보석들은 집주인의 유머 감각을 말해주었고, 그것을 보자마자 나는 비록 집주인이 거기 없었지만 따뜻하게 환영받는 듯한 기분을 느꼈다. 디자인에서 흔히 볼 수 없는 새롭거나 색다른 요소는 우리의 시선을 끌고 새로운 무한한 가능성에 눈뜨게 한다. 또 우리를 매료시켜, 그 공간을 탐색하고 그 속에 숨어 있을지 모를 또 다른 무엇을 발굴하도록 유도한다. 뜻밖의 요소는 우리가 그것을 배우거나 발견했을 때 긍정적인 감정을 불러일으킨다.

호주 건축 회사 맥브라이드 찰스 라이언[McBride Charles Ryan]이 시공한 '구름 집'은 중축 건물이 우리 상자나 나무 상자처럼 보일 필요는 없다는 것을 보여주는 좋은 사례다.

Find your funny bone

내 안에 숨은 유머 기질 찾기

여러분 중 자신의 숨은 유머 감각이나 낙천적 기질을 찾고자 하는 사람이 있다면,
아래에 나열한 질문이 도움이 될 것이다. 아래 질문에 답변하면서,
유머와 낙천적 기질을 기르고 나아가 디자인에 적용하기 위해 어떻게 해야 할지 스스로에게 질문해보자.

맨 마지막으로 미소를 짓거나 큰 소리로 웃은 적이 언제였나?
거기가 어디였나?
그때 무엇을 하고 있었나?
또 다른 무엇이 당신에게 그런 기분을 갖게 해주는가?
즐거움과 웃음을 촉발하는 다른 계기를 생각해낼 수 있는가?

'구름 집' 소유자
호주 멜버른

"우리는 재미있는 집이 되기를, 건물 자체가 즐거운 시간을 보낼 수 있는 환경이기를 바랐어요. 동심을 불러일으키는 구름 모양의 증축 건물은 더없이 유쾌하고 장난스러운 분위기를 만들어줍니다. 우리 가족은 여기서 시간을 보내는 것을 무척 좋아하고, 친구들도 바비큐 파티를 열 때마다 늘 여기 오고 싶어 하지요. 맨 처음 이리로 이사했을 때, 아들이 복도를 오르락내리락하며 뛰어다니고, 꽃 양탄자에 드러눕곤 했어요. 우리 애가 무늬와 색깔이 화려한 그 양탄자를 무척 좋아했거든요."

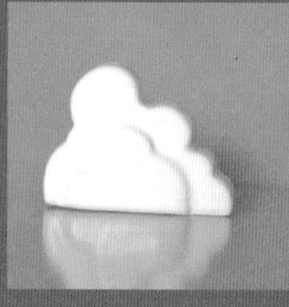

HIGHLIGHT

에드워드 시대의 전통적인 외관이 특징인 집에 전통적인 것과 재미가 먼 구름 형태의 건축물을 증축했다. 따뜻한 느낌을 주는 빨간색 부엌은 이 집의 심장이자 오래된 건물과 새로운 건물을 이어주는 다리 역할을 한다.

BELIEF

내가 살 집을 어떻게 디자인할지는 마음먹기에 달렸다. 행복을 규정하는 것은 어려운 일이지만, 일단 나와 내 가족을 행복하게 해주는 집을 갖고 싶다고 마음먹으면 새로운 아이디어를 얻는 길은 자연스럽게 열린다.

LESSON

심각한 일을 할수록, 우리를 웃게 만들고 사랑하는 사람들과 즐겁게 보낼 수 있는 집의 중요성이 점점 더 커진다.

"나는 구름 속에 산다는 사실을 자주 잊어버리지만,
처음 방문한 사람들은 이 공간이 주는 뜻밖의 즐거움을 경험한다.
그들이 이 공간에서 어떤 반응과 행동을 보이는지 살펴보는 것도
무척 즐거운 일이다."

Chapter Seven

Lighting

조명

LIGHT, GOD'S ELDEST DAUGHTER, IS A PRINCIPAL BEAUTY IN A BUILDING.

Thomas Fuller, *The Holy State and the Profane State, 1642*

신의 맏딸인
빛은
건물에서 가장 주요한
아름다움이다.

토머스 풀러, 《신성 국가와 세속 국가》, 1642

삶을 환하게 밝혀라

Light up your life

생각거리

빛과 행복

길잡이 빛

독창적인 조명

오래전 촛불, 등잔불, 가스등이 불꽃을 일렁이며 집 안을 어렴풋이 밝혀주던 때를 상상해보라. 그 시절에는 가족이 촛불 켜진 탁자 주위에 옹기종기 모여 앉아 독서, 바느질, 카드 게임 등을 하거나 수다를 떨곤 했다. 매우 다양한 조명 기구가 개발된 오늘날에도 빛은 제대로만 사용한다면 기분을 좋게 해주고 때로는 영감을 불러일으키는 매우 강력한 인테리어 도구가 될 수 있다. 르 코르뷔지에가 설계한 프랑스 롱샹의 노트르담 뒤 오 Notre-Dame-du-Haut 성당이나 안도 다다오가 일본 오사카에 지은 빛의 교회를 생각해보라. 당신이 종교인이 아니더라도 이 두 건물 안으로 걸어 들어가자마자 숭고한 기분에 사로잡힐 것이다. 이 두 건물의 독창적인 조명 디자인이, 안전하다는 느낌과 영감을 줌과 동시에 이 세상에 나 혼자가 아닌 다른 무언가가 존재한다는 느낌이 들게 만든다. 무엇이든 가능할 것 같은 기분과 함께.

조명은 삶의 질을 높이는 데도 중요한 역할을 한다. 인간은 항상 빛을 안전과 따뜻함과 편안함의 신호라고 인식해왔다. 전기가 도시의 거리를 환하게 밝히기 전까지 어둠은 위험을 의미했고, 사람들은 밤에는 돌아다니는 것을 꺼려했다. 아직 전기가 발견되지 않았던 시대에는 해가 지고 나서 실내가 잘 보이지 않을 때 어딘가에 걸려 넘어지는 일이 없도록 모든 가재도구를 벽 쪽에 밀어붙여놓았다. 조지 왕조 시대 1714-1830에는 방 한가운데에 가구를 배치하는 것은 오늘날 방 한가운데에 옷장을 세워두는 것만큼이나 이상한 일이었다.

사람들이 채광이 좋거나 불빛이 환한 공간에서 더 안전하다고 느끼는 것은 당연한 일이다. 집과 건물과 도시를 어떤 방식으로 밝히느냐에 따라 사람들이 그 공간에 반응하는 방식이 크게 달라진다. 색깔과 마찬가지로 조명은 우리가 먹고, 자고, 일하고, 볏에서 회복하는 등의 행위뿐만 아니라 행복이나 슬픔 같은 감성적인 측면에도 엄청난 영향을 미친다. 예컨대 채광이 안 좋은 곳에 너무 오랫동안 앉아 있으면 우울증에 걸릴 수도 있다.

나에게 어둑한 저녁에 불빛이 반짝이는 도시의 스카이라인보다 더 아름다운 것은 없다. 각 가정과 건물에서 새어 나온 불빛은 그 안에 생명이 존재한다는 표시다. 고백하건대, 나는 땅거미가 내릴 무렵 각 가정의 전등이 하나둘 켜지기 시작할 때, 시내를 거닐며 모르는 사람들의 집 안을 들여다보는 것을 좋아한다. 이상하게 들리겠지만, 나는 다른 사람들이 사는 모습을 넋을 놓고 바라볼 때가 많다. 각 가정의 불빛이 켜지고 가로등이 환하게 밝혀지는 순간, 혼자가 아닌 듯한 기분이 든다. 마치 그 건물 안에 있는 낯선 사람들과 교감을 하고 있는 것처럼. 그러면 이 거대하고 분주한 대도시도 그만큼 친근하게 느껴진다.

조명은 공간 귀속감이나 안락감을 조성하는 결정적인 요인 중 하나다. 조명은 경계를 만들어주는데, 이는 친밀감으로 이어질 수 있다. 이에 반해 지나치게 밝은 조명은 마치 노출된 것 같은 불편함을 줄 수 있다. 우리는 불빛이 아늑하게 밝혀진 곳을 더 안전하고 편안하게 느낀다. 시대가 변해도 촛불의 매력은 변함이 없다. 촛불은 머리 위에 달린 전깃불에서는 결코 기대할 수 없는 위안과 평안을 준다. 집 안 분위기를 편안하고 즐겁게 만들어주는 조명 설계는 심리적으로 긍정적인 영향을 미치며, 거주자의 행복과도 밀접한 관련이 있다.

머리 위에 있는 조명은 분위기를 딱딱하게 만드는 반면, 벽면 등, 전기스탠드, 테이블 램프는 놀라울 정도로 어느하고 기분 좋은 분위기를 조성한다.

채광창은 햇빛이 잘 들어오지 않는 작은 공간에 매우 중요한 광원이 된다.

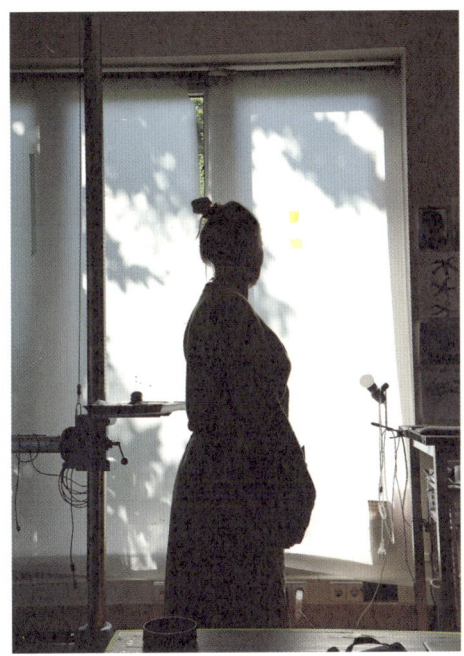

자연광이 집 안에 가져다주는 행복하고 낭만적인 요소를 결코 얕봐서는 안 된다.

조명은 공간에 매스함과 아늑함을 부여하는 인테리어 디자인의 핵심 요소다.

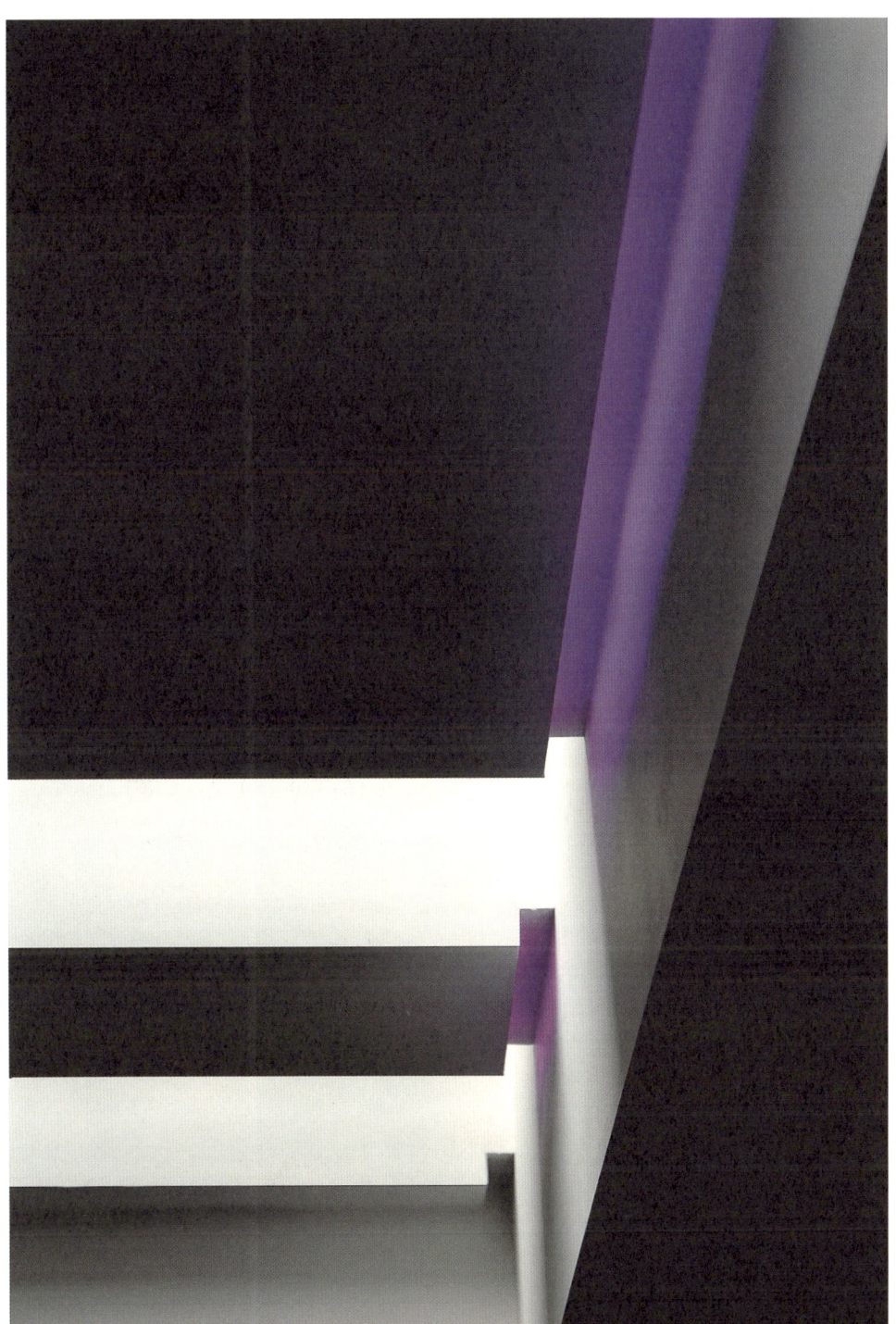

유색 LED 조명으로 건축적 디테일을 강조하면 감탄을 자아내게 하는 인상적인 효과를 낼 수 있다.

테이블 램프나 전기스탠드를 사용하면 침실과 거실에 아늑한 분위기를 부여할 수 있다. 백열등의 빛이 엷게 비물로 된 전등갓을 씌워도 방 안을 밝히기에 충분하다.

Lighting
Agenda

일광의 중요성

오늘날 많은 사람들이 24시간 내내 먹고, 마시고, 일하고, 어디든 돌아다닐 수 있는 환경을 만들어준 인공 조명에 현혹되어 있다. 하지만 자연의 리듬에 맞게 설정되어 있는 체내 시계를 무시하면 인간의 몸은 엄청난 스트레스를 받는다.

24시간 체내 시계혹은 생체 시계는 햇빛의 신호에 따라 각성도나 졸음, 체력, 기분 등이 달라지는 인간의 생리적·행동적 변화의 주기를 말한다. 해가 떠서 생체 시계를 깨우면 우리는 하루를 시작할 준비를 한다. 반대로 해가 지면 뇌는 잠을 자기 위해 긴장을 푼다.

집 안 조명을 설계할 때 낮에 자연광을 가능한 한 많이 끌어들이는 것을 목표로 해야 한다. 저녁에 잠잘 준비를 할 때는 두 시간 전에 보조등 같은 약한 조명을 켜두는 것이 좋다. 또 낮 동안에는 시원한 빛이 좋은 반면, 저녁에는 따뜻한 빛을 빈도록 한다. 색온도가 낮은 시원한 빛일수록 각성도와 집중도, 생산력을 높이는 반면, 따뜻한 빛은 긴장을 풀어주고 휴식을 취할 수 있도록 유도한다.

텔레비전 불빛처럼 어둑한 불빛에 밤새 노출되는 사람은 우울증에 걸릴 위험이 있다. 따라서 밤에는 전자 기기 사용을 제한할 필요가 있다. 밤에는 백색 불빛보다 붉은색 빛을 내는 전등을 켜는 것이 더 낫다는 연구 결과도 있다. 그래서 시험 삼아 우리 집 거실에 있는 백색 전구를 모두 붉은색 전구로 교체해보았다. 처음에는 마치 정육점에 앉아 있는 듯한 기분이 들었지만, 우리 부부는 차츰 마음이 차분해지고 진정되는 것을 느꼈다. 얼마 후 나는 거실 전등에 분홍색 전구를 갈아 끼워보았다. 그러자 분위기가 좀 더 세련되고 만족스러워졌지만, 붉은색 전구를 끼웠을 때와 같은 긍정적인 효과는 볼 수 없었다.

우리 몸은 해가 뜨면 깨어나고 해가 지면 휴식을 취하도록 설계되었지만, 현대는 비정상적인 생활 패턴을 강요해왔다. '빛 공해'라는 말이 있는데, 이는 인공 조명이 자연적인 생체 리듬을 방해하는 현상을 말한다. 우리 몸이 자연의 질서에 맞는 리듬을 되찾으려면 건물과 인테리어 디자인을 대대적으로 변화시켜야 한다. 햇빛이 피부나 눈을 통해 우리 몸에 들어오면 자율신경이 안정되고 기분이 좋아진다. 특히 자외선은 즐거운 기분을 유도한다. 자외선은 뼈 건강에 중요한 역할을 하는 비타민 D 생성을 촉진할 뿐만 아니라, 세로토닌과 도파민 등 기분을 좋게 해주는 대뇌 화학 물질 생성에도 관여한다.

빛의 밝기는 럭스lux라는 단위로 나타낸다. 자연광의 조도는 흐린 날에는 약 1만 럭스이고, 맑은 날은 10만 럭스까지 올라간다. 보통 실내 조명은 50·500럭스 정도인데, 자연광의 조도와는 비교도 안 될 만큼 낮은 수치다. 일광 부족은 사람들이 장기간 햇빛에 노출되지 못할 가능성이 큰 학교나 병원 같은 대형 기관에서 특히 주목해야 할 문제다.

많은 사람들이 어둑한 실내에서 생활하지만, 좋은 디자인을 통해 우리 삶에 자연광을 보다 많이 끌어들일 수 있다. 잘 설계한 건물은 몸이 행복한 자연광을 이용해 생체 리듬을 최적의 상태로 맞추게 함으로써 우울한 기분에서 벗어나게 해준다. 햇빛을 건물의 주요 광원으로 사용함으로써, 환경과 경제에 도움을 줄 뿐만 아니라 정서에도 긍정적인 영향을 미칠 수 있다.

광선요법

많은 사람들이 가정에서 충분한 햇볕을 쬐지 못한다. 해피폴 응답자 중 약 41퍼센트가 자기 집 안에 햇빛이 부족하다고 느끼는 것으로 나타났다. 사람이 제시간에 충분한 양의 햇빛을 쬐지 못하면 SAD, 즉 계절성 정서 장애동절기 햇빛 부족에 의한 우울증적 증상를 유발할 수 있다. 이 경우 의학적으로 인증된 SAD 램프를 구입하면 자가 치료가 가능하다. 태양 광선을 복제한 이 램프는 조도가 1만 럭스에 달하는 광선을 제공해 기분과 삶의 질을 향상시키는 데 도움을 줄 수 있다.

연구자들은 다양한 조건의 광선을 통해 조울증 증상을 완화할 수 있는 치료법을 개발하고 있다. 피로나 시차증 같은 현대인의 바쁜 생활 습관과 관련 있는 일상적 질병은 단순히 햇볕을 많이 쬐는 것만으로도 쉽게 고칠 수 있다. LED 조명을 이용하면 시차 부적응 같은 문제는 옛날 얘기가 된다. 예컨대 '광자 샤워photon shower'는 장거리 여행자들의 빠른 회복을 돕기 위해 디자인된 것이다. 기본 원리는 여행자가 운항 정보를 입력하면 여행자가 필요한 조도에 맞게 광선을 방 안으로 흘려보내는 것이다. 또 다른 예는 밀라노에서 활동하는 스테파노 페르테가토Stefano Pertegato가 디자인한 루미나리움Luminarium으로, 이는 24시간 생체 시계에 맞게 작동하는 조명 시스템이다. 루미나리움은 태양의 활동 주기를 모방한 것으로, 12시간을 주기로 해가 뜰 때부터 질 때까지의 햇빛 강도와 색을 재현한다. 이 시스템은 빛과 관련된 장애로 고생하는 사람들이 생체 시계를 회복하는 데 도움을 준다.

감성적 조명

최근 신기술과 결합해 탄생시킨 조명 시스템을 긍정적인 정서 반응을 불러일으키는 데 전 세계적으로 사용하고 있다. 심지어는 가족과 친구 사이를 돈독히 하는 데도 조명 기구가 큰 역할을 한다. 조명 기술은 이제 일반 가정에서 사용할 수 있는 맞춤형 주문식 서비스로 발전하는 추세다.

내가 제일 좋아하는 신개념 조명 시스템 중 하나는 '굿 나이트 램프'로, 멀리 떨어져 사는 가족이나 친구와 정서적 유대감을 느낄 수 있게 도와주는 조명 기구다. 기본 원리는 세계 이동 통신망을 이용해 이 조명 기구를 가지고 있는 모든 사람들이 동시에 똑같은 효과를 경험할 수 있도록 하는 것이다. 이 제품은 어미 램프와 여러 개의 새끼 램프로 구성되어 있는데, 어미 램프는 자기 집에 설치하고, 새끼 램프는 멀리 떨어져 사는 사람들, 예컨대 지구 반대쪽에 살지만 가까이 있다고 느끼고 싶은 사람들의 집에 설치한다. 사용자가 어미 램프를 켜거나 끌 때마다, 그 사람이 사랑하는 사람들의 집에 있는 새끼 램프도 똑같이 작동한다. 당신이 램프가 켜고 끌 때마다, 멀리 떨어져 있는 사람도 당신이 일어났는지, 외출했는지, 귀가해서 잠자리에 들었는지 상상할 수 있는 것이다. 물리적으로 떨어져 있는 사람들이 정서적인 유대감을 느끼게 해주는 이 제품은 빛을 내는 소셜 네트워크라 할 수 있겠다.

자연조명 대 인공조명

인공조명은 다른 인공물도 그렇듯이 사용할 때 절제가 필요하다. 인공조명을 통해 마음이 진정되고 기분이 좋아지는 듯 느껴진다 해도, 사실 우리 몸은 그것이 '진짜'가 아니라는 사실을 인식하고 있다.

2012년에 로잔 공과대학Lausanne Federal Institute of Technology의 미르얌 뮌히Mirjam Münch 박사는 며칠 동안 실험 참가자를 두 그룹으로 나누어 한 그룹은 일광에 노출시키고, 다른 그룹은 인공광에 노출시킨 뒤, 이 두 그룹을 비교하는 실험을 했다. 그 결과 일광에 노출된 그룹이 인공광에 노출된 그룹보다 저녁에 정신이 훨씬 더 또렷하고 스트레스도 덜 받는 것으로 나타났다. 이와 같은 정보가 인테리어 디자인 분야의 최근 경향을 뒤흔들어놓고 있다. 대낮에도 실내를 칠흑처럼 어둡게 해서 테이블 램프나 마루 채광 같은 최소한의 조명만으로 분위기를 연출한 공간은 멋져 보일지는 몰라도 인간의 행복에는 전혀 도움이 되지 않는다. 하지만 밤에는 어두운 공간이 더 유익하다. 일광이 인간 생활에서 없어서는 안 되는 요건이라는 것이 많은 연구를 통해 증명된 만큼, 우리는 모든 방법을 동원해 햇빛을 건물과 생활 속으로 끌어들여야 한다. 실내에 일광이 부족할 때 확실한 해결책은 창을 더 설치하는 것이다. 창유리는 햇볕을 실내로 끌어들일 뿐만 아니라 건물 밖의 자연과 이어주는 중요한 역할을 한다. 실내 환경에 대한 사람들의 반응을 조사한 보고서에 따르면, 일광은 공간을 밝혀 자신이 하는 일을 스스로 볼 수 있게 해줄 뿐 아니라 환경 자극environmental stimulation을 통해 뇌에 끊임없는 자극을 주는 매우 바람직한 특성을 가지고 있다고 한다.

보다 건강하고 행복해지려면 정상적인 생체 리듬으로 돌아가라. 그리고 인공광 노출량을 적절히 조절해 우리 몸이 가능한 한 자연이 의도하는 '시간대'에 맞게 기능할 수 있게 하자.

빛을 이용한 디자인

대부분의 사람들은 집 안 조명에 대해서는 무성의한 태도를 보인다. 조야한 전구 하나가 방 전체를 밝히는 것은 흔히 볼 수 있는 실내 풍경이다. 또 한편으로는 온 집 안에 백색 다운라이트천장에 설치한 스포트라이트를 과하게 설치하고 심지어 대낮에도 켜두는 사람도 있다. 조명에 관한 한 두루 적용되는 팔방미인식 접근법은 너무 자주 목격된다. 놀랍게도 해피폴 응답자 중 가정에서 천장에 다는 조명을 사용한다는 사람은 66퍼센트인 반면 테이블 램프나 전기스탠드를 사용한다는 사람은 34퍼센트밖에 되지 않았다.

공간이나 방의 분위기를 살리는 것은 전체 조명뿐만은 아니다. 펜던트 조명, 테이블 램프, 전기스탠드 등 부분 조명이 공간의 전체 디자인과 어울리지 못해 생뚱맞은 분위기를 내는 경우도 자주 볼 수 있다. 하지만 조명 하나를 길 선택하면 인테리어에 강한 개성을 부여할 수 있다. 조명은 공간에 특별한 분위기를 선사하는 보다 섬세한 디자인 요소다.

조명에는 아이디어를 아끼지 말자. 스위치를 켤 때마다 미소 짓게 만드는 모양이나 장식이 있는 조명을 사용해보자. 옛 시절의 정서를 추억하게 하는 낡은 전등갓을 씌우거나, 기분을 밝게 해주는 네온 문자를 벽에 설치하는 것도 좋은 방법이다. 네온 조명은 실내에 활력을 불어넣어줄 뿐 아니라 개성을 표현할 수 있는 방법이기도 하다. 예컨대 재미있는 메시지를 담은 유쾌한 모양의 타이포그래피는 설치하기도 쉬울 뿐 아니라 사람들을 기분 좋게 한다. 대담하고 재미있는 조명을 선택할수록 공간을 더 밝고 즐겁게 만들 수 있다. 대담한 색채나 정형화되지 않은 디자인이 불편하게 느껴질 수도 있겠지만, 유머를 살짝 가미한 조명 하나만으로도 매우 진지하고 묵직한 분위기를 편안하게 만들어줄 수 있다. 하지만 늘 그렇듯 과한 것은 부족한 것만 못하다. 존재감을 과하게 드러내며 끊임없이 관심을 요구하는 요소는 역효과만 낼 뿐이다.

LED 조명

집 안으로 햇빛을 더 많이 들이는 것이 불가능하다 하더라도 걱정할 필요 없다. 과학기술의 힘은 실로 놀랍다. LED 조명 디자인은 건물을 밝히는 방식에 새로운 가능성을 열어주었다.

LED 조명은 시간이 흐름에 따라 조도를 다양하게 바꿀 수 있을 뿐만 아니라, 일광의 자연 속성을 흉내 내 낮에는 더 밝아지고 밤에는 더 어두워지게 할 수 있다. 디자이너와 건축가는 LED 조명뿐만 아니라 여러 다양한 조명 기술을 실험하고 있는데, 이러한 시도들이 물리적 환경을 밝혀줄 뿐만 아니라 사람의 기분도 더 밝게 해주리라 기대한다.

LED 조명은 전구 한 개로 사람의 기분과 집 안 환경에 맞추기 위해 수백만 가지 색조로 바꾸는 것이 가능하다. 요즘은 스마트폰 앱을 통해서도 LED 조명을 작동할 수 있다. LED는 일반 전구처럼 사용할 뿐만 아니라, 멋진 풍경이나 미디어 작품을 만드는 데도 이용할 수 있다. 예를 들면 방바닥을 급류가 흐르는 강으로 탈바꿈시키거나 천장을 탁 트인 창공처럼 보이게 만들 수도 있다. 또 벽이나 천장에 LED 스크린을 설치해 하늘을 둥둥 떠다니는 뭉게구름 같은 이미지를 보여줌으로써 즐겁고 쾌적한 분위기를 자아내거나 자연에 있는 것처럼 탁 트이고 자유로운 느낌을 연출할 수 있다.

누육에 있는 스카이 하우스. 베두리에 거울을 두른 병판 유리를 벽과 바닥재로 사용해 자연광을 실내로 끌어들이는 데 이용했다.

지하층에 있는 더 브룸의 침실. 유리벽, 거울, 그리고 그 방에 말린 욕실 타일에서 반사된 빛이 어두운 방을 환하게 반힌다.

이탈리아 건축가 피에로 리소니Piero Lissoni는 토스카나 저택에 있는 침실 창에 미늘문을 달아 낮 동안 방 안의 밝기를 조절하는 데 이용한다.

Choose the right lighting

올바른 조명 선택하기

아래에 있는 간단한 질문에 답해보자.
여러분의 공간에 적합한 조명이 무엇인지 결정하는 데 도움이 될 것이다.

공간의 용도는 무엇인가?
그 공간을 사용하는 사람은 몇 명인가?
그 사람들이 그 공간을 얼마나 자주 이용하는가?
그 공간이 긴장을 풀어주고 휴식을 취할 수 있는 곳이길 원하는가,
아니면 생산성을 높이는 곳이길 원하는가?
그 공간이 조용하게 친밀한 대화를 할 수 있는 곳이길 원하는가,
아니면 활발한 토론을 유도하는 곳이길 원하는가?
그 공간의 기능과 목적은 항상 동일한가,
아니면 밤낮으로 달라지는가?

니콜라 도르발-보리|Nicolas Dorval-Bory, 건축가
프랑스 파리

"우리 아파트는 면적이 20제곱미터밖에 안 되는데, 좁은 집에서 살 때 제일 큰 문제는 공간이 부족한 것보다 일광
이 부족하다는 거예요. 우리는 스마트 인공조명을 이용해 공간이 실제보다 훨씬 더 넓어 보이게 하는 착시 효과를
연출했어요. 우리 아파트는 그 어떤 건축적 표현이나 기법도 배제하고 색깔이나 특정한 장식도 없이, 오직 조명이
만들어내는 빛과 그림자의 구도만 이용해 단순하고 중성적인 표현 방식으로 디자인했어요."

HIGHLIGHT

유색 페인트가 아니라 빛을 이용해 영역
을 구분했다. 미니멀하고 모던한 스타일
을 유지하기 위해 천장 조명이나 장식적
조명은 일절 사용하지 않았다.

BELIEF

공간에 사용한 조명의 종류에 따라 환경
에 대한 거주자의 인식이 바뀌기도 한다.

LESSON

단순한 아이디어가 사람들이 살고 싶어
하는 공간을 만들 수 있고, 행복감을 느
끼게 할 수 있다. 스위치를 딸깍 켜는 것
만으로 사람들이 공간에서 느끼고 교류
하는 방식을 바꾸는 것이 가능하다.

"나는 조명을 이용해
사람들이 전혀 다른 장소에 와 있는 것처럼 느끼게 만들고 싶다.
또 조명 색의 변화에 따라
사람들이 다양한 감정을 느끼도록 만들고 싶다."

Chapter Eight

Location

장소

I AM HERE;
AND
HERE IS NOWHERE
IN PARTICULAR.

William Golding, *The Spire*, 1964

나는 여기에 있다.
그리고 여기는
딱히 어디라고 불릴 만한 곳이 아니다.

윌리엄 골딩, 《첨탑》, 1964

장소감

Sense of place

생각거리

위치의 중요성

돈이냐 태도냐

생활환경 바꾸기

집 짓기는 인간의 생활에 필요한 조건 중 하나다. 환경 속에 자신의 영역을 표시하는 것은 음식과 물을 찾는 것만큼이나 인간에게 중요하다. 건축은 장소뿐만 아니라 사람을 다루는 분야다. 문제는 어디에 지을 것인가다. 도심한복판에 집을 짓는 것보다 바닷가나 대자연 속에 집을 짓는다면 더 행복해질까? 경치 좋은 자연환경 속에서 살거나 해변을 동네 산책하듯 걸을 수 있는 사람들이, 창문을 열면 매연을 뿜어내는 자동차가 줄지어 선 모습을 봐야하는 사람보다 더 행복하지 않을까? 만약 가족이 각자 독방을 가질 수 있고 목적에 따라 필요한 공간을 마련할수 있는 교외의 널찍한 집에 산다면, 복잡한 도시 한복판의 비좁은 아파트에서 사는 것보다 더 행복할까? 만일 황무지나 황폐한 고층 아파트에 산다면 낙천적인 삶의 자세나 목적의식, 혹은 행복감이 점차 사그라질까?

이 책을 쓰기 시작했을 때 나는 행복한 기분, 창의력, 용기 등은 우리가 사는 장소에 크게 좌우된다고 굳게 믿었다. 그러다가 행복이라는 주제와 디자인이 여기에 어떤 역할을 할 수 있는지 좀 더 깊이 조사하고 고민하면서, 행복에 관련해 좀 더 심도 깊은 질문을 하게 되었다.

예컨대 돈 한 푼 없는 가난한 사람도 행복할 수 있을까? 부유한 사람들만이 기쁨, 자유, 자기표현 등 행복의 모든 요건을 누릴 수 있는 것일까? 건강하고 행복한 삶을 더 오래 누리려면 최신 설비나 숨 막힐 듯 아름다운 전망을 갖춘 집에서 살아야 하는 것일까? 햇빛이 가득한 호주에 사는 사람들이 추운 베를린에서 사는 사람들보다 더 행복할까?

나는 얼마 안 있어 이런 생각들이 지극히 오만한 것이라는 결론에 이르렀다. 극심한 가난에 시달리면서도 미소를 잃지 않고 최선을 다해 행복한 삶을 꾸려가는 사람들이 얼마나 많은가? 이런 사실이 좀 더 부유한 사회에 살고 있는 사람들에게 시사하는 바는 무엇일까? 우리는 집을 구입할 때 집의 위치를 지나치게 중요시하는 것은 아닐까? 행복은 사는 곳에 관계없이 삶의 태도나 마음가짐에 달린 것이 아닐까?

언젠가 내 친구가 이렇게 말한 적 있다. "사람들이 기분이 나쁘거나 울적할 때 그걸 나쁜 날씨 탓으로 돌리는 게 못마땅해. 자신을 불행하게 만드는 진짜 원인이 무엇인지 알고 싶지 않아서 괜히 날씨 핑계를 대는 거라고."

햇빛이 사람들을 더 행복하게 해준다는 것은 누구나 다 아는 사실이다. 하지만 내가 이 책을 집필하는 데 필요한 자료를 조사하기 위해 떠난 여행 중에 터득한 것 한 가지는, 인간에게는 분명 무언가를 바꿀 수 있는 능력이 있지만, 세상에는 인간의 능력으로 바꿀 수 있는 것과 없는 것이 있으며, 따라서 우리는 능력 밖의 일이 아니라 할 수 있는 일에 집중해야 한다는 사실이다. 예컨대 기후나 지구의 자전 방향 등은 인간이 바꿀 수 없는 것이고, 정부, 법률, 일, 학교 등은 우리가 통제할 수 있는 것이며, 생활환경은 우리가 바꿀 수 있는 것이다. 이제 우리가 바꿀 수 있는 것에 집중하자.

호주 시드니에 사는 가구 디자이너 마크 타가는 자신의 고무보트를 이용해 두 딸을 등∙하교시킨다.

로웰라 터키(Louella Tuckey)가 호주 시드니 해안가에 있는 자택 침실 창에 기대어 숨 막히도록 아름다운 정처를 바라보고 있다.

도심 속 공원은 도시인들이 소음을 피할 수 있는 최고의 장소로, 거기서 하늘을 쳐다보며 휴식을 취할 수 있다.

토스카나에 있는 피에트로 디소니의 집은 한 폭의 풍경화 같은 주위 풍경을 집 안으로 끌어들이기 위해 조대형 넓판 유리를 적극 이용했다.

건축가 데이비드 핫슨David Hotson이 설계한 '스카이 하우스'의 하이라이트는 바로 사자처럼 보이는 사각형 구멍을 통해 멀리 브루클린 다리를 볼 수 있다. 샴푸를 넣어두는 작은 찬장처럼 보이는 사각형 구멍을 통해 멀리 브루클린 다리를 볼 수 있다.

Location
Agenda

행복은 장소인가?

부탄 관광청의 슬로건은 '행복은 장소다Happiness is a Place'이다. 중국과 인도 사이에 위치한 작은 나라 부탄왕국은 국민의 행복을 가장 중요하게 생각하는 매우 보기 드문 나라다. 사실 부탄 정부는 국민 전체의 행복과 삶의 질을 국가 경영의 성패를 가늠하는 잣대로 삼는다. 1972년 부탄의 국가수반인 젊은 '용왕'은 공개석상에서 "국민총행복Gross National Happiness이 국민 총생산보다 더 중요하다"라고 선언한 바 있다. 이 얼마나 인상적인 말인가! 세상에서 이렇게 말하는 국가 지도자를 찾기란 쉽지 않은 일이다. 그렇다면 장소를 행복하게 만드는 요인은 무엇일까?

우리에게 진정한 행복을 가져다주는 것은 특정한 건물이나 멋진 전망은 아닌 듯하다. 그보다는 사회 디자인이라는 분야가 전반적인 삶의 질을 향상시키는 데 더욱 큰 역할을 담당한다. 오늘날 전체론적 관점에서 보다 나은 삶을 살기 위해 도시와 공간을 치유하고 변화시키고자 하는 도시 설계자와 공동체가 점점 더 증가하고 있다. 이러한 접근 방법은 물리적, 사회적 욕구를 충족시킬 뿐만 아니라 정서적, 심리적, 정신적 요건까지 고려한다.

수많은 사람들이 걷고 이동하고, 녹지 공간과 강력한 사회적 관계망을 갖춘 공동체에는 보다 탄탄한 물리적, 사회적, 정신적, 정서적 건전성과 복지 의식이 구축되어 있을 가능성이 크다. 행복한 도시의 미래는 도시의 물리적, 비물리적 인프라가 시민을 위해 얼마나 잘 작동하느냐에 달려 있다. 우리는 합리적인 가격으로 주택을 공급하고, 레저와 문화 시설을 보다 쉽게 이용할 수 있으며, 효과적인 대중교통 시스템과 어린이들이 안전하게 놀 수 있는 공간을 제공하는 도시를 원한다. 사람들은 자신이 사는 도시가 아름답고 깨끗하고 안전하다고 느낄수록 행복한 삶을 영위할 가능성도 더 커지는 것이다.

집이라 부를 수 있는 곳

생활환경이 어떻든지 간에 우리에게는 집이라고 부를 수 있는 장소가 필요하다. 안도감, 정체성, 소속감에 중대한 영향을 미치는 장소감은, 우리의 삶을 지원하고 삶의 질을 향상시키는 데 필요한 서비스와 설비를 통해 생성될 수 있다.

얼마 전 내가 노숙자를 위한 치료 시설을 방문했을 때 눈길을 끈 것은 각자의 침대 머리맡에 걸린 사진과 침대 옆 탁자에 놓인 개인 소지품이었다. 개인 침대를 둘러싼 그 작은 공간이 그들에게는 침실이요 집이었다. 그 작은 공간에 시설 생활자 각자의 개성이 고스란히 드러나 있었다. 그 노숙자들은 거기에서 장소감을 갖고 텅 빈 공간을 자신의 정체성이 묻어나는 공간으로 탈바꿈시킨 것이다.

가정은 우리가 매일 새로운 아침을 맞고 매일 밤 돌아가는 곳이다. 가정을 자기 정체성의 일부라고 생각할 정도로 가정에 강한 애착심을 가지는 사람들이 많다. 나는 어릴 때 호주 남부에 있는 맥라렌 베일McLaren Vale이라는 작은 시골 마을에서 살았는데, 당시 나는 우리 집, 마을 사람들, 우리 동네를 무척 사랑했다. 우리 가족이 이웃 간의 끈끈한 유대감이 전혀 느껴지지 않는 다른 도시로 이사했을 때, 나는 엄청난 충격을 받았고, 여러 해 동안 그 충격에서 헤어나지 못했다.

첫째도 둘째도 셋째도 장소

집을 짓거나 이사를 결정하기 전에는 충분히 생각해
야 한다. 행복한 집을 만들기 위한 궁극적인 요건은
'첫째도 장소, 둘째도 장소, 셋째도 장소'라는 얘기가
있다. 이 말은 행복을 찾으려면 열대의 어느 섬으로
이사를 가야 한다는 의미일까? 만일 주위 경관이 멋지
지 않다면 결국 불행할 수밖에 없다는 뜻일까?

사는 곳이 어디고 주위 경관이 어떤가 하는 것은 부
분적으로나마 행복에 영향을 미치는 것 같다. 예컨대
1986년에 한 연구 팀이 감옥의 창밖 풍경이 교도소
수감자들의 삶에 어떤 영향을 미치는지에 대한 연구
조사를 실시한 적이 있었다. 그 결과 감옥 창밖으로
산이나 들판의 풍경을 볼 수 있는 수감자들이 교도소
마당이나 다른 건물이 보이는 방에 수감된 재소자들
보다 스트레스와 관련된 진료 요청 비율이 현저히 낮
은 것으로 나타났다. 또 1층 감옥에 수감되어 오가는
사람들에게 사생활을 보호받지 못하는 재소자들이 2
층 감옥의 재소자들보다 더 높은 스트레스를 경험한
것으로 나타났다.

창밖으로 보이는 자연의 경치가 건강과 삶의 질에 영
향을 끼치는 것도 사실인 것 같다. 경치 좋은 자연에
둘러싸여 있을 때 사람은 더 행복해지고, 힘도 더 나
고, 훨씬 더 편안하게 느낀다.

하지만 여기서 고려해야 할 점은, 감옥이라는 삭막한
공간에 갇혀 있는 재소자들에게는 교도소 내 어디에
있느냐가 결정적인 요인으로 작용하겠지만 대부분의
경우는 그렇지 않다는 것이다. 우리는 바깥 환경이 그
다지 매력적이지 않을 때는 건물 내부를 마음대로 바
꿀 수 있기 때문이다.

모든 것은 마음가짐에 달려 있다

이상적인 곳에서 살지 못하더라도 의기소침해할 필요
없다. 모든 것은 마음가짐에 달려 있다. 우리가 느끼
는 행복의 약 40퍼센트는 우리가 문제와 어떻게 관련
되어 있느냐에 따라 결정된다고 한다. 그러니까 우리
를 불행하게 만드는 것은 문제 자체가 아니라 그 문
제를 다루는 방식이라는 얘기다. 물론 세상에는 극심
한 빈곤과 폭력에 노출된 곳이 존재한다는 것을 알고
있다. 하지만 생활환경이 행복에 미치는 영향은 10퍼
센트밖에 되지 않는다는 사실이 몇몇 연구를 통해 입
증되었다.

지인 중 묘목장 뒤편에 있는 작은 헛간에서 사는 부
부가 있다. 그곳은 주위 경치도 볼품없고, 사생활이
나 안전도 거의 보장되지 않는 곳이다. 대부분의 사
람들은 이런 환경에서 살아가지 못할 것이다. 하지만
이 부부는 그들의 집과 그들이 처한 상황을 최대한 활
용하고 있다. 그들은 "돈이 절약되어서 좋아", "묘목
장이 문을 닫으면 아름다운 나무들 사이를 산책할 수
있고, 닭과 오리를 보러 갈 수 있어", 혹은 "우리 헛간
을 세상에서 제일 행복한 색으로 칠할 수 있어"라며
긍정적인 측면을 보려고 노력한다.

나는 예전에는 주위 경관이나 위치가 행복에 지대한
영향을 미친다고 생각했다. 하지만 주위 환경이 나쁘
다고 하더라도, 내부에 집중해 집 안을 편안함과 즐
거움을 주는 오아시스로 꾸미면 된다. 묘목장에 살면
서도 세상 그 어느 곳보다 행복한 집을 꾸미며 살아
가는 친구를 보고 나서, 그것이 가능하다는 사실을
깨달았다.

존경심

매력적이지 않은 장소일수록 삶의 질을 높여주는 디자인의 역할이 더욱 커진다. 배려와 보살핌의 개념이 녹아 있는 훌륭한 공공 디자인은 사람들의 마음을 사로잡아 그들로 하여금 건물이나 공공 설비를 더욱 존중하게 만든다고 믿는다. 훌륭한 디자인을 즐기고 싶은 사람들이 많아질수록 시설이 파괴될 가능성은 더 적어진다. 이와 같은 맥락에서, 대량생산된 보기 흉한 버스 정류장에 경의를 표할 사람은 거의 없을 것이다. 위치는 그다지 매력적이지 않지만 훌륭한 디자인으로 공동체의 존경심을 이끌어낸 멋진 사례가 있다. 건축가 앤드루 메이나드Andrew Maynard가 디자인한 멜버른의 '하우스 하우스HOUSE House'가 그것이다. 하우스 하우스는 메이나드가 기존 빅토리아식 건물에 증축한 삼나무 패널을 입힌 건물로, 건물 한 면이 대형 슈퍼마켓 주차장을 마주 보고 있다. 메이나드는 목재를 입힌 바로 그 벽면에 집 모양의 대형 스텐실 벽화를 검정 페인트로 그려 넣었다. 벽면에 그라피티를 미리 그려 넣으면 낙서를 방지할 수 있을까 하는 바람에서였다. 그리고 그라피티는 보통 검정 페인트로 그리기 때문에, 거리의 예술가들이 거기다 낙서를 한다 해도 잘 보이지 않거나 보인다 해도 덧칠로 쉽게 가릴 수 있을 터였다. 그런데 놀랍게도 거리의 예술가들은 그 벽을 건드리지 않았다. 마치 그 건물 디자인에 존경을 표하는 것처럼 말이다.

도시 유목민

우리는 이동성으로 정의되는 세대다. 과학기술과 인터넷의 발달로 어디에서나 일하고 살아갈 수 있게 되었다. 점점 더 많은 사람들이 '도시 유목민'이 되고 있다는 것은 장소에 대한 애착심이 점점 더 희박해지고 있다는 의미이기도 하다. 도시 유목민 현상이 불러오는 또 다른 문제점은 가족이 뿔뿔이 흩어진다는 것인데, 이는 사람들이 물리적, 정서적 지원 시스템을 잃고 있다는 뜻이다.

오늘날 가정은 실체가 아닌 하나의 상징으로 인식되는 경향이 강하다. 여행자 중에는 마음의 위안으로 삼고자 짐을 꾸릴 때 집 안에서 자신이 가장 아끼는 장식품이나 베개 같은 물건을 챙겨 넣는 사람들도 있다. 이런 물건을 가지고 다니면 스트레스 해소나 숙면에 도움이 된다고 한다. 독일 베를린에 살고 있는 건축가 안야 테테는 자신을 위해 '화물 상자Cargo Box'를 만들었다. 이 상자는 합판으로 만들어졌으며 크기가 21제곱미터다. 상자 안에는 소파 겸용 침대, 접이식 탁자 두 개, 책꽂이, 옷장, 서랍장, 집어넣을 수 있는 평면 텔레비전, 그리고 액자를 걸 수 있는 공간도 마련되어 있다. 내가 가장 마음에 드는 부분은 바로 이동성이다. 그 상자는 안야의 원룸 아파트 내에서도 이동할 수 있을 뿐 아니라 그녀가 원하는 곳이면 전세계 어디로도 옮길 수 있다. 또 화물 상자를 가지고 다닐 수도 있어, 안야는 언제 어디서든 자신의 '작은 세상'과 연결될 수 있고, 그 세상에 대한 지배력을 놓치는 일이 없을 것이다.

파도 바라보기

행복이 사는 장소에 따라 결정되는 것이 아니라 해도, 바닷가에 사는 사람들은 건강해질 수 있다는 분명한 증거가 존재한다.

해 질 녘 해변 모래사장에 앉아 밀려오는 파도를 바라보거나, 활력을 북돋우는 아침 수영, 혹은 서핑을 하는 것만큼 좋은 것이 어디 있으랴. 바닷가에서 시간을 보낼 때 얻을 수 있는 긍정적인 효과는 아주 많다. 수백 년 동안 의사들이 환자들에게 바닷가로 휴양을 떠나라는 처방을 내려온 것도 바로 그 때문이다. 바다 공기에는 몸이 산소를 흡수하도록 돕는 음이온이 가득하다. 파도에 몸을 맡기며 물 위에 떠 있는 것도 몸과 마음의 긴장을 푸는 데 도움이 된다.

시드니 북부 해안 지역에 사는 터키 씨 집을 방문했을 때, 나는 그들의 생활 방식에 부러움을 느끼지 않을 수 없었다. 그 집 현관문 앞으로 가려면 반드시 바닷가 모래밭을 걸어가야 한다. 그 앞에 펼쳐진 반짝이는 푸른 바다는 한마디로 장관이다. 터키 씨 가족은 그곳에 살기 위해 그런 생활양식을 받아들였을 수도 있고, 아니면 그런 생활양식이 그들에게 어울리기 때문에 그 장소를 택했을 수도 있다. 내가 아는 사람들 중에는 비나 눈이 내릴 때 모래사장을 걸어간다는 것은 상상도 하지 못하는 이들이 있다. 하지만 터키 씨 가족에게는 그 모든 것이 행복한 가정을 만드는 또 다른 요소다.

땅을 일구며 살기

농촌에서 살 것인가 도시에서 살 것인가에 대한 주제를 조사하는 동안, 내 머릿속에 이런 생각이 떠올랐다. 드넓은 자연환경에 둘러싸여 있으면 보다 큰 자유를 누릴 수 있겠지만, 그런 집이 안전하다고 할 수 있을까? 그런 한적한 곳에 살면 사람이 그리워지지 않을까?

이탈리아 건축가 피에로 리소니의 토스카나 별장을 방문했을 때, 나는 천국에 온 것 같은 기분이 들었다. 햇살, 경치, 호젓함, 그리고 투박함……. 이 모든 것들이 결코 잊을 수 없는 경험을 선사했다. 이런 곳에 있으면 어떻게 행복해지지 않을 수 있겠는가? 피에로는 그 땅을 처음 봤을 때 '완전히 홀린' 기분이었다고 한다. 하지만 그가 그 집이나 땅에 무언가를 하고 싶을 때, 오래된 자연경관은 협조할 뜻이 없는 듯했다. 강렬한 햇빛, 강한 바람, 그리고 야생동물은 모두 자연의 주인이고, 그 집은 손님이었다. 피에로가 해결해야 할 난제는 건물과 자연의 조화를 모색하는 것이었다.

땅을 일구며 사는 삶은 휴식이 있는 안락한 삶과는 다소 거리가 멀다. 시골에는 언제나 해야 할 일이 있다. 그래서 시골에서 사는 사람들은 늘 활동적이며, 야외에서 더 많은 시간을 보내며 자연과 교감한다. 또 언제나 신선한 농산물을 접한다. 오늘날 점점 더 많은 사람들이 신선한 먹을거리와 공예, 그리고 자연이 주는 혜택을 누리지 못한 채 살아가고 있다. 자연과의 유대감을 잃어버리고 비자연적인 도시 생활에 점점 길들고 있는 것이다. 과연 어떤 생활 방식이 우리를 더 행복하게 해줄 수 있을까?

뜻밖의 위치

'주거비 부담'은 여러 선진국에서 큰 문제로 대두되고 있다. 개중에는 생활비로 가계소득의 30퍼센트가 넘은 돈을 지출하는 사람들도 있고, 재정 압박에 시달리거나 집이 경매로 넘어가는 경우도 부지기수다. 또 월세가 크게 오르면서 세입자들이 경제적으로 쪼들리고 있다. 2025년에는 인구가 1000만이 넘는 '메가 시티'가 전 세계적으로 27개에 달할 거라는 전망이 나왔다. 앞으로는 중국, 인도네시아, 중동, 남아시아, 그리고 북아프리카 등지에서도 메가 시티가 등장할 것이다. 이러한 과도한 성장은 흔히 '인구 폭발'로 불리는데, 이는 특히 해안 도시에서 두드러지게 나타나는 현상이며, 그 결과 대부분의 사람들에게는 구입할 수 없는 수준으로 집값이 치솟고 있다.

전 세계적으로 집값이 오르고 집 지을 땅은 부족해지자, 살 곳을 마련할 때 독창성을 발휘하는 사람들이 점점 더 많아지고 있다. 나는 지금까지 주거지역에 대한 통념을 깨는 독특한 집을 여러 곳 방문한 바 있다. 그중에는 예전에 교도소로 사용하던 베를린 교외의 원룸 아파트도 있었고, 오래된 독일 슈퍼마켓이던 건물을 개조한 아파트도 있었다. 그런 집에 사는 사람들은 공통적으로 자신들이 살고 있는 장소에 대단한 자부심을 가지고 있었다. 그들은 자신들이 사는 건물에 얽힌 독특한 역사적 배경을 좋아하고, 그 건물을 집으로 탈바꿈시켰다는 사실을 자랑스러워했다.

The top 10 happiest countries

세계에서 가장 행복한 나라 10

1. 덴마크
2. 노르웨이
3. 스위스
4. 네덜란드
5. 스웨덴
6. 캐나다
7. 핀란드
8. 오스트리아
9. 아이슬란드
10. 호주

한 연구소에서 갤럽 여론 조사를 토대로 '행복 지수'에 따른 국가 순위를 위와 같이 매겼다.
행복 결정 요인으로는 1인당 GNP, 기대 수명, 생활 방식을 선택할 수 있는 자유, 사회적 지원 등을 고려했다.
이 조사에 따르면, 지난 5년에 걸쳐 세계가 '약간 더 행복해지고 조금 더 너그러워'진 것으로 나타났다.

"Whenever we feel slightly overwhelmed we look up, and seeing the water instantly calms us down."

Mark Tuckey, *furniture maker*

"스트레스를 받을 때마다
고개를 들어 바다를 쳐다보면
곧바로 마음이 차분히 가라앉는다."

마크 터키, 가구 디자이너

앤드루 메이나드가 설계한 '하우스 하우스'의 주인 내외가 쇼핑센터 주차장에 면한 침실 창밖을 바라보고 있다.

크리스 라우-그슈Chris Laugsch, 호텔리어
독일 베를린 슈프레 강

"이 집이 비록 물 위에 떠 있고 슈프레 강을 앞뜰로 삼고 있긴 하지만, 전체 면적은 고작 60제곱미터밖에 안 됩니다. 우리는 이 작은 공간에 개방식 부엌, 접이식 더블 침대와 소파가 있는 큰 거실, 샤워실, 화장실, 벽난로, 그리고 강이 내다보이는 더블 베드 침실을 모두 집어넣었어요. 이 선상 가옥은 강이 보이는 평온한 자연경관에 둘러싸여 있지만, 지리적으로 도심과 인접한 곳에 위치하죠. 우리는 선상 가옥의 앞면 전체를 바닥에서 천장까지 유리창으로 디자인해 강 풍경을 고스란히 집 안으로 끌어들였어요. 이 멋진 풍경을 바라보고 있노라면 번잡한 도시 일상에 찌든 심신이 정화되는 기분이 듭니다. 이런 경험은 베를린에 사는 사람들 대부분이 누리기 힘든 귀한 것입니다. 특별히 주문 제작한 낮은 소파는 한가롭게 헤엄치는 오리 떼를 바라보다가 잠깐 졸기에 안성맞춤이지요."

HIGHLIGHT

이 현대식 선상 가옥은 작은 공간 안에 독창적인 설계, 주문 제작한 가구, 바닥에서 천장까지 이어진 유리창, 베를린 슈프레 강 풍경을 즐길 수 있는 옥외 덱 등으로 가득 차 있다.

BELIEF

디자인이 잘된 집이라면 면적이나 위치 등은 크게 문제가 되지 않는다.

LESSON

자연환경 가까이에 집을 지을 때는 그러한 특징에 중점을 두어 디자인해야 한다. 이 경우 미니멀리즘 인테리어가 아름다운 자연경관에 집중할 수 있게 도와준다.

"창밖으로
오리들이 헤엄치는 모습을
볼 수 있다는 것은
크나큰 위안을 준다."

— bel 28·9·13 ♥

— Mia· 20—4—12

— yasmin 14/2/12

— Brad 19/10/12

— Gem my fave cuz ♥

— olive 28/7/13

yasmin 6/3/11 — Ruby 22-2-12

Ash 22/4/12 — Jade 14/2/12

9/12

— Jade — spiv 4/8/12 Zoe Fried 28th lucia 20/4/13

Zoe fried 18-2-12

— 28—Natali — 28-4-12 — lucia 21/10/12

— Tali 18-3-12 spiv 20/4/12 olive 9-2-12

—20/2/11 Jade

olive 1/10/11

—11

— Jake 1/4/12

Chapter Nine

Memories

기억

LEARN
FROM YESTERDAY,
LIVE FOR TODAY,
HOPE FOR
TOMORROW.

attributed to Albert Einstein

어제에서 배우고
오늘을 위해 살고,
내일을 꿈꿔라.

알베르트 아인슈타인의 어록으로 추정

과거, 현재, 그리고 미래

Past, present and future

자신의 인생을 사랑하는 것보다 더 멋진 일은 없다. 우리는 지금까지 집을 개인이나 가족이 성장하는 장소가 아닌 수익성 자산으로만 취급해, 집의 가치를 높이고 집을 팔 때 수익을 더 남기기 위한 개조에만 신경 써왔다. 하지만 집은 우리의 모든 것을 대표해야 한다. 자신을 매혹시키고, 행동하게 하고, 살아 있음을 느끼게 만드는 것들로 주변을 에워싼다면 진정한 행복을 느낄 수 있을 것이다. 명심해야 할 것은, 긍정적인 기억을 되살려주는 매개체를 서랍이나 앨범, 혹은 찬장에 보관할 것이 아니라 밖으로 꺼내, 자신의 이야기가 집 안에서 시각적으로 드러나게 해야 한다는 것이다.

색 바랜 일상의 기억을 재활용해 집 안을 자기가 사랑하고 행복을 느끼게 해주는 것으로 가득 채우는 것이야말로 자신의 자원을 창의적으로 활용하는 최고의 기술이다. 창의력을 발휘해 물건을 장식하고 공간을 장식해보자. 여러분의 집이 지하실에서 지붕 꼭대기까지 "나는 이 집에 살고 있고, 이 집이 바로 나 자신이다!"라고 외치게 만들어보자.

집은 정서적 피란처요, 개인이 강력한 통치력을 발휘하는 장소다. 집은 삶을 기록하고 나와 나의 가족이 누구인지, 그리고 나는 어디에서 왔고, 어디로 가고 있는지를 그릴 수 있는 완벽한 캔버스다. 우리는 집이 외형적으로 아름다워 보일 뿐만 아니라 우리의 과거와 이어주고, 미래를 꿈꿀 수 있는 곳이길 원한다.

개인의 인생 이야기에서 집은 지극히 중요한 역할을 한다. 개인이 살아온 이야기는 나이가 들수록 그 중요성이 점점 더 커진다. 그것은 단순한 이야기가 아니라 이 세상에서 개인의 장소와 업적을 기억할 수 있게 하는 소중한 자원이다.

매혹적인 오래된 사진과 특이한 장식품을 보유한 집은 대체로 그 집과 그곳에 사는 사람들에 대한 이야기를 간직하고 있다. 새로운 것을 이야기하는 것도 좋지만, 집 안에 있는 물건을 통해 과거를 회상하는 것도 멋진 일이다.

주변을 좋은 기억으로 에워싸면 행복 지수가 확실히 높아진다. 집 안에 추억이 깃든 멋진 기념품을 진열해두면, 그 물건을 볼 때마다 구입한 때와 장소로 되돌아가게 될 것이다. 잠시 멈춰 추억을 회상할 수 있게 해주는 이러한 매개체는, 빠르게 변하는 삭막한 세상에 살고 있는 현대인에게 오아시스로 안내해주는 길잡이 역할을 한다.

지금까지 내가 방문한 집과 디자인한 공간 중 가장 편하게 느낀 집은 언제나 추억이 깃든 물건이나 가구, 미술품, 장식품으로 가득한 집이었다. 그런 집의 주인들은 훨씬 더 따뜻하고 개방적일 것만 같다. 선반에 진열된 인생의 소중한 순간은 집주인에 대한 호기심을 자극한다. 그러한 가정이야말로 잡지에 나올 만한 가치가 있다. 나는 한 번도 사용한 적 없는 고급 디자이너 소파보다 오랜 세월 가족의 사랑을 받아온 낡은 의자가 더 보고 싶다. 그리고 단지 인테리어 색채 계획에 맞추기 위해 구입한 고가의 그림보다 천진난만한 아이들의 그림을 더 선호한다.

우리의 집과 이웃은 '추억의 공장'이다. 또 우리의 삶에 의미를 부여하고 삶의 질과 행복을 드높이는 가장 강력한 자원들이 작동을 멈추지 않게 도와준다.

모델과 롤링 스톤스의 전설적인 로커 로니 우드의 전 부인인 조 우드, Jo Wood의 진정한 록 시크rock chic'가 묻어나는 런던 집. 집 안 곳곳에 그녀가 일생 동안 함께해온 물건들이 놓여 있는데, 그 물건들은 한 편의 소설 같은 그녀의 인생 이야기를 시각적으로 들려준다.

피에로 리소니는 토스카나에 있는 별장 위층을 헌 사진,
그리고 자신이 아끼는 모자 소장품으로 가득 채웠다.

특별한 순간을 떠올릴 수 있게 하는 추억이 깃든 장식품이나 선물은
눈에 보이는 곳에 진열해두자.

이언 돌라모어(Ian Dollamore)가 디자인한 조 우드의 부엌. 그녀가 지향하는 '슬로푸드'를 만드는 데 완벽한 장소다.

조 우리는 방 안에 노스탤지어를 담아내기 위해서는 전등 스위치에서 루번 가장자리 장식에 이르기까지 모든 세부적 요소, 그 방 '주인다워' 한다고 생각한다.

Memories
Agenda

당신은 어떤 이야기를 갖고 있나?

디자인에 긍정적인 자전적 요소를 포함시키는 방법은 좋은 기억을 떠올리게 하는 물건, 사진, 그림, 가구, 직물, 인쇄물, 색깔, 냄새, 음악 등을 결합하는 것이다. 내 인생에서 가장 놀라웠던 경험이 무엇인지 생각해보고, 그 기억들을 머릿속으로 최대한 되살려본 다음, 이때 떠오른 추억거리나 느낌을 집 인테리어 디자인에 담아낼 수 있는 방법을 적어보자.

낭만적인 해변을 거닐면서 주운 소라 껍질이나 당신의 조부가 어릴 때 받은 트로피 같은 기념품을 집 안에 진열해놓으면, 자신의 뿌리나 정체성, 혹은 행복했던 시절을 지속적으로 상기하게 해준다. 침실 한쪽 벽면을 가족의 문화와 전통이 깃든 물건으로 채워 자신의 정체성을 알려주는 작은 기념비를 만들어보자.

하지만 여러 사람이 살거나 가족이 함께 사는 집을 디자인할 때는 그것이 자신만의 '개인' 프로젝트가 아님을 명심해야 한다. 디자인에 담을 추억을 선택할 때는 반드시 그 집에서 함께 살고 그 공간을 공유할 사람들의 이야기를 모두 고려해야 한다. 그렇게 함으로써 공동의 이야기가 탄생한다.

개성 있는 공간

어린이와 10대의 방이야말로 세상 그 어떤 곳보다 매력적이고 흥미로운 공간이다. 방주인의 개성이 살아 숨 쉬는 공간이기 때문이다. 자기 방을 멋대로 꾸밀 수 있는 자유가 주어지면, 아이들은 망설이는 법이 없다. 한 아이의 방은 그 아이의 작은 세상이다. 그곳은 단순히 포스터로 온 벽을 뒤덮고, 보물을 숨기고, 잠을 자는 곳이 아닌 그보다 훨씬 더 큰 의미를 지닌 공간이다. 아이가 성장해서 집을 떠난 뒤에도, 그 방은 어린 시절의 향수를 강하게 불러일으키는 매개체가 된다.

개성 있는 집을 상상할 때, 나는 늘 런던 캠던에 있는 조 우드의 집을 떠올린다. 롤링 스톤스의 기타리스트 로니 우드와 결혼해 30년 동안 함께 지낸 조는 이혼 후 생전 처음 혼자 생활해오고 있다. 그녀의 집은 그녀 자신만의 성소聖所다. 조는 자신의 과거인 로큰롤 인생과 골동품에 대한 사랑에서 디자인 영감을 끌어내고, 여기에 현대적 요소를 적절히 가미했다. 내게는 그녀의 집이 롤링 스톤스 로커의 아내로서, 어머니로서, 그리고 영국을 대표하는 패션 아이콘으로 살아온 그녀의 인생이 고스란히 담긴 그녀의 자서전처럼 느껴졌다. 그녀의 과거와 현재를 알기 위해 구태여 그녀에게 말을 걸 필요가 없다. 그냥 그녀의 집을 한번 둘러보기만 하면 된다. 집 안 곳곳에 진열한 사진과 작은 장식품이 그녀의 추억과 살아온 이야기를 들려줄 것이다. 또 해골 무늬 벽지와 해골로 위장한 골동품 욕실 거울 등을 통해 조의 독특한 개성을 엿볼 수 있다.

경험을 집으로 가져가라

좋은 경험은 강렬하고 의미 있는 추억을 만들어낸다. 좋은 경험은 물질적 자산보다 사람들을 더 행복하게 만든다는 연구 결과도 있다. 경험이 큰 의미를 지니는 것은, 그것이 개인의 이야기와 정체성의 일부가 되기 때문이고, 개인의 사회적 관계에 영향을 미치기 때문이다. 새 물건을 살 때 느끼는 즐거움은 쏜살처럼 사라지고, 새 정장을 한 벌 샀을 때 느낀 행복감은 그 옷에 익숙해짐에 따라 시들해지기 마련이다. 심리학자들에 따르면 보통 사람들은 6~8주가 지나면 새로 구입한 물건에 익숙해지기 때문에, 맨 처음 물건을 구입할 때 느끼는 기쁨은 보통 두어 달 만에 사라진다고 한다. 하지만 행복한 경험에 대한 기억과 사람의 기분을 북돋우는 기억의 힘은 그보다 훨씬 더 오래 지속된다.

이러한 사실들이 우리에게 시사하는 바는 무엇일까? 이제 집 안을 꾸밀 물건을 구입하는 일을 멈추고 경험을 얻기 위해 집 밖으로 나가야 한다는 것일까? 어느 정도는 그렇다고 할 수 있다. 만일 약간의 여윳돈이 생겼다면 상점이나 인터넷 쇼핑몰을 기웃거리지 말자. 의미 없는 물건을 구입하는 대신 콘서트, 축구, 헬리콥터 탑승 같은 경험을 얻는 일에 투자하자. 그리고 그러한 순간들을 간직하기 위해 노력하자. 기념품을 수집하고, 이국적인 장소에서 휴가를 보내는 동안 땅에 떨어진 아름다운 새 깃털을 줍고, 특이한 유리컵을 사보자. 그리고 이러한 경험들을 당신의 집으로 가지고 가라.

새로운 기억을 만드는 장소

건물이 '오래된 기억의 저장소' 역할만 하길 바라는 사람은 아무도 없을 것이다. 우리는 건물이 그 안에 머무는 사람들을 위해 새로운 기억을 만들어내기를 원한다. 따라서 경험을 제공하고 인간관계를 형성하는 데 도움이 되는 공간을 디자인할 필요가 있다.

집이나 건물을 디자인할 때 침실, 욕실, 부엌 같은 물리적 공간의 미학에만 중점을 두는 사례를 자주 볼 수 있다. 공간에 자신이 원하는 경험을 만드는 데 집중한다면 훨씬 더 강력한 디자인을 실현할 수 있다. 나를 행복하게 해주는 사람과 함께 있고 싶은 것은 인간의 기본적인 욕구다. 따라서 공간을 디자인할 때, 어떻게 하면 다른 사람과 인생을 공유할 기회를 만들 수 있을지 모색할 필요가 있다. 조 우드는 부엌과 정원을 자기 자신뿐만 아니라 식구들도 사용할 수 있도록 디자인했다. 또 그녀는 지속 가능한 식생활을 추구하고 지역 농산물을 이용하는 '페이즐리 부인의 푸짐한 밥상Mrs Paisley's Lashings'이라는 이름의 팝업 식당을 정기적으로 열고 있다. 그녀는 자기 자신뿐 아니라 다른 사람들을 위해 경험을 창조하는 것이다.

인생의 사건은 혼자만의 행동으로만 만들어지는 것이 아니다. 지자체와 정부는 시민들의 행복도를 높이기 위해 지역공동체에 긍정적 경험을 제공하기 위해 노력해야 한다. 나는 자료 조사차 떠난 여행 중, 사람들에게 주민을 보다 행복하게 만드는 것이 무엇이라고 생각하는지 물어보았다. 그들은 공원과 녹지 공간, 걷기 여행길, 지역사회가 무료로 즐길 수 있는 오락, 그리고 반려견도 출입 가능한 해변이 더 많이 생기는 것이라고 대답했다.

일상에서 즐거움 찾기

공간을 디자인할 때 일상의 활동이 이루어지는 장소를 간과해서는 안 된다. 단조롭고 기계적인 활동도 창의적인 디자인을 통해 보다 재미있는 경험으로 탈바꿈시킬 수 있다.

핵심은 디테일에 중점을 두는 것이다. 문이나 찬장에 달린 장식이나 손잡이를 색칠할 수도 있고, 사용자와 관련된 재질이나 모양으로 바꿀 수도 있다. 다른 사람을 위해 디자인할 때는 단지 자기 마음에 드는 것만으로는 충분하지 않다. 그것을 사용하는 사람들과 관련 있는 것은 무엇인지, 어떻게 하면 그들의 기억에 남을지, 그리고 그들이 누구이며 어떤 사람이 되고 싶어 하는지 숙지해야 한다.

문명의 이기와 과학기술은 가정 풍경을 크게 바꾸어 놓았지만, 나는 전원 스위치 같은 평범한 디자인에 주목하지 않을 수 없다. 전원 스위치를 켤 때 나는 '딸깍' 하는 소리에는 우리의 마음을 진정시키는 무언가가 있다. 요즘은 호텔급 설비를 갖춘 집이 많은데, 무미건조한 터치스크린 컨트롤러는 필요 이상으로 복잡하게 느껴진다. 그에 반해 전등에 달린 똑딱이 단추에는 손가락으로 당길 때 느껴지는 보이지 않는 미학이 담겨 있다. 집에 돌아와 전기 스위치를 켜는 행위는 하나의 의식과도 같다. 우리는 이러한 실용적인 오브제를 무심히 지나쳐서는 안 된다.

전등 스위치나 수도꼭지도 단지 전등을 켜거나 수도를 트는 기능 이상의 의미를 지닐 수 있다. 우리 주변의 모든 입체형 사물은 미술관에 있는 조각 작품처럼 중요하고 감동적인 메시지를 전달하는 오브제가 될 수 있다. 좀 더 독특하고 흥미로운 물건을 구입하려면 그만큼 돈과 노력을 쏟아부어야 하지만, 분명 그만큼의 가치가 있다. 집 안을 옛 추억으로만 채우기보다 새로운 추억을 만들어보자.

추억이라는 유산

어떤 물건을 물려받을 때, 그리고 그 물건을 손에 쥐고 그것의 출처를 생각할 때, 우리는 사랑하는 사람을 생각하고 그 사람과 함께한 시절을 추억하게 된다. 우리는 집에 있는 오래된 장식품이나 가보를 당연하게 생각하곤 하지만, 그 물건들의 역할은 우리가 오랫동안 알고 지냈거나 오래전 우리 삶의 한 부분을 차지했던 사람들에 대한 감정을 다시 느끼게 해주는 것이다. 과거는 현재의 나 자신을 설명해주기 때문에 엄청난 가치가 있다.

나는 조부모님이 돌아가신 뒤, 그분들의 손때가 묻은 물건 몇 점을 갖는 것이 의미 있는 일이라는 생각이 들었다. 맨 처음 그분들의 물건 중 몇 개를 골라보라는 말을 들었을 때, 앞서 4장의 '편집'에서 이미 언급했듯이, 우리가 소유물에 대해 어떻게 생각해야 하는지에 괸련헤 큰 께달음을 얻었다. 내가 조부모님의 거실 바닥에 산더미처럼 쌓인 유품 중 몇 점을 골라냈을 때 다른 식구들은 약간 의아하게 생각했을 것이다. 내가 골라낸 유품은, 조부모님의 캠핑카에서 휴가를 보내던 추억을 떠올리게 하는 오래된 복고풍 티스푼 하나, 내가 어릴 때부터 그분들이 가지고 계셨던 플라스틱 용기 두 개, 할머니가 치즈를 보관해두시던 낡은 금속 용기, 그리고 마지막으로 도일리_{가구 위에 덮는 작은 장식용 덮개} 몇 장이었다. 평소에 나는 도일리를 좋아하는 편이 아니었다. 하지만 지금은 사진 작업 때 선물로 받은, 조녀선 애들러가 직접 디자인한 장식품을 포함해, 집 안에서 내가 제일 아끼는 물건들 밑에 당당히 깔려 있다. 그 물건들을 보거나 사용할 때마다 나는 조부모님을 생각한다. 그분들이 집 안을 꾸미는 스타일을 좋아하지는 않았지만, 그분들이 남긴 물건은 내 집과 내 인생에서 큰 의미가 되고 있다.

Try this

이렇게 해보자

식사, 설거지, 샤워 등 일상적으로 하는 행동 세 가지를 꼽아보자.
그리고 그 일을 하는 동안, 스스로에게 이런 질문을 해보자.

"이 일을 좀 더 즐겁게 하려면 어떻게 해야 할까?
어떻게 디자인하면 이 일을 좀 더 즐겁게 하는 데 도움이 될까?"

그렇다고 욕실을 모두 뜯어내라는 말은 아니니 걱정 말라.
자신이 제일 좋아하는 향이 나는 물비누를 사놓는 것만으로도
좋은 출발이다.

골동품 거울에 비친 해골과 같은 디테일과 독수리 발 모양의 욕조 다리가 공존하는 조 우드의 집 인테리어 스타일은, 한마디로 모르물과 바랜 양투아네트의 반항아적인 반당이라고 표현할 수 있다.

Family cookbook

가족 요리책 만들기

행복한 추억을 만들고 싶다면, 가족 요리책을 만들어보는 것은 어떨까?
식구들에게 각자 가장 좋아하는 요리의 조리법을 이메일로 보내달라고 부탁해보자.
그런 다음 주문형 출판 서비스를 이용해 자신만의 요리책을 만들어보자.
요리책이 완성되면 식구들에게 한 부씩 선물한다.
식구 모두가 그 책을 이용해 음식을 만들거나 책장에 한 권씩 꽂혀 있는 것을 볼 때마다
강한 유대감을 느끼게 될 것이다.

조 우드
영국 런던 캠던

"저는 호사스러움에도 새로운 형식이 존재한다고 믿어요. 편안함도 호사스러움의 한 종류지요. 사람들을 그 분위기에 맘껏 젖어들게 만드니까요. 제게 가장 큰 행복은 아름다운 시트가 깔린 폭신한 침대예요. 저는 집 안으로 들어가 현관문을 닫을 때 커다란 행복감을 느끼고, 집에 혼자 있는 걸 좋아해요. 그리고 책으로 둘러싸여 있는 것을 좋아하고, 꽃도 물론 중요하지요. 저는 예술품이나 개인 소유물이 전혀 없는 새하얀 미니멀리즘 공간에 있으면 숨도 쉬지 못할 거예요. 따뜻함이라고는 털끝만큼도 느껴지지 않는 차가운 공간일 테니까요. 이 집은 이혼하고 나서 처음 구한 집이라, 오직 제 취향대로 꾸밀 수 있었어요. 다른 사람의 취향을 받아들이지 않아도 되어서 아주 자유로웠어요. 저는 이 집을 제 이야기를 들려주고, 제가 인생에서 중요하게 생각하는 것을 다른 사람들과 함께 나누기 위해 디자인했어요. 그것은 저처럼 다시 자아를 찾고자 하는 사람에게 꼭 필요한 일이라고 생각해요."

HIGHLIGHT

침실 다섯 개짜리 조지아 시대풍 주택을 로큰롤 시크와 보헤미안적 감성을 버무려서 장식했다. 공간은 한 여성의 놀라운 추억으로 가득하다.

BELIEF

집은 편안함이 느껴져야 한다. 이를 실현하기 위한 유일한 방법은 집 안을 중요한 의미가 있는 물건으로 채우는 것이다.

LESSON

그렇다고 집을 박물관처럼 만들어서는 안 된다. 집은 과거뿐만 아니라 미래와 새로운 꿈, 야망까지 간직해야 한다.

"우리 집 스타일에는 나의 개성이 그대로 반영되어 있다.
한마디로 말하면
마리 앙투아네트와 로큰롤의 만남이다.
나는 집이 로맨틱하면서도 내 인생을 고스란히 드러내길 원한다."

Chapter Ten

Nature

자연

NATURE ALWAYS WEARS THE COLORS OF THE SPIRIT.

Ralph Waldo Emerson, *Nature, 1836*

자연은 항상
영혼의 색을
지니고 있다.

랠프 월도 에머슨, 《자연》, 1836

자연이 주는 영감

Green inspiration

생각거리

자연의 긍정적 효과
녹지 공간의 필요성
자연을 실내로 끌어들이기

자연은 정신의 연료다. 야외에 나가는 것만으로도 활력과 생동감을 느낀다. 자연을 즐기면 보다 차분해지고 행복해질 뿐만 아니라 집중력과 정신력, 건강, 사교성과 창의력도 향상된다. 자연은 신체적, 정신적 에너지를 강화하며, 운동이나 야외 활동도 행복감을 증가시키는 역할을 한다. 다들 경험했다시피, 최고의 아이디어는 사무실에 있을 때가 아니라 밖에 나가 산책을 하거나 강이나 바다에서 배를 타거나 공원에서 원반던지기 놀이를 할 때 떠오르지 않던가?

자연이 건강을 증진시킬 수 있다는 것은 여러 연구를 통해 증명되었다. 몸이 나른할 때 집이나 건물 밖으로 나가 자연 속에 머무는 것은, 커피 한잔의 효과와는 비교할 수 없을 정도로 활력을 충전할 수 있는 좋은 방법이다. 자연 속에서 더 많은 시간을 보낼수록 면역 체계가 더욱 강화될 가능성이 크다. 단지 자연의 풍경을 바라보는 것만으로도 스트레스를 줄일 수 있다. 예컨대 창을 통해 자연의 경치를 볼 수 있는 병원은 환자들이 더 빨리 회복하도록 도울 수 있다. 자연을 바라보면 낙천주의나 정서적 안정과 관련이 있는 뇌세포를 활성화한다는 연구 결과도 있었다.

자연에서 시간을 보내면 기분이 더 좋아질 뿐만 아니라 행동 방식이나 남을 대하는 태도에도 좋은 영향을 미칠 수 있다. 사람은 자연과 교감할 때 배려심이 더 많아지고 더욱 관대해지는 경향이 있다. 뉴욕 로체스터 대학University of Rochester 연구 팀에 따르면, 사람은 인공 환경이 아닌 자연에 노출되었을 때 기본 가치를 추구하려는 의욕이 높아져 친밀한 관계뿐 아니라 자신이 속한 공동체를 보다 잘 이해할 수 있게 되며, 돈에 대해서도 보다 관대한 태도를 갖게 된다고 한다. 자연이 우리 생활에 선사하는 만족도는 결혼했을 때 느끼는 만족도의 3분의 1, 그리고 직장을 가졌을 때 느끼는 만족도의 10분의 1 수준이라고 한다.

UN이 2100년에는 세계 인구가 110억 명에 달하며 그중 70퍼센트가 도시에 거주할 것이라고 예측했다. 그만큼 인간의 웰빙과 행복에 대한 미래 전망은 어둡다고 할 수 있다. 따라서 도시 설계자와 건축가는 도시에 녹지 공간을 만드는 일을 최우선 과제로 삼아야 한다. 공원, 수직 정원, 옥상 정원 같은 자연을 도시 환경에 통합한다면 주민들 사이의 공동체 의식을 강화하는 데 도움이 될 것이다. 미국 일리노이 대학의 연구 팀이 시카고 주택단지의 주민들을 대상으로 실시한 조사 결과, 녹지율이 높은 지역에 사는 사람일수록 정신적 피로감이 더 낮았으며, 폭력과 공격적 행동의 비율도 더 낮은 것으로 나타났다.

실내를 자연과 연결하는 것은 새로운 디자인 개념이 아니다. 프랭크 로이드 라이트, 루트비히 미스 반데어로에, 페터 춤토어 같은 건축가들은 생활환경 속에서 인간과 자연의 어울림이 얼마나 중요한지 간파한 사람들이다.

실내와 실외의 경계를 무너뜨리는 새로운 건축 개념에 입각한 건축물은 예전에는 기후가 따뜻한 지역에서나 볼 수 있었지만, 이제는 그 중요성이 점점 더 커지고 전세계적으로 보편화되어, 밋밋한 도시 경관을 차단하는 데 자연적인 건축 요소가 이용되고 있다. 디자이너들은 인공물과 자연이 조화를 이루고 하나로 통합되는 건축물의 실현을 위해 지속적으로 노력해야 할 것이다.

덴마크 건축 사무소 MLRP는 코펜하겐 공원 한복판에 있는, 낙서로 뒤덮인 놀이터 건물을 주위 경치를 반사하는 매혹적인 건물로 탈바꿈시켰다.

가운을 덧댄 바깥벽은 인공물과 자연의 경계를 허물고 서로 닮은 풍경을 만들어내며, 주위의 공원과 놀이터와 움직임을 그대로 반사한다.

지붕 꼭대기를 풀밭으로 가득 메운 마을관 바깥 집.

인테리어 디자이너 낸시 배거는 실외 휴식 공간에 야외용 벽난로를 설치해 밤낮의 내내 야외 환경을 즐길 수 있게 했다.

건축 사무소 아우구스틴 운트 프랑크는 건물을 콘크리트로 에워싸 도시의 인공적인 요소를 모두 차단하고, 그와 동시에 사진에 액자 같은 내 창을 내 자연과 교감할 수 있게 했다.

Nature
Agenda

나무의 중요성

가로수가 늘어선 거리는 보기에도 아름다울 뿐만 아니라 사람들의 행복에도 중요한 영향을 미친다. 영국의 한 연구 팀이 1만 명을 대상으로 1991년에서 2008년까지 추적 조사한 결과, 수입, 배우자 유무, 건강 상태, 혹은 얼마나 멋진 집을 가지고 있는지와는 상관없이, 사는 동네에 녹지가 많고 더 푸를수록 행복감이 더 높은 것으로 나타났다.

나무는 도시에서 없어서는 안 되는 요소다. 나무는 그늘을 드리워줄 뿐만 아니라 천연 에어컨 같은 역할을 한다. 식물은 주위 공기를 시원하게 조절해주고, 물을 방출해 주위의 열기를 식힌다. 따라서 녹지가 부족한 도시의 기온은 근교보다 섭씨 5도에서 10도가량 높을 수 있다. 도시 개발이 빠른 속도로 진행됨에 따라 도시의 녹지는 점차 사라지고, 그나마 얼마 남지 않은 녹지마저 엄청난 개발 압력을 받고 있다.

물론 부동산 개발자들에게는 나무를 베어내는 것이 경제적으로 더 유익하게 여겨질 것이다. 나무를 베어내면 건물을 지어서 팔 수 있는 대지를 더 많이 확보할 수 있을 테니까. 하지만 도시에 식물이 부족하면 '도시 열섬 현상'이라는 새로운 도시 문제가 발생한다. 열섬 현상은 도시의 콘크리트 덩어리와 아스팔트가 흡수하고 방출하는 열로 도시 전체의 기온이 상승하는 현상을 말한다. 도시가 점점 더 커지고, 콘크리트 건물과 아스팔트 도로가 점점 더 많아짐에 따라, 트럭, 자동차, 기차, 가로등, 전기 기구 등에서 더 많은 열기가 방출된다. 온실가스 방출도 더 많은 열기를 가두는 데 한몫하며, 도시의 기후변화에도 지대한 영향을 미친다.

해결책은 지표면을 돌이나 아스팔트, 콘크리트보다 더 시원한 식물로 덮는 것이다. 큰 공원, 수직 정원, 옥상 정원이나 발코니 정원, 뒷마당의 식물, 가로수, 보행로의 잔디 등은 모두 도시 열섬 현상을 줄이는 데 도움이 된다. 장기적으로는 도시 숲을 조성하는 것이 환경적인 측면뿐 아니라 시민의 전반적인 삶의 질을 높이는 데도 효과가 클 것으로 보인다.

맨발로 잔디 밟기

맨발로 걸으면 기분이 좋아진다. 바닷가 모래사장에서 발가락을 꼼지락거리거나 하루에 30분 정도 공원의 잔디밭을 맨발로 뛰어다니면 행복도가 높아질 뿐만 아니라 생리적으로도 긍정적인 영향을 미친다. 하지만 신발을 신으면, 신발이 우리가 대지와 교감하는 것을 방해한다. '맨발생활협회Society for Barefoot Living'를 포함해 맨발 걷기를 장려하는 공동체가 전 세계적으로 존재한다. '어싱earthing, 지구 표면에 존재하는 에너지와 우리 몸을 연결하는 것'요법의 열렬한 지지자들은, 맨발로 땅을 밟으면 마음이 차분해지고 평온해져 스트레스를 줄이는 데 탁월한 효과를 볼 수 있을 뿐만 아니라, 밤에 잠도 더 잘 잘 수 있다고 믿는다. 또 어싱요법은 소화 증진, 면역력 증강, 근육 강화, 심지어는 호르몬 조절에도 긍정적인 효과가 있는 것으로 보인다.

디자인 분야에서는 촉각을 자극하는 것이 중요성에 대해 자주 논의한다. 자연석이나 목재 바닥, 혹은 양모 카펫이 깔린 집 안을 맨발로 걸으면 마음이 진정된다. 합성 물질을 사용하는 것은 대지에서 나오는 자연의 정기와 기분 좋게 만들어주는 산물을 우리 스스로 차단하는 행위다.

손이 덜 가고 유지비가 덜 든다는 이유로 인조 잔디의 사용이 걱정스러울 정도로 증가하고 있다. 경기장, 운동장, 심지어 가정집 잔디밭에서도 천연 잔디가 합성섬유로 교체되고 있다. 인조 잔디 바닥의 고무 충전재는 폐타이어로 만들기 때문에 유해한 화학물질을 함유하고 있을 수 있다. 이런 이유로 노르웨이, 스웨덴, 호주에서는 약 10년 전부터 인조 잔디 사용을 금지해왔으며, 의사와 과학자 단체에서도 인조 잔디 구장을 새로 조성하는 사업을 중단할 것을 촉구하고 있다. 인조 잔디는 환경에 유해하다는 사실 외에도, 마치 우리가 신는 신발처럼 우리 몸이 직접적으로 땅의 기운을 받지 못하게 방해한다. 이는 참으로 유감스러운 일이 아닐 수 없는데, 지구 표면을 맨발로 걸으면 보다 행복하고 건강한 삶을 영위하는 데 도움이 되기 때문이다.

행복한 지구

자연은 우리가 가족이나 공동체보다 더 큰 유기체의 한 부분임을 상기시킨다. 바로 이것이 우리가 사는 도시가 녹지를 조성하는 것을 최우선 과제로 삼아야 하는 이유다. 이렇게 함으로써 우리는 자연을 항상 먼저 생각하게 될 것이다. 지금이야말로 지속 가능한 공동체를 건설해 자연환경을 보존하는 방향으로 나아가야 할 때다. 행복한 지구는 바로 행복한 우리 자신을 의미하는 것이니까.

하지만 도시의 성장을 완전히 막는 것은 불가능한 듯 보인다. 그래서 지금 많은 사람들이 고민하는 문제는 어떻게 하면 성장을 제한하느냐가 아니라 어떻게 하면 도시들을 지속 가능하게 만들 것인가다. 도시화가 지구온난화를 가중시키고 있다는 것은 누구나 다 아는 사실이다. 미국 국립대기과학연구소National Center for Atmospheric Research에 따르면, 특히 개발도상국에서 두드러지게 나타나는 지방 인구의 도시 유입 현상으로 인해 21세기 중반까지 온실가스 배출이 25퍼센트나 증가할 수 있다고 한다.

모두 암울하고 절망적인 전망뿐인 것 같지만, 그럴수록 우리는 환경에 관심을 기울여야 한다. 지구가 살려 달라고 외치는 소리에 귀를 기울여야 한다. 지금 지구에서 어떤 일이 일어나고 있는지 알게 된다면, 자기 땅을 아끼고 사랑하는 농부와 같은 심정으로 변화를 이끌어내기 위해 함께 최선을 다할 것이다.

자연이 제멋대로 뻗어 나가는 교외 주택지에서 더 멀리 밀려나갈수록, 우리는 자연환경과 더 많은 접촉이 필요하다. 고층 아파트 8층에서 살면 바깥에서 무슨 일이 일어나는지 깜깜할 때가 많다. 나도 8층에 살 때, 1층까지 내려와서야 비가 쏟아진다는 것을 알고는 우산을 가지러 다시 8층까지 올라가는 일이 부지기수였다. 건물에 햇빛과 그늘과 바람을 담아내려고 하는 건축가가 필요하다. 하지만 건설 붐이 일면서 이러한 기본적인 요소들은 자주 간과되거나 잊히곤 했다.

친환경 주택

친환경 건축이 붐을 이루고 있다. 주택 구입자나 개조를 원하는 사람들 중 에너지 효율이 높거나 지속 가능한 자재로 지은 집을 선호하는 사람들이 증가하고 있다. 미국 주택건설업자협회National Association of Home Builders는, 친환경 주택이 주택 건설 시장에서 차지하는 비율이 2011년에는 17퍼센트였으나, 2016년에는 38퍼센트로 늘어나고 수익도 다섯 배가 증가할 것이라고 전망한다.

좋은 소식은, 미래의 건축물은 날씨 변화에 보다 민감하게 반응할 것이라는 점이다. 예컨대 건물 외벽에 도포하는 '원세포protocell 피복제'라는 외장재는 발광 세균bioluminescent bacteria을 통해 빗물과 햇빛을 수집하는데, 이런 작용은 건물 내부를 시원하게 해줄 뿐만 아니라 바이오 연료를 생산할 수도 있다. 다행스럽게도 수직 정원을 포함해 이러한 신기술 덕분에 도시의 주거용 고층 건물은 '숨 쉬는 기계'로 진화될 전망이다. 앞으로 도시의 복합 용도 건축물들은 '허파' 구실을 할 수직 정원에 점점 더 의존하게 될 것이다.

코펜하겐은 최근 몇 년 사이에 유럽의 생태 수도로 자리매김해왔다. 이러한 성과를 가져온 계기는 1970년대로 거슬러 올라간다. 코펜하겐 도시계획 정책은 스트로이에트Strøget, 코펜하겐 시청사 앞 광장부터 공원 근처까지 뻗어 있는 크고 작은 거리들에 세계 최대의 보행자 중심 거리를 조성해 사람들로 하여금 차에서 내려서 걸어 다니도록 유도하고 있다. 그뿐만 아니라, 코펜하겐 시민들은 일반적으로 해변이나 바다 수영장에서 매일 한 시간을 보낸다. 또 지역민들의 60퍼센트가 걸어서 15분 이내에 자연에 접근할 수 있는 환경이 조성되어 있는데, 이는 미학적으로도 좋을 뿐 아니라 주민들의 건강과 행복에도 큰 도움이 된다.

채소밭에서 식탁까지

세계 인구가 계속 증가함에 따라, 식품 생산에 대한 관심과 염려도 커지고 있으며, 유통과 원재료의 투명성에 대한 중요성도 날로 높아지고 있다. 사람들은 정보를 기반으로 먹을거리를 선택할 수 있도록 원산지를 투명하게 공개하길 원한다. 또 유전자 변형된 식재료를 사용하거나 우리가 모르는 유해한 화학약품으로 처리한 식품에 대한 경각심을 가지는 것은 당연한 일이다. 우리 인간이 예전부터 이러한 도시 환경에서 살아온 것이 아니라는 사실을 망각한 사람들이 너무 많은 것 같다. 인간이 산업화 및 과학기술 시대에 살아온 것은 불과 200년밖에 되지 않는다.

바야흐로 '스타 셰프'의 시대가 열리면서 사람들은 음식의 경이로움에 눈뜨게 되었다. 이들 덕분에 놀라운 미각의 세계를 경험할 수 있는 선택의 폭이 넓어졌을 뿐만 아니라, 지역에서 지속 가능한 방식으로 재배한 신선한 농산물에 대한 관심도 더욱 높아졌다. 레스토랑이나 사업장, 혹은 가정에서 텃밭을 관리할 정원사를 고용하는 사례도 속속 생겨나고 있다. 우리가 먹는 음식의 출처를 알게 되면 그 음식에 대한 신뢰감이 더 커지는 법이다. 최근에는 메뉴판에 식재료의 원산지를 자랑스레 표시하는 레스토랑을 흔히 볼 수 있다.

사실상 거의 모든 먹을거리를 자신의 텃밭에서 키울 수 있게 되어, 농산물을 가게에서 구입하는 건 옛 이야기가 되어버리는 세상을 상상해보라. 베를린에서 활동하는 디자이너 베르너 아이슬링거Werner Aisslinger 같은 이들은 부엌에 마련한 작은 텃밭이 미니 농장이 될 수 있다는 놀라운 사례를 보여준다. 그는 커피 찌꺼기를 이용해 버섯을 키우고, 아쿠아포닉aquaponics, 물고기 양식과 수경재배를 융합한 기술 양어장을 마련해 거기에서 나오는 물고기 배설물을 식물을 키우는 비료로 사용할 수 있도록 부엌을 디자인했다.

미래의 부엌

집에서 기른 먹을거리가 가게에서 구입한 것보다 더 맛있다는 것은 누구나 인정하는 사실이다. 운 좋게 집 안에 공터가 있다면 채소밭을 가꿀 수도 있다. 직접 몇 달간 공 들여 기른 채소는 아까워서 낭비할 가능성도 적고, 슈퍼마켓에서 산 채소처럼 냉장고에서 곰팡이가 필 때까지 방치하는 일도 거의 없을 것이다. 그리고 야외에서 손으로 흙을 만지며 일하다 보면 기분이 아주 좋아진다. 흙이 살갗에 닿으면 뇌에서 기분을 좋게 하는 화학물질인 세로토닌이 분비된다는 사실은 과학적으로 증명되었다.

비좁은 아파트와 고밀도 주택단지에 살고 있더라도 낙심할 필요는 없다. 발코니를 활용하면 되니까. 오늘날 디자이너들은 좁은 공간을 최대한 활용해 '마이크로 농업microagriculture'을 적용할 수 있는 방법을 모색하고 있다.

잠시 미래에 등장할 꿈의 주방을 상상해보라. 각 가정에서 집 안에 마련한 미니 농장에서 신선한 채소와 허브를 수확하는 광경을 떠올려보자. 작은 공간이지만 신선한 알을 제공해주는 메추리를 키울 수 있고, 또 어쩌면 아쿠아포닉 가든에서 송어를 키울지도 모른다! 농장을 마련할 수 있을 정도로 큰 집을 가진 운 좋은 '얼리 어답터'는, 정원사 대신 일주일에 한 번씩 방문해 자신들의 농작물과 가축을 돌봐줄 일꾼을 고용하게 될 것이다. 신기술도 큰 도움이 될 것이다. 냉장 저장실과 재활용 설비가 부엌에 일체형으로 통합되어 식품의 신선도를 유지해줄 것이다. LED 램프가 농작물을 키우는 데 사용될 것이고, 농작물을 키울 시간이 없는 사람들을 위해 자체적으로 유지 관리되는 바이오스피어biosphere, 인공 생태계가 벽에 설치될 것이다.

천연 재료 사용하기

누구나 콘크리트 정글을 벗어나고 싶어 하지만, 그러기가 쉽지 않은 것이 현실이다. 따라서 실내에 있으면서도 자연과 교감할 수 있는 방법을 모색할 필요가 있다. 예컨대 주위를 꽃이나 과일, 화초 등으로 에워싸거나, 열대의 해변이나 우거진 푸른 숲 같은 자연을 찍은 사진을 걸어두는 것도 한 방법이다. 디자인을 할 때는 단단하고 튼튼한 목재나 석재 등 자연에서 가져온 재료를 사용하라.

나무판, 두툼한 양모 니트, 통기성 좋은 빳빳한 리넨, 오래된 가죽, 실내 정원, 자연 소재로 마감한 벽 등은 모두 자연을 집 안으로 끌어들일 수 있는 멋진 방법이다. 풍화작용으로 오래된 사물에 생긴 무늬를 그대로 두고, 집 가까이에 있는 해안이나 들판에서 볼 수 있는 차분한 황토색을 사용하자. 자연의 경치를 담은 벽지나 그림은 보기도 좋을 뿐만 아니라 건물 내부 분위기를 평온하게 만들어준다.

행복을 선사하는 실내 식물

식물 화분은 기분을 좋게 한다. 만일 집 안에 실내용 화초가 하나도 없다면, 오늘 당장 나가서 하나 구입하자. 식물 화분은 친구들에게 주는 선물로도 더할 나위 없이 좋다.

기분을 좋게 해주는 화초는 가장 많이 사용하는 공간에 두자. 화분 개수는 제한할 필요가 없다. 화초가 많으면 많을수록 기분은 더 좋아지고 건강에도 더 이로울 것이다. 식물은 집 안에 있는 유해한 독소를 제거하는 데 효과적이다. 해피폴 응답자 중 91퍼센트가 집 안에 둔 화분이 열 개도 채 안 된다고 대답했다. 이는 우리가 초록 식물의 중요성에 대해 잘 알지 못하고 있다는 증거이다.

대부분의 실내용 화초는 풍부한 햇빛이 필요하지만, 햇빛이 많이 들지 않는 집이라 해도 걱정할 필요 없다. 조금 어두운 곳에서도 잘 자라는 행운목에서 욕실 같은 습기 많은 장소에 이상적인 양치식물에 이르기까지, 각 가정의 조건에 맞게 선택할 수 있는 화초가 다양하다.

행복한 지구를 미래를 위해, 도시에 있는 나무를 베어내는 행위를 멈추고, 도시 숲은 물론 건물 안팎으로 녹색 환경을 더 많이 조성해야 한다.

"Only spread a fern frond over a man's head and worldly cares are cast out."

John Muir, *naturalist*

"양치식물의 기다란 잎이
사람의 머리 위에 드리우기만 해도
세상 걱정은 한순간에 물러갈지니."

존 뮤어, 자연주의자

원예가 대니얼 벨Daniel Bell은 다양한 식물을 이용해 런던의 한 술집 외벽을 사시사철 초록의 싱그러움을 느낄 수 있는 수직 정원으로 꾸몄다.

마이클 리튼, 건축가
호주 멜버른

"자연을 실내로 끌어들이자는 말은 최근 들어 많이 남용되었지요. 그보다는 이질적인 것들을 결합하는, 일종의 만남의 기회를 만든다는 표현이 더 적절하다고 생각합니다. 실내와 실외를 만나게 하는 방법 중 하나는 당신이 바라보는 공간이나 오브제를 하나의 프레임에 담아 풍경화나 정물화처럼 특별하게 만드는 것입니다. 이는 공간이나 오브제의 수준을 한층 끌어올려 더 잘 이해하고 감상할 수 있게 만드는 일입니다."

HIGHLIGHT

비탈에 지은 2층집으로, 절제된 외관, 거칠게 마감한 벽, 자연경관과 연결되는 둥근 콘크리트 지붕 등이 특징이다.

BELIEF

인공적인 형태와 자연이 공존할 때, 그리고 이 두 가지 이질적인 요소가 한 공간에서 협력하는 순간 엄청난 긴장감과 에너지가 발생한다.

LESSON

관련 없어 보이는 두 요소가 조화를 이루게 하는 것은 양자의 특성을 더욱 부각하고, 우리로 하여금 다른 시각으로 그것들을 볼 수 있게 한다.

"우리는 실내와 자연을 구별 짓지 않는다.
그 둘은 모두 같은 뿌리에서 확장된 것이다.
그리고 각각의 특성은
서로 인접해 있을 때 더욱 부각된다."

Chapter Eleven

Order

질서

SPACE AND LIGHT
AND ORDER.
THOSE ARE THE THINGS
THAT MEN NEED JUST AS
MUCH AS THEY NEED
BREAD OR
A PLACE TO SLEEP.

Le Corbusier, *architect*

공간과 빛과 질서.
이것들은 빵이나 잠잘 곳만큼이나
인간에게 필요한 것이다.

르 코르뷔지에, 건축가

질서를 갖추라

Get organised

생각거리

목적과 방향 정하기

통제력 갖기

생산성 높이기

목록을 만들어라, 통제감_{외부의 영향에 상관없이 내 의도대로 일을 통제할 수 있다는 믿음}을 가져라, 규칙에 따라 생활하라 등과 같은 애기를 들으면 왠지 우울해진다. 이런 일에 극단적으로 매달리다 보면 우울해지는 것도 사실이다. 하지만 집이든 건물이든 사람이든 사회든 간에 총체적인 혼란과 무질서를 방지하기 위해서는 일상생활에 적용할 기본적인 틀을 갖추어야 한다. 상황이 통제할 수 있는 범위를 넘어섰다고 느낄 때 일반적으로 집중력을 잃고 마음이 불안해진다. 행복해지는 데도 목적과 방향성이 필요하다. 삶에 질서가 있으면 그만큼 안전감과 편안함을 더 크게 느끼게 되는 법이다.

옥스퍼드 사전에 따르면, 집 정리란 특정한 순서나 양식에 따라 서로 관련 있는 것끼리 배열하는 것이라고 한다. 집 안에 있는 물건을 충분히 통제할 수 있을 때, 우리 삶의 다른 부분도 통제할 수 있다는 자신감을 갖게 되는 법이다.

삶과 가정에서 질서를 유지하는 일은 내가 가장 취약한 부분이며, 생산력을 저해하는 가장 큰 요인도 바로 이것이다. 주위가 어수선하고 혼란스러우면 세계 정복을 꿈꾸는 초능력자라 해도 제 능력을 발휘하기 쉽지 않을 것이다.

사실 '질서'라는 말은 나를 불편하게 만든다. 수납할 방법을 생각하는 것만으로도 스트레스다. 나로서는 이번 장을 쓰는 일이 특히 부담스러웠다. 아니나 다를까, 이 장은 내내 미루다가 맨 마지막에야 완성했다. 그 이유는 질서를 잡고 정리를 하는 일은 누구보다 나 자신이 가장 부족하고 가장 필요한 부분임을 잘 알고 있기 때문이다. 하지만 늘 그래온 대로 이 일도 부족하지만 최선을 다해 볼 것이다.

무질서함은 불필요한 스트레스를 만들어낸다. 그런 환경에서는 집중하기가 훨씬 힘들뿐더러, 일도 순조롭게 풀리지 않을 가능성이 크다. 나는 주변이 정리되지 않고 어수선한 날은 쉽게 지치고 피곤해진다. 그리고 물건을 잃어버리거나 엉뚱한 곳에 둔 물건을 찾느라 약속 시간에 늦어서 늘 자동차 액셀을 세게 밟게 된다. 이런 일에 정신이 팔려 있으면, 창의적인 구상을 한다거나, 문제를 해결한다거나, 일을 완성하는 것이 거의 불가능하며, 아주 작은 업무라도 '쓰나미'급 도전처럼 느껴질 수 있다.

나처럼 정리 정돈을 잘 못해 집 안을 늘 어수선한 상태로 방치하는 사람들은 보통 생각해낼 수 있는 선택의 폭이 좁고 딜레마를 해결하기 위한 새로운 아이디어를 찾는 데도 어려움을 느낀다. 어쩌면 우리는 비용이 많이 소요될까 봐, 시간과 노력이 많이 들까 봐 정리하는 것을 두려워하는지도 모른다. 어쨌거나 이런 사람들은 나처럼 항상 말로는 치울 거라고, 문제를 해결할 거라고 떠들지만 실행에 옮기는 일은 굼뜬 사람들임에 틀림없다. 그리고 막상 실행에 옮기려고 하면, 예기치 않은 난관에 부딪혀 쉽게 포기한다.

나처럼 정리 정돈에는 재주가 없는 사람들도 이제는 상황을 개선하고 삶에 약간의 질서 의식을 부여하려고 노력해야 한다. 그렇다고 우리가 잡지에 나오는 사람들처럼 정리 정돈의 달인은 될 수 없을 테지만 아주 작은 시도라도 변화를 불러올 수 있다. 아침에 시간과 노력을 들이지 않고 짝 맞는 양말을 찾을 수 있는 것만으로도 당신이 얼마나 많은 것을 성취할 수 있는지 알게 되면 깜짝 놀랄 것이다.

진열이라는 개념을 일상·생활과 결부시킨 3층짜리 일본 가옥. 신반으로 이루어진 벽 하나로 집과 가게를 분리했다. 온 디자인On Design 작품.

자녀들에게 좋은건을 제자리에 두는 법을 일찍부터 가르치는 것이 좋다. 이를 위해 아이들이 스스로 장난감을 정리할 수 있게 흥미롭게 인테리어 수납공간을 마련하자.

아이들 방을 쉽게 정리 정돈하도록 구미는 최고의 방법은 잡동사니를 숨길 수 있도록 마단이문을 다는 것이다.

건축 사무소 라운 포인트 아키텍츠는 침대보와 식탁보 등을 보관하는 벽장을 한 공간과 잘 어울리도록 곡선 형태로 설치했다.

디자인한 때는 공간의 쓰임새를 늘 생각하게 되며, 참과 접시는 찾고 다음 어디에 어디에 보관해야 한다. 참과 접시는 찾고 다음 어디에 어디에 보관해야 한다. 참과 접시는 찾고 다음 어디에 어디에 보관하는 것이 좋을까? 유리병은 어디에 보관할까? 어디에 보관할까? 이 프로파가 포르는 어디에 보관할까?

Order
Agenda

"Containing a large open space can be achieved by using a cargo container for a private seating area."

Anja Thede, *architect*

"화물 컨테이너를
개인용 거실 공간으로 사용하면
넓고 개방된 공간을 확보할 수 있는
방법이 될 수 있다."

안야 테데, 건축가

판단이냐 습관이냐

아침에 일어나 전기 주전자의 스위치를 켜거나 양치질을 언제, 어떻게 할 것이냐 하는 문제에서 열쇠를 찾는 일에 이르기까지 우리가 하는 모든 행동은 의식적인 판단에 따라 이루어지는 것처럼 보이지만 사실은 습관이라고 한다. 2006년 노스캐롤라이나에 있는 듀크 대학의 연구 팀이 수행한 조사에 따르면, 사람들이 매일 하는 행동의 40퍼센트 이상이 의사 결정이 아닌 습관에 따른 행동이라는 것이다. 뉴욕 타임스 심층 보도 전문 기자 찰스 두히그Charls Duhigg는, 우리가 먹는 음식, 매일 밤 자녀들에게 하는 말, 돈을 모으거나 쓰는 행위, 얼마나 자주 운동을 하고 집 안이나 사무실을 얼마나 잘 정돈하는지 등과 같은 요인은 우리의 생산성과 재정 상태뿐만 아니라 건강과 행복에도 지대한 영향을 미친다고 주장한다.

그렇다면 열어보기가 두려울 정도로 엉망진창이 서랍장과 미어터질 것 같은 벽장도 다 습관 때문이란 말인가? 하지만 걱정할 필요는 없다. 우리에게는 상황을 바꿀 능력이 있다. 단순히 선반 하나를 정리하는 일일 수도 있고, 집 안 전체를 정비하는 일일 수도 있지만, 어쨌거나 자신의 삶에 질서를 회복하는 것은 중요하고 반드시 필요한 일이다. 담배를 하루아침에 끊기 어려운 것처럼 나쁜 습관을 하루아침에 버리기란 사실상 불가능하다. 차라리 나쁜 습관을 좀 더 나은 것으로 바꾸는 일이 더 쉬울 것이다. 그리고 무조건 좋은 습관을 찾기보다 자신한테 맞는 새로운 습관을 갖는 것도 좋은 방법이다.

집을 어디서부터 어떻게 손봐야 할지 모르겠다고 불평하는 사람들을 자주 만나는데, 상황이 그 지경까지 이르게 된 원인은 그 집이 수용할 수 없을 정도로 가재도구나 소유물이 많기 때문인 경우가 대부분이다. 그런 사람들의 문제를 근본적으로 해결하는 길은, 물건을 버리지 못해서 또다시 똑같은 수납 문제에 빠지지 않도록 아예 과도한 쇼핑벽을 버리는 것이다.

나쁜 습관을 좋은 습관으로 바꿔라

일단 자신의 삶과 집 안에 질서를 부여하는 것을 방해하는 습관을 발견했다면, 긍정적인 새 습관을 가질 수 있는 방법을 모색하자. 예를 들어 아침에 전기 주전자에서 물이 끓을 때까지 멍하니 쳐다보며 기다릴 게 아니라, 그 짧은 몇 분 동안 부엌을 정돈하는 것은 어떨까?

하지만 변화 때문에 혼자가 된 듯한 소외감이 들 수도 있고, 불편이 상황을 더 나쁘게 만들 수도 있다. 따라서 가족이나 동거인도 집 안의 질서를 회복하는 일에 동참시켜야 한다. 그러면 혼자 하는 것보다 훨씬 더 쉬울 것이다.

혼란을 초래하거나 집 안의 여러 장소에서 원치 않는 행동을 유발하는 습관을 찾아보자. 그런 일이 발생했을 때 어떤 기분이 들고, 자신이 어떤 반응을 보이는지도 생각해보자. 또 계획했던 일이 실패한 이유는 무엇일까? 이 모든 것들을 종이에 적어보면 아이디어를 얻는 데 도움이 될 것이다. 아이디어가 떠오르면, 행동을 개선할 방법을 모색하자. 만일 가족 구성원 모두가 집 안의 똑같은 장소에 물건을 집어 던진다면, 이는 그 장소에 수납공간을 둘 필요가 있다는 의미다. 혹은 가족들이 그 장소를 쓰레기장으로 사용하지 않도록 거기에 화분이나 작은 장식품을 갖다 놓는 것도 좋다. 대개 정리 정돈을 잘 못하는 사람들의 집은 엉망진창인 곳이 한 군데가 아니라 여러 군데일 가능성이 높다. 사람들은 흔히 집을 정리해야겠다고 마음먹으면 그 일을 한꺼번에 다 해버려야 할 것 같은 강박에 사로잡힌다. 일을 시작할 엄두를 못 내는 것도 다 이 때문이다. 무슨 일이든 무리를 하면 의욕을 잃고, 계속해서 그 일을 진행할 가능성이 희박해진다. 정리 정돈도 운동할 때 하는 방식으로 차근차근 진행하라. 즉, 한 번에 무리해서 해치우지 말고 여러 번에 걸쳐 꾸준히 처리하는 것이 낫다.

우리가 집을 보살피면 집은 우리를 보살핀다

나는 집이 사랑스럽고 충직한 개와 같다고 생각한다. 다소 고집이 세고 장난꾸러기 같은 구석이 있긴 하지만, 개들이 진정으로 원하는 것은 주인을 즐겁게 해주는 것이다. 시간을 들여 개를 훈련시키고 보살피고 사랑해주면 개는 몇 배의 사랑과 충직함으로 보상해준다.

집을 보살피고 관리하는 것은 편리하고 안전하게 생활하기 위한 효과적인 방법이다. 정기적으로 집을 정비하고 보수하면서 집을 가꾸면 행복감이 높아지고 부정적인 느낌은 그만큼 줄어들 것이다. 더러운 접시, 수선이 필요한 찬장 문, 교체해야 할 전구 등을 그대로 내버려두는 것보다 나쁜 것은 없다. 싱크대에 쌓인 설거짓감을 회피하려고 애써 텔레비전을 보거나 딴 짓을 해보지만, 그러는 내내 설거지 생각이 머릿속을 떠나지 않을 것이다. 그리고 싱크대 위에는 순식간에 또 다른 접시가 쌓일 것이고, 처음에는 그냥 귀찮은 정도의 일이 얼마 못 가 차라리 한반도에서 일본까지 수영으로 횡단하는 것이 더 쉬워 보이는 지경까지 이를 것이다.

집안일은 사소한 일 같지만 늘 그만한 가치가 있다. 그 좋은 예가 바로 침대보를 가는 것이다. 마치 화성에 신인류를 창조하기에 충분한 양의 DNA가 침대보에 모일 때까지 기다리는 사람처럼 침대보를 갈지 않는 사람이 있는데, 이런 습관은 잠자리만 불편하게 만들 뿐이다. 걱정이나 두려움 같은 내면의 문제가 아니라 집안일과 같은 외부의 문제에 집중하면 불안감을 해소할 수 있다.

타성에서 탈출하기

나는 직장에 갈 때 똑같은 길로 운전하지 않고, 개를 산책시킬 때도 늘 가던 길로 가지 않으려고 노력한다. 여러 개의 노선을 번갈아가며 이용하는 것이다. 가정에서 습관을 바꿀 때도 이런 방식을 적용할 수 있다. 우리는 똑같은 일을 되풀이해서 반복하면서, 왜 상황이 나아지거나 바뀌지 않는지 의아해한다.

매너리즘에 빠진 생활의 틀을 깨보자. 그렇다고 야단법석을 떨 필요는 없다. 아주 작은 변화라도 삶에 활력을 줄 수 있다. 개방된 저장실에 예쁜 방의 이미지가 그려진 커튼을 달아 어수선한 공간을 가리거나, 찬장에 처박아둔 오래된 트로피를 가져다 세면대 선반에 올려놓고 칫솔과 치약꽂이로 사용해보자. 지금까지 주로 일요일에 한꺼번에 세탁을 해왔다면 주중에 조금씩 나누어서 세탁해보자. 주말을 편히 즐길 수 있을 것이다. 아침에 주로 시리얼을 먹었다면, 토스트로 바꿔보자. 그리고 9시에 잠자리에 드는 습관이 있다면 10시나 한 시간 앞당겨 8시로 바꾸어보자.

다행스러운 것은 약간 어수선하게 사는 것이 늘 그렇게 나쁜 것만은 아니라는 것이다. 최근에 발표된 한 연구 결과에 따르면, 주변이 약간 어수선하면 창의력을 키우는 데 도움이 될 수 있다고 한다. 한 무리의 대학생을 두 그룹으로 나누어 각각 정돈한 방과 약간 어수선한 방에 배정한 다음, 각 그룹에게 탁구공을 사용할 수 있는 새로운 방법을 생각해내라는 과제를 주었다. 그 결과 어수선한 방을 배정받은 그룹이 좀 더 창의적인 성향을 보인 것으로 나타났다. 정돈되지 않은 환경이 사람들로 하여금 생각의 틀을 깨고 다르게 생각하도록 자극을 줄 수 있겠지만, 여기에도 한계가 있다. 여러 날 동안 쌓여 있는 설거짓감은 신선하고 창의적인 두뇌 활동에 도움이 되지 않을 테니까.

목록 만들기

정돈된 인생을 살게 하는 방법에 대해 전문가들은 할 일 목록을 작성하는 것이라고 입을 모아 조언한다. 목록을 만들면 통제력을 계속 유지하면서 일에 집중하는 데 도움이 된다. 목록 만드는 일이 별로 어렵지 않게 느껴지는 사람들도 있겠지만, 유감스럽게도 나는 그렇지 않다. 목록을 만들고 나서 그날 할 일을 모두 해내지 못하더라도 너무 자책하지 말자. 당신도 나와 비슷한 유형이라면, 그리고 다이어트든 운동이든 정한대로 되지 않았을 때마다 자책하는 성격이라면 생활 속에서 만족감이나 행복감을 느끼지 못할것이다. 무언가에 집착하거나 실패한 것 같은 기분이 들면 행복해질 수 없다.

해야 할 일이 너무 많아서 엄두가 나지 않는가? 친구들이 내게 가르쳐준 비법을 알려주겠다. 우선 목표를 설정한 다음 그 목표를 다시 몇 개의 하위 목표로 쪼개고 단계를 나누어보자. 한 친구는, 일이 산더미같이 싸여 눈앞이 캄캄할 때는 30분 안에 할 수 있는 일로 쪼갠 목록을 만든 다음, 그 순서대로 하나씩 엄격하게 해나간다고 한다.

오늘 안에 해낼 수 있는 일 너덧 가지를 생각한 다음 그것들을 종이에 적어보라. 일단 목록을 작성했다면 목표를 완수하기 위해 어떤 단계를 밟아야 할지 고민해보자. 그래서 각 목표를 좀 더 세부적인 하부 목표로 나눈다. 예를 들어 욕실을 청소해야 한다면, 그 일을 바닥 청소, 먼지 떨기, 욕조와 세면대 씻기, 거울 닦기 등으로 쪼개는 것이다. 작은 일일수록 완수할 가능성이 더 크다. 또 목록에서 일거리를 하나씩 지울 때마다 성취감도 맛볼 수 있고, 좀 더 큰 목표도 완수할 수 있다는 자신감도 생길 것이다.

모든 것은 제자리에

내가 알아낸 사실은, 대부분의 경우 집 안에 싫어하는 방이 있다면 그 이유는 주로 수납공간이 부족하기 때문이라는 것이다. 가재도구가 자신이 통제할 수 있는 수준을 넘어서면 일상생활에도 지장을 줄뿐 아니라 즐거운 가정생활에도 악영향을 미친다. 집 안이 정돈이 되어 있으면 집안일을 보다 쉽고 효율적으로 할 수 있고, 집 안 분위기도 한결 좋아진다.

집 안이 어수선한 것은 물건이 너무 많아서이기도 하지만, 물건을 제자리에 두지 않았기 때문이기도 하다. 지금 당장 여러분의 방을 둘러보고 제자리가 아닌 엉뚱한 곳에 놓인 물건을 찾아보자. 가정에서 쓰는 모든 물건은 지정된 자리가 있어야 한다. 그리고 장소를 정하는 것만큼이나 중요한 것은, 당신이나 가족이 그 물건을 쓰고 난 뒤 제자리에 갖다 두는 일이다.

수납공간에 대한 해결책은 모두에게 똑같이 적용되지 않는다. 그러나 홈 인테리어 전문점들은 각자의 상황에 맞게 적용할 수 있는 융통성 있는 디자인 솔루션을 제안한다. 구석이나 벽감처럼 어정쩡한 공간도 그 공간에 맞춰서 주문 제작한 수납 가구를 사용하면 쓸모 있는 공간으로 탈바꿈시킬 수 있다. 아무리 머리를 굴려도 해결책이 보이지 않을 때는 DIY 조립식 가구에 눈을 돌려보자. 그런 다음 전문 디자이너나 목수를 불러 함께 해결 방법을 찾는다. 디자이너를 고용하는 것이 경제적으로 부담이 된다면 수납 전문가의 손을 빌려 잘못된 부분을 바로잡는 것도 좋은 방법이다. 물건들이 제자리를 찾는 것만으로도 가정생활이 훨씬 더 편리해지고 행복감도 높아질 것이며, 사색하고 놀 수 있는 물리적, 정신적 여유도 더 많이 생길 것이다.

작은 공간 정돈하기

집이 작을수록 수납공간을 확보하는 문제와 정면으로 부딪치게 된다. 작은 공간을 디자인할 경우 1밀리미터의 공간까지 활용할 수 있도록 기능성과 형태적인 면에 더욱 신경 써야 한다. 세련된 취향도 좋지만, 문제가 되는 공간을 디자인할 때 지켜야 할 원칙은 장식적 요소는 가급적 배제해야 한다는 것이다. 이를 위해 배나 요트, 캠핑카 내부를 참고하라고 조언하고 싶다. 바닥 면적을 절약하기 위해 다목적 디자인을 최대한 적용해야 한다. 예컨대 의자는 앉는 용도뿐 아니라 수납 기능이나 심지어 전기 램프 기능까지 겸할 수 있다. 탁자는 일하고, 먹고, 차 마시는 기능뿐 아니라 전자레인지 같은 부엌용품 수납공간이 될 수도 있고, 크기를 조절할 수 있도록 만들어 탁구대로 사용해도 좋다. 계단 아래 공간은 수납공간으로 활용할 수 있는 최적의 장소일 뿐 아니라, 작은 서재로 꾸밀 수도 있다.

다목적 공간의 사례로 소개하고 싶은 곳은 내가 자료 조사차 방문한 집 중 가장 작은 집이었다. 도쿄에 있는 '피카'라는 이름의 이 집은 면적이 35제곱미터밖에 되지 않는 3층 건물로, 디자인 스튜디오 ON이 설계했다. 이 건물은 주거 공간과 물건을 파는 가게가 통합되어 있는 다목적 주택이다. 집과 가게는 1층에서 3층까지 수직으로 뻗은 어마어마한 높이의 선반으로 분리되어 있다. 손님들이 가게에 들어오면 선반에 진열된 소품을 구경하는데, 그 선반에는 판매용 물건과 함께 씻어놓은 찻잔같이 그 집에서 일상적으로 쓰는 생활용품도 나란히 진열되어 있다. 판매용 물건과 일상이 주는 소박한 아름다움을 결합한 예술적인 진열이 아닐 수 없다.

일상 속 의식들

의식儀式을 갖는 것은 인간의 원초적 본능이다. 의식의 필요성은 인간에게 음식과 잠자리, 그리고 사랑이 필요한 것만큼이나 자연스럽다. 일상 속에서 의식을 갖는 것은 특히 중요한데, 그것은 의식이 화합, 지속성, 유대감, 존경심을 유발하기 때문이다.

작업하고 있는 프로젝트의 규모가 크든 작든, 항상 그 공간과 공간에 살고 있는 사람의 입장에서 생각해야 한다. 즉, 그 사람들은 어떤 사람들이며, 특정한 문제에 어떤 식으로 반응하는지, 그들의 일상의 의식은 무엇인지 생각하고, 궁극적으로는 그들이 무엇을 필요로 하는지 알아내야 한다. 일상의 세부적인 행동까지 깊이 파고들어야 한다. 예컨대 "침대에서 잘 때 어느 쪽에서 자는가?" 같은 질문을 해야 한다. 그래야만 침대의 어느 쪽이 방문을 향하도록 설치해야 하는지 알 수 있기 때문이다. 이러한 사소한 부분은 공간이 살기 좋은 곳인지 아닌지 결정하는 중요한 요인이 된다. 혹시 당신도 호텔에서 머물 때, 욕실 내에 소지품을 둘 데가 마땅치 않아 결국 바닥에 두든가 아주 작은 선반에 올려놓았다가 바닥에 떨어뜨리는 일을 경험한 적이 있는가? 아무리 사소하고 작은 일이라 해도, 그 일을 하려면 제대로 해야 한다. 그렇지 않으면 성가시고 불편한 일이 발생할 것이다. 모든 오브제에 아름답고 시적인 정수를 담아야 하지만, 디자인은 아름다움과 더불어 기능성도 추구해야 한다.

가정을 삶의 뼈대로 생각하자. 나는 공간에서 일어날 삶을 살펴보고, 그런 다음 그 삶에 맞는 틀을 만들려고 노력한다. 자신만의 세상에만 존재하는 특정한 리듬과 의식을 포착하자. 모든 것이 중요하다. 아무리 사소한 것도 그냥 지나쳐서는 안 된다. 예컨대 당신이 집에 들어와 촛불을 밝히는 것이 작은 일 같아도, 그것은 당신이 가장 큰 행복을 느끼는 장소로 돌아온 것에 감사하는 중요한 일상의 의식인 것이다.

피에로 리소니가 유리잔을 보관하는 찬장은 토스카나의 시골 풍경을 그대로 투영하는 멋진 칸막이 역할도 한다.

스티븐 베일리Stephen Bayley, 디자인과 대중문화 평론가
영국 런던 복스홀

"우리 집은 건축 전시물이 아닙니다. 우리 집이 지금의 모습을 갖추기까지 33년의 세월이 걸렸어요. 제 아내 플로의 놀라운 안목과 노력 덕분에 우리는 한 푼도 들이지 않고 아름답기 그지없는 물건을 집 안에 들일 수 있었어요. 아내는 물건을 모으는 것뿐 아니라, 물건을 인상적이면서도 질서 있게 진열하는 방법도 잘 알고 있죠. 저는 사람들 말을 잘 안 듣는 편이에요. 그리고 유행 좇는 것을 싫어해요. 대신 물건이 지닌 의미에 관심이 있어요. 집착에 가까울 정도로 말이죠. 그리고 정확히 제가 원하는 물건이 아니면 차라리 없이 지내는 편을 택합니다. 우리가 갖고 있는 물건들은 모두 실제 사용하는 거예요. 아름다운 일상의 물건들이죠."

HIGHLIGHT

1840년에 지은 치장 벽토를 바른 4층짜리 빅토리아식 테라스 하우스. 집 안에는 집주인이 평생 모은 책과 아름답고 실용적인 물건이 가득하지만, 결코 어수선하다는 느낌을 주지 않는다.

BELIEF

물건은 우리의 감정에 강력한 영향을 미친다. 그리고 집 안에 있는 모든 물건은 각각 제자리가 있다.

LESSON

우리가 심사숙고해서 꼭 필요한 물건만 사들인다면 집 안을 아름답고 쓸모 있는 물건으로만 채울 수 있다.

"우리는
유용하게 사용할 수 있으면서도
아름답다고 생각하는 물건만
구입한다."

Chapter Twelve

Play

놀이

IT MIGHT REASONABLY BE MAINTAINED THAT THE TRUE OBJECT OF ALL HUMAN LIFE IS PLAY.

G.K. Chesterton, *All Things Considered, 1908*

모든 인간이
인생에서 느끼는 진정한 욕망은
놀이라는 사실을
잊지 않는 것이
합리적일 것이다.

G.K. 체스터튼, 《모든 것을 고려해봤을 때》, 1908

놀이는 아이들만의 전유물이 아니다

Not just for kids

생각거리

상상력 일깨우기

내면에 있는 어린아이와 만나기

집 안에 자신만의 놀이터 만들기

극작가 조지 버나드 쇼George Bernard Shaw는 "나이가 들어서 놀지 않는 것이 아니라, 놀지 않아서 나이가 드는 것이다"라고 말했다. 놀이는 인간 생존의 기본 요건 중 하나다. 놀이는 사람이 성장시키고, 기억을 돕고, 지속적으로 움직이게 해주는 생물학적 의미를 지닌다. 마지막으로 놀았던 적은 언제인지 생각해보자. 놀이는 아이들의 전유물이라는 생각을 바꿀 필요가 있다. 가정은 아이들의 놀이터지만, 우리 어른들의 놀이터도 되어야 한다. 아이의 눈으로 자신의 공간을 바라보려고 노력해보자. 그래서 집을 당신과 가족을 위해 창의력과 상상력을 자극하고 놀이를 유발하며 행복하게 해주는 장소로 만들어보자. 위기와 불확실성의 시대에 살고 있는 우리 자신을 위해, 집을 기쁨을 나누고 다른 사람들과 시간을 보내고 신나는 놀이를 할 수 있는 공간으로 디자인해보자.

참으로 안타깝게도 우리는 '어리석다', '유치하다', '미숙하다'는 말을 들을까 봐 두려워하며 자라난 탓에 이런 개념을 인테리어에 도입하는 것을 꺼리곤 한다. 나는 사람들이 '어른스러운 인테리어grown-up interior'라는 말을 사용할 때 약간 신경이 곤두선다. 그런 인테리어는 그 공간에 사는 사람들의 인간적인 욕구보다는 외형에 더 역점을 두게 마련이기 때문이다.

놀이는 여가 시간에만 즐긴다는 생각은 버리자. 놀이는 우리 삶에, 그리고 집에 이상적으로 통합되어야 한다. 우리는 집을 생각할 때 속도를 줄이고 멈추는 것에만 지나치게 초점을 두는 경향이 있다. 휴식 시간에도 창의적이고 뇌를 자극하는 게임을 하기보다는 텔레비전 앞에 죽치고 앉아 있을 공산이 크다. 그렇지만 우리 모두가 원하는 집은 외부에서 받은 스트레스를 잠시 잊을 수 있는 즐거운 오락과 유희가 가득한 곳이다. 그리고 이를 위해 제일 좋은 방법은 상상력을 자극하고, 유치하면서도 단순한 놀이로 끌어들일 공간을 만드는 것이다.

놀이는 재미를 줄 뿐만 아니라 우리의 신체와 정신 건강을 위해 필수적인 역할을 한다. 놀이는 운동, 잘 먹기, 충분한 수면만큼이나 우리 몸에 중요하다. 놀이는 스트레스를 줄이고 학습력을 증진시키며, 무엇보다도 인간관계 형성에 큰 역할을 한다. 보드 게임이나 컴퓨터 게임, 심지어는 독서나 만들기, 악기 연주나 정원 가꾸기마저도 시시한 소일거리로 폄하하는 사람들이 많다. 하지만 놀이는 창조력의 중심이라는 사실이 많은 과학적 연구를 통해 밝혀졌다.

놀이의 이점은 이뿐만이 아니다. 놀이는 즐거움을 주고 행복감을 느끼게 해준다. 놀이는 우리의 심장과 공동체 의식을 강화하며, 인간관계를 신선하고 흥미롭게 유지하는 데 도움을 준다. 놀이는 인간관계에 활력을 불어넣고, 함께 어울려 놀 때 관계 회복력도 강화된다. 놀이는 노여움이나 불화를 없애고, 그 어떤 고통스러운 기억도 치유할 수 있으며, 사람들이 서로를 신뢰하는 법을 배우게 한다. 동료 간에 신뢰가 싹트면 공동의 목적을 위해 함께 일하고, 새로운 것을 시도하고, 보다 친밀한 관계로 발전하는 것이 더 쉬워진다.

우리는 인생이 한 번뿐이라는 사실을 종종 잊어버리곤 한다. 그러면서 '나는 못해'라는 태도로, 스트레스로 가득한 진지한 세상에 너무 쉽게 안주하는 경향이 있다. 만약 지구에서 살 수 있는 날이 며칠밖에 안 된다고 한다면, 사람들은 모두 틀림없이 그 시간을 즐겁고 재미있는 일을 하며 보내고 싶어 할 것이다. 따라서 우리는 뛰고, 점프하고, 첨벙첨벙 물을 튀기며 놀아야 한다!

마틸드 크라메르는 딸들을 위해 앉아서 그림을 그릴 수 있고 책도 수납할 수 있는 침대 겸 놀이 공간을 디자인했다.

스타일리스트 제인 프로시(Jane Frosh)가 호주 블루 마운틴에 있는 자신의 검은 물방울무늬로 장식하고 있다.

프랑스 출신 산업 디자이너 마크 세틀러가
엘란노에 있는 집에서 아들과 푸즈볼 게임을 하고 있다.

디자이너 마틴버 크라세가 파리 자택에서
본인이 제일 좋아하는 의자에 앉아, 오랜 친구와 인터넷 화상 통화를 하고 있다.

집에서 친구나 가족과 유쾌한 놀이나 행동을 하면 뇌에서 엔도르핀이 분비되어 행복감을 느끼게 해준다.

Play
Agenda

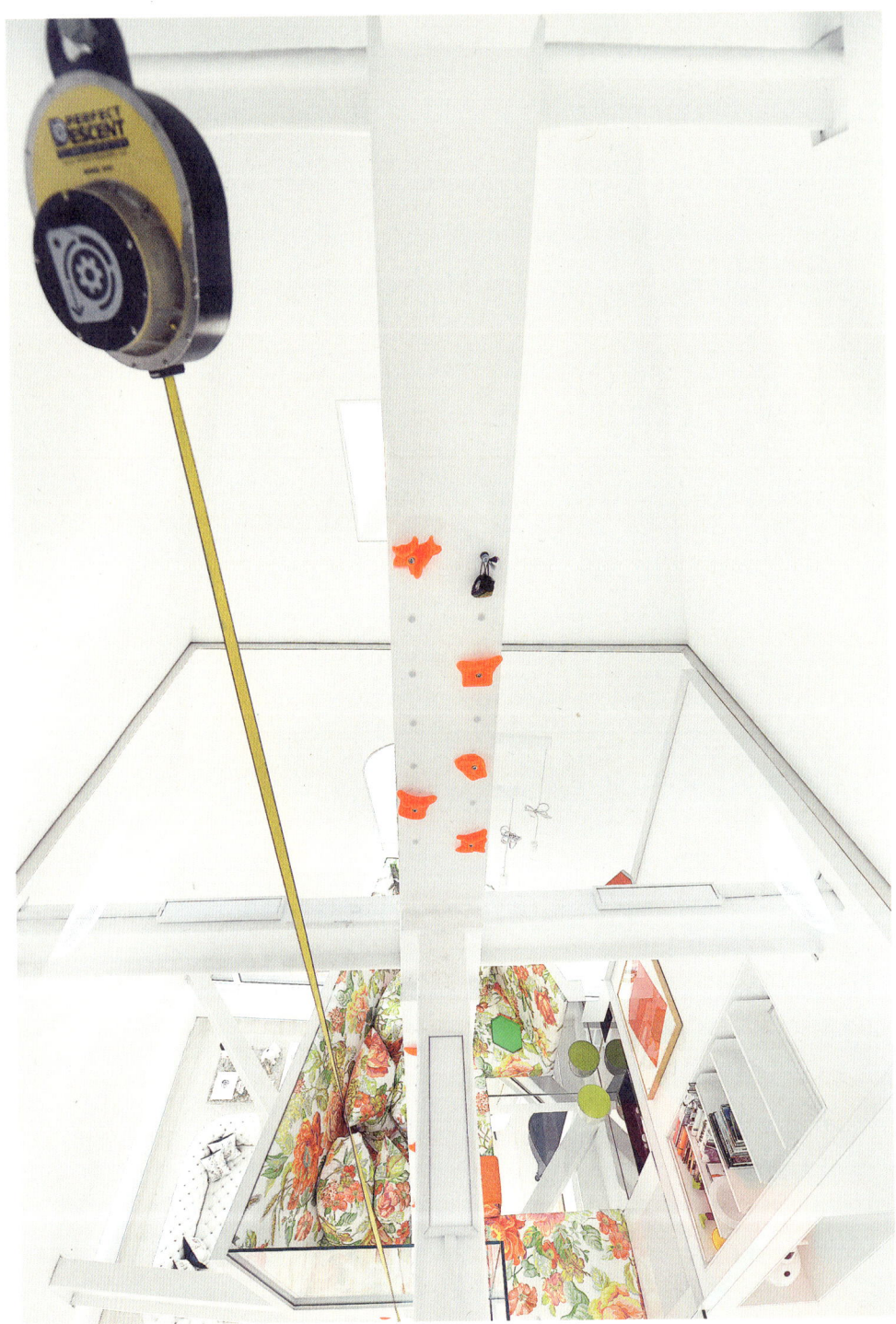

"Using minimal furniture helps activate play."

Ghislaine Viñas, *interior designer*

"미니멀한 가구가
유희적 분위기를 만드는 데 도움이 된다."

기슬랭 비냐스, 인테리어 디자이너

놀이는 건강에 좋다

우리가 놀 때는 두뇌에서 기분 좋은 엔도르핀이 방출된다. 엔도르핀이 방출되면 그 즉시 기분이 좋아지고 행복감을 느끼며, 고민거리나 고통을 잠시 잊어버린다. 집 안에 활동적인 놀이 공간을 만드는 것은 정신 건강에 좋을 뿐 아니라 체력 향상에도 큰 도움이 된다.

규칙적으로 운동을 하는 노인들은 인지력 감퇴로 고생할 확률이 낮다. 낱말 맞추기 퍼즐, 수수께끼 등 뇌를 사용하는 게임도 도움이 된다고 한다. 1981년에 뉴욕에서 '운명을 거역하는 재단Reversible Destiny Foundation'을 설립한 아라카와 슈사쿠荒川修作와 매들린 긴스Madeline Gins는 노화 과정을 늦추는 은퇴자용 주택을 짓는 데 헌신했다. 기본 개념은 노인들은 거동이 불편하다고 의자에 앉아서 쉬면 퇴행이 더 빨리 진행되므로, 오감을 자극하고 삶에 활력을 북돋는 환경에서 살아야 한다는 것이다. 아라카와 긴스가 지은 주택은 미래를 위해 디자인한 것이 아니었다. 그들의 디자인은 자연적 경관에서 많은 영감을 받았다. 예컨대 바닥은 울퉁불퉁한 땅바닥이고, 거실에 소파 대신 해먹과 그네를 들여놓았다.

운동이 우리의 행복과 삶의 질을 높이는 데 큰 역할을 한다는 것은 누구나 아는 사실인 바, 더 많이 운동하고 활동하기 위해서는 이러한 행동들을 유도하고 격려하는 장치가 필요하다. 이런 장치를 마련하기가 여의치 않다면, 집 안에서 소파같이 편히 쉬도록 해주는 요소를 치워버리는 것은 어떨까? 그러면 일어나서 집 안을 돌아다닐 가능성이 더 커지지 않을까? 건물 안에 수영장, 농구장과 테니스 코트, 암벽 타기용 벽을 마련하거나, 트램펄린, 헬스 기구 등을 들여놓으면 운동을 장려하는 데 큰 도움이 될 거라는 사실을 모르는 사람은 없을 것이다. 문제는 돈과 공간이다. 좁은 공간과 적은 예산으로 활동을 유도할 수 있는 집을 디자인할 때 최대 관건은 바로 독창성이다.

어른들의 놀이

아이들의 성장에 놀이가 얼마나 중요한 역할을 하는지 모르는 사람은 없을 것이다. 하지만 인간은 본시 일생을 통해 놀 수 있는 유희인遊戱人, 즉 호모 루덴스homo ludens다. 해피폴을 통해 알게 된 사실은, 어린 자녀를 둔 성인은 놀이를 삶의 일부로 받아들이지만, 자녀가 성장함에 따라 놀이 활동이 가정에서 퇴출된다는 것이다. 어린아이가 없는 가정의 어른들이 일상에서 놀이 활동을 하는 경우는 드물었다.

우리는 마음속에 살고 있는 어린 피터 팬을 외면한 채, 재미와 놀이를 유도하는 요소를 인테리어에 포함시키려 하지 않는다. 집을 꾸밀 때 어린이의 시각에서 생각하려고 노력하자. 그리고 상상력을 자극하는 매력적인 공간을 만들어보자. 사람들은 보통 집을 꾸밀 때 미적인 부분에만 집중하곤 한다. 하지만 공간이 유희적이라고 해서 반드시 아름답지 않다는 법은 없다.

일터든 가정이든 간에 공간에 유희의 개념을 끌어들일 때 세계 최대 인터넷 기업 구글의 혁신적인 사무실을 참조하는 것도 좋은 방법이다. 구글은 지구에서 가장 행복한 직장으로 선정된 바 있다. 재미있고 혁신적인 사무실 디자인 때문인데, 이러한 공간이 생산성과 창의적 사고력을 증진시키는 역할을 한다고 한다. 구글의 뉴욕 사옥에서는 직원들이 다른 층으로 이동할 때 계단 대신 사다리를 이용하며, 일반적인 책상이나 의자 대신 러닝머신이 달린 책상을 사용한다. 구글의 취리히 사옥에는 스키 리프트가 설치되어 있고, 더블린 사옥에는 바 같은 회의실이, 이스탄불 사옥에는 노천카페가 마련되어 있다. 그렇다고 해서 모두 구글 사옥처럼 거창하게 꾸며야 한다는 뜻은 아니다. 내가 구글을 예로 든 것은, 유희적인 디자인 아이디어를 주입해 직원들을 한데 어울리게 만든다는, 구글이 '우연한 충돌casual collisions'이라고 부르는 개념을 집 안 공간에도 도입할 수 있지 않을까, 하는 생각에서다.

놀기 위한 시간 만들기

이케아는 2010년에 가정생활, 아동 발달, 놀이에 관련한 심도 깊은 조사 결과인 '놀이 보고서Play Report'를 발표했다. 이 보고서에 따르면, 설문에 참여한 7~12세 어린이 중 73퍼센트가 텔레비전 보는 것보다 부모와 함께 노는 것이 더 좋다고 응답했다. 놀기 위한 시간을 더 많이 만들어야 한다. 아무리 바빠도 일정표에 빈 시간을 만들어 넣고 쉬는 날은 꼭 지키도록 노력해야 한다. 얼마 전부터 집 안에서 제일 아끼는 도자기 그릇을 특별한 경우에만 사용할 것이 아니라 일상적으로 사용하라는 얘기가 나오고 있다. 이제는 놀이에서도 이러한 태도를 가져야 한다고 생각한다. 휴가 때만 보드 게임판을 꺼낼 게 아니라 일상적으로 게임을 할 수 있는 방법을 모색해보자. 탁자나 벽, 혹은 방문도 게임판으로 변신시킬 수 있다. 옷걸이를 이용하면 작은 고리 던지기 놀이를 할 수 있지 않을까? 벽에 아무도 모르는 구멍을 만들어 옆방 사람과 비밀 편지를 주고받는 것은 어떨까? 어떤 형태로든 우리를 뛰어오르게 하거나 벽을 기어오르게 유도하는 일탈적인 공간을 생활공간에 포함시킬 필요가 있다.

모든 것이 놀이가 될 수 있다. 해피폴 응답자들이 소개한 가정에서 할 수 있는 놀이는, 춤추기, 개나 고양이와 놀기, 컴퓨터 게임, 낱말 맞히기, 보드게임, 카드 게임, 운동, 정원 가꾸기, 그림 그리기, 인형극, 친구들을 식사에 초대하기, 악기 연주, 요리, 공예, 조각 그림 맞추기, 퍼즐 게임, 탁구, 그리고 레고 등이다. 혼자 혹은 가족이나 친구들과 함께 하고 싶은 놀이를 적어본다. 목록을 완성한 후, 그런 아이디어를 당신의 홈 인테리어에 어떻게 반영할지 고민해보자.

유희적 디자인

'디자인 관용design generosity'은 제품이나 공간에 한 가지가 아닌 다수의 기능을 담아내려고 하는 디자인의 포용적 태도를 일컫는 용어다. 성공적인 인테리어 디자인은 더 많은 기능을 추가하려는 노력에서 나온다. 거실을 디자인할 때는 고정관념을 깨고 한계를 넘어선 다양한 시도를 해보자. 전통적인 소파가 반드시 필요할까? 그대신 사용자가 상황에 따라 모양을 바꿀 수 있는 모듈로 만든 다목적 의자를 들여놓는 것은 어떨까? 혹은 거실 바닥을 퍼팅그린골프장에서 잔디를 가장 짧게 잘 다듬은 곳으로 디자인하는 것은 어떨까? 고정관념을 깰 용기만 있다면 방법과 수단은 무한하다.

자료를 조사하는 동안, 나는 런던에서 활동하는 디자이너 크리스토퍼 더피Christopher Duffy의 집을 방문했다. 그는 놀이터 개념을 실내로 끌어들이기 위해 식탁에 그네를 부착한 '그네 탁자Swing Table'를 디자인한 바 있다. 식탁에 매달린 그네에 앉아 흔들흔들 몸을 움직이다 보니 순식간에 어색한 분위기가 사라졌다. 그와 나 사이의 장벽이 무너지는 것이 느껴졌고, 우리는 유쾌하고 재미있는 대화를 나눴다.

미래의 집은 지금보다도 더 똑똑해질 것이다. 과학기술이 사람들의 삶을 보다 편리하고, 더 건강하고, 궁극적으로는 더 행복하게 만드는 데 기여할 것이다. 미래의 집은 사람들에게 놀이를 권장하도록 프로그램될 것이다. 예컨대 여러분이나 여러분 가족에게 홀로그램이나 키넥트kinect 기술을 이용한 게임을 하지 않겠느냐고 물어볼지도 모르고, 거실 벽에 걸린 초대형 스크린을 통해 보여줄 새로운 컴퓨터 그래픽 작품을 그려보라고 권할지도 모른다. 미래의 가정은 전선이나 케이블이 사라짐에 따라 융통성 있는 공간이 될 것이다. 특정한 용도로 쓰이는 방의 필요성이 점차 사라짐으로써, 방들은 어떤 상황에나 완벽하게 부응하는 융통성을 갖출 것이다. 그 덕분에 우리는 그 어느 방에서든 일하고 놀 수 있게 될 것이다.

상상하라

상상하는 것은 곧 그렇게 되기를 꿈꾸는 것이다. 현실 세계를 떠나지 않고도 가상현실을 창조하고 탐색할 수 있는 놀라운 정신의 능력은 우리 인생의 위대한 선물 중 하나다. 우리의 가정은 자유롭게 상상의 나래를 펼치고 상상한 것을 인테리어에 적용할 수 있는 가장 좋은 장소다. 이런 상상은 어떤가? 당신은 탐험가나 배를 타고 세상을 돌아다니는 것을 좋아하는 식물학자인데, 타히티 섬의 왕이나 공주와 사랑에 빠져 백년가약을 맺고, 얼마 후 다시 당신의 조국으로 돌아와 함께 가정을 꾸린다는 상상. 혹은 자신이 농부가 되어 직접 곡식을 재배하고 가축을 키우는 목가적인 상상을 해볼 수도 있겠다. 이런 상상에 빠져 있다가 깨어났을 때 당신이 처한 현실은 어쩌면 탐험은커녕 징징대는 아이들을 발목에 매달고 있거나, 대출금을 갚기 위해 쳇바퀴 속 다람쥐처럼 일하고 있는 모습일지도 모른다.

성공적인 인테리어는 꿈을 통해 창조된다. 여행자라면 집 안을 대형 여객선 사진이나 해변, 혹은 숲에서 발견한 아름다운 전리품으로 채울지도 모르고, 열대 섬의 분위기를 내기 위해 화려한 열대지방의 색으로 꾸밀지도 모른다. 상상력을 좀 더 발휘해, 집 안이 마치 정박한 대형 선박의 내부처럼 보이도록 안전 밧줄이나 안전 그물을 설치할 수도 있겠다. 그러면 밧줄에 매달리거나 기어오를 수도 있고, 그물을 해먹으로 사용할 수도 있을 것이다. 전원생활을 꿈꾸는 사람은 실내나 마당에서 텃밭을 가꿀 수도 있고, 닭 몇 마리를 키울 수도 있을 것이다. 그리고 집 안을 튼튼하고 투박한 목제 가구로 채우거나 부엌을 농장 스타일로 크게 꾸밀 수도 있을 것이다. 집은 우리가 꿈꾸는 곳일 뿐 아니라, 우리 생활양식에 맞게 그 꿈을 가지고 놀이를 할 수 있는 곳이어야 한다.

무엇이든 가능하다

우리는 일이 너무 복잡해 보일 때 일을 망칠까 봐 혹은 뭔가를 고장 낼까 봐 두려워 손도 안 대려는 경향이 있다. 하지만 아이들은 처음 보는 물건이라도 어떻게 작동하는지 알아보려고 이리저리 건드려보는 것에 아무런 두려움이 없다. 그래서 아이들은 어른들보다 신기술을 더 빨리 배운다. 아이들은 일이 잘못될까 봐 두려워하지 않는다. 만일 잘못되더라도 실패를 통해 배우고 다음에는 다른 방법을 시도한다.

아마 독자들 중에는 집 안에 그네나 암벽 타기용 벽을 설치한 사례를 보고 당황해하는 사람들이 상당수 있을 것이다. 대부분 처음에는 뼈가 부러지지 않을까, 벽에 구멍이 생기지나 않을까, 하고 걱정되고 두려울 것이다. 하지만 이런 아이디어들을 어림없는 소리라고 못 박는 것은 자기 스스로를 따분하고 심심하고 무미건조한 공간에 안주하게 만들 뿐이다. 우리는 야외에서뿐만 아니라 실내에서도 부지런히 몸을 움직여야 한다. 장난스러운 도전과 어린이 같은 풍부한 상상력을 발휘한다면, 공간을 창조함에 있어 무엇이든 가능하다는 자신감을 가정에 불어넣을 수 있다.

삶 속에 놀이의 개념을 녹아들게 하면 크든 작든 문제가 생겼을 때 해결책이 되어주기도 한다. 놀이를 하는 동안 우리 손의 감각이 정교한 뇌신경망을 창조해내는데, 이것이 노인성 치매나 인지력 저하를 개선하는 데 도움을 준다. 또한 게임이나 다른 놀이에 빠져 있는 동안 우리가 직면한 딜레마가 무의식 속에서 해결된다. 한두 시간 동안 게임이나 놀이를 하면 기분도 전환되고 머리도 맑아진다. 그리고 놀이에 푹 빠져 있을 때, 오랫동안 자신을 괴롭히던 문제의 해결책이 번뜩 떠오르는 것을 경험할 수도 있다.

예술과 창조성

정보 과잉 시대를 사는 현대인들은 텔레비전, 소셜 미디어, 온디맨드on-demand 서비스가 쏟아내는 정보만 소비하면서 보내기에도 24시간이 부족할 지경이다. 인터넷이 우리의 삶을 장악해버렸다. 예술의 역할이 중요한 것도 바로 이 때문이다. 예술은 플러그로 연결된 세상을 벗어나는 탈출구가 되어준다. 플러그를 뽑고 무언가를 창조하는 순간은 숨 쉬고, 즐기고, 소비하기보다 무언가를 기여할 수 있는 기회를 제공한다. 연구자들은 많은 사람들이 그럴 것이라 추측해온 것을 과학적으로 증명해냈다. 그것은 창조력이 우리를 행복하게 해주고 삶의 질을 높여준다는 사실이다. 글을 쓰든, 그림을 그리든, 노래를 부르든, 춤을 추든, 혹은 요리를 하든 간에 예술을 창조하는 일은 정신적, 육체적으로 좋은 일이다. 무엇이든 창조적인 일이 될 수 있다. 종이에 그림을 그리거나, 사진을 찍거나, 와인 잔을 프랑스식으로 정돈하는 법을 배우거나, 고급 요리를 만들거나, 허브 정원을 가꾸거나, 목도리를 뜨거나, 혹은 그냥 춤을 추거나 음악을 듣는 일도 창조적인 일이 될 수 있다.

뭔가를 빚고 만드는 일을 통해 손을 많이 사용할수록 좋다. 당신 자신이나 자녀들을 텔레비전이나 컴퓨터에서 멀어지게 하려면, 창의적인 일을 하거나 심지어 난장판을 만들 수 있는 공간을 만들어 보라. 이케아의 '놀이 보고서'에 따르면, 부모들 중 71퍼센트가 창의력을 북돋아주는 가정을 원했다. 여러분도 그런 가정을 원한다면, 아이들이 맘껏 상상력을 펼칠 수 있는 공간을 디자인하자.

우리는 아이들이 놀고 싶어 하는 장소가 큰대자로 몸을 뻗을 수 있는 바닥 위라는 사실을 자주 잊어버린다. 바닥은 바싹 다가앉아 옛날이야기를 듣거나 게임을 즐기기 좋은 곳이다. 구석에 쿠션을 갖다 놓거나 감촉 좋은 러그를 깔면 아이들과 함께 느긋한 시간을 보내는 편안한 장소를 만들 수 있다.

음악

남녀노소 상관없이 음악은 삶의 일부를 차지한다. 흥겨운 곡조는 사람을 행복하게 만든다. 음악을 들으면 전체적으로 삶의 질이 높아지는 기분을 느낄 수 있고, 면역력이 증진되며, 심지어 심장병을 비롯한 다른 질병과 관련된 유전자를 억제하기도 한다. 무슨 음악이든 간에 자기가 제일 좋아하는 곡을 듣고, 또 곡에 맞춰 몸을 흔들면 행복감을 느낀다. 놀랍게도 이 글을 쓰는 이 순간 듣고 있는 노래가 퍼렐 윌리엄스의 '해피'다. 노래를 들을 때, 자신이 제일 좋아하는 부분이 나오기 직전이나 그 부분을 듣는 동안 뇌는 행복을 유도하는 화학물질인 엔도르핀을 분비한다. 미국 하버드 대학의 청각 연구자 마크 트라모Mark Tramo 박사는 사람들이 음악을 연주하거나 들을 때 심장의 산소 소비 효율성이 증가한다는 사실을 알아냈다.

개인 공간을 디자인할 때 스테레오 시스템을 설치하는 것은 어떨까? 요즘은 성능 좋은 오디오 기기들이 매우 다양하게 나와 있어서 구태여 공간을 많이 차지하는 초대형 스피커를 구입할 필요가 없다.

혹은 직접 악기를 연주해보는 것은 어떨까? 믿거나 말거나 입으로 부는 악기를 연주하면 상당한 양의 칼로리가 소모된다. 하루에 한 시간씩만 연습한다면 건강도 좋아지고 심폐 기능도 향상될 것이다.

비디오게임의 장점

게임은 재미도 있지만 인간의 뇌를 자극해 두뇌 기능을 향상시킨다. 뇌는 많이 쓸수록 회전이 빨라지고 더 건강해진다. 연구자들은 초등학교 학생들이 일주일에 두 번 보드게임을 하는 것만으로도 두뇌 처리 속도가 27~32퍼센트 증가한다는 놀라운 사실을 알아냈다. 하지만 이제는 말 한두 개는 늘 잃어버리는 구식 보드게임 판을 집 안에 구비해둘 필요가 없어졌다. 보드게임도 이제 컴퓨터나 태블릿, 혹은 스마트폰을 통해서도 할 수 있다. 머지않아 터치스크린을 장착한 식탁에 식구들이 둘러앉아 함께 재미있는 게임을 하게 될 날이 올 것이다.

남편에게는 알려주고 싶지 않지만, 사실 비디오게임에도 유익한 측면이 있는 것 같다. 비디오게임이 정신 질환, 고립감, 비만을 불러오는 주요인이라고 지탄받고 있지만, 오히려 그러한 질병을 치유하는 데 도움을 준다는 사실이 여러 연구를 통해 입증되고 있다. 비디오게임을 할 때, 엔도르핀이 방출되어 더 큰 행복감을 느끼게 만들 뿐만 아니라 통증을 완화하는 데 도움이 되기도 한다. 비디오게임은 진통제로도 활용할 수 있다. 동작 센서 기술을 사용해, 뇌 신경으로 하여금 통증에 집중하는 대신 다른 감각을 사용하도록 유도하는 것이다. 엑스박스 360, 플레이스테이션 3, 닌텐도 위Wii와 같은 비디오게임이 뇌졸중 환자의 빠른 회복에 도움이 되었다는 연구 결과도 있었다.

어떤 비디오게임은 이용자의 뇌 유연성을 증진해 지력을 향상시키기도 한다. 이탈리아 파두아 대학의 연구팀에 따르면, 빠르게 진행되는 비디오게임을 하면 난독증이 있는 아이들의 독서 능력이 향상된다고 한다.

네발 달린 친구들

행복해지려면 반려동물들을 키우는 것보다 더 좋은 방법은 없다. 여러 연구 결과에서, 반려동물을 키우는 사람들이 그렇지 않은 사람들보다 혈압과 불안 수준이 낮은 것으로 나타났다. 반려동물은 외로움을 해결하고, 사회적 교류를 증진시키며, 운동과 놀이에 더 적극적으로 참여하게 해준다. 또 일반적으로 인간의 행복과 삶의 질을 높이는 데 큰 역할을 한다.

하지만 불과 몇 해 전까지만 해도 반려동물에 대한 인식은 그리 좋지 않았다. 아직도 많은 건물과 임대주택, 아파트에서 반려동물을 들이는 것을 금하고 있다. 하지만 최근 20~30대 중 결혼해서 가정을 꾸리려는 사람들은 점점 줄어드는 반면, 반려동물을 키우며 혼자 살려는 '나 홀로족'은 점점 늘어나는 추세이기 때문에, 부동산 개발업자나 건물 관리인도 이제 이러한 신개념 가족의 편의를 도모하는 방향으로 인식을 바꾸어야 한다. 나는 아파트 단지, 카페, 공원, 그리고 선술집 등에도 반려동물이 출입할 수 있게 해야 한다고 생각한다. 반려동물이 문제가 아니라, 기반 시설이 털북숭이 친구들을 수용할 준비가 안 되어 있는 것이 문제다. 하지만 주변을 잘 살펴보면 개와 고양이를 반겨주는 선술집이나 식당, 카페 등을 찾아볼 수 있다.

최근 반려동물을 가족처럼 여기는 사람들이 점점 더 많아지고 이용할 수 있는 야외 공간은 점점 더 줄어들고 있기 때문에, 디자이너들은 이러한 현실에 부합하는 창의적인 인테리어 해법을 찾아내야 한다. 이때 고려해야 할 것으로는 동물들의 잠자리, 대소변용 통, 먹이 보관 통, 씻기는 곳, 전용 출입구 등이다. 건축가와 디자이너는 집주인과만 상의할 것이 아니라, 반려동물이 행복한 삶을 살아가는 데 필요한 것들을 수의사, 훈련사, 조련사 등과 상의해야 한다.

Some play ideas

놀이를 위한 아이디어

식탁을 탁구대로 변신시키기

냉장고, 벽 혹은 문에 칠판을 걸거나 자석 페인트를 칠해 단어 맞히기나 오목 놀이 하기

거실에서 캠핑 놀이 하기

벽난로에서 마시멜로를 굽고, 불가에 둘러 앉아 도란도란 이야기 나누고,

슬리핑 백이나 간이 텐트 속에서 잠자기

그네, 해먹, 미끄럼틀 같은 야외 놀이 기구를 집 안으로 들여놓기

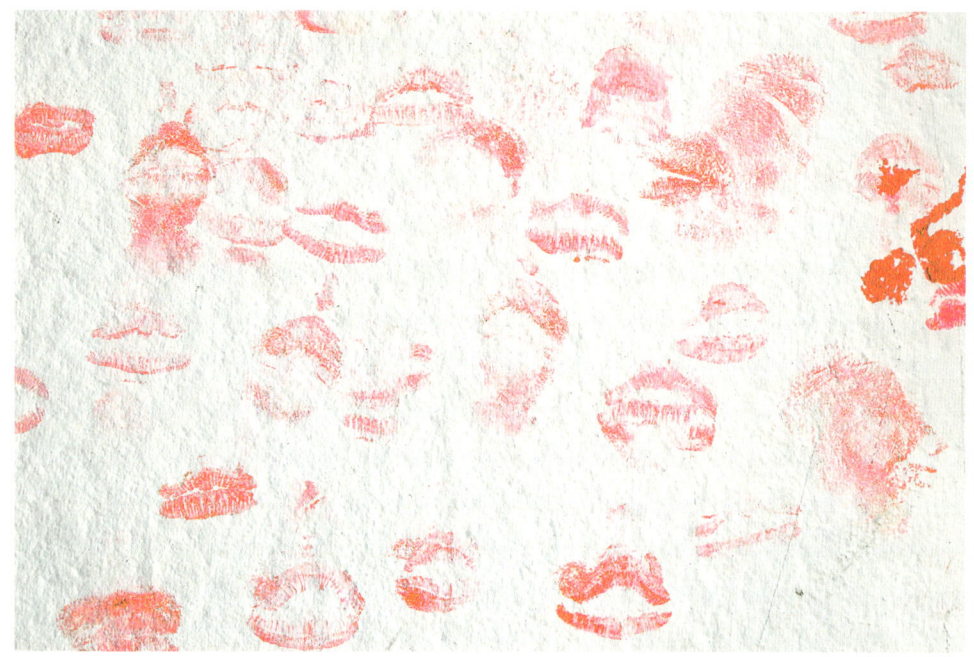

Five types of play you can include in your design

디자인에 포함시킬 수 있는 다섯 가지 놀이

사회적 놀이

상상적 놀이

이야기 놀이

활동 놀이

창의적 놀이

"반려동물은 행복의 요아시스 같은 존재다. 내 고양이 히로는 끊임없이 미소 짓게 만든다." - 올리버 히스Oliver Heath, 요리사

기슬랭 비냐스, 인테리어 디자이너
미국 뉴욕

"스카이 하우스는 행복한 기운이 가득한 집입니다. 그건 집주인 부부가 행복하기 때문이죠. 전체적인 디자인 방침은 세련미나 진지함보다는 사랑스러운 집을 만드는 것입니다. 저는 행복의 미학을 추구합니다. 물론 그 방식은 사람마다 다르지만, 어쨌거나 이것이 제 클라이언트와 제가 행복의 미학을 해석한 방식입니다. 허리케인 샌디가 불어닥쳤을 때, 우리 가족은 3주 동안 집을 떠나 스카이 하우스에서 지냈어요. 그때 내가 직접 그 집을 맘껏 경험할 수 있었죠. 그리고 우리가 설치한 미끄럼틀을 수시로 사용했어요. 매일 아침 두 딸이 일어나면, 집주인 부부가 키우는 고양이들이 애들이 자는 방에 찾아오곤 했는데, 그러면 애들이 팔에 고양이 한 마리씩 안고 미끄럼틀을 타고 내려왔지요. 반려동물도 그 미끄럼틀을 이용하는 거죠. 우리는 스카이 하우스에 그네와 암벽 등반 벽도 설치했어요. 이런 걸 설치하려면 건물이 높아야 하고 공간도 넓어야 하죠. 미끄럼틀, 그네, 암벽 등반 벽은 애들만을 위해 설치한 게 아니었어요. 그네든 암벽 등반 벽이든 누구나 수시로 타고 오를 수 있어요. 집 안에 가재도구나 장식품이 많으면 그것들이 공간을 다 차지해버려 사람이 움직일 공간이 적어지죠. 그래서 아이가 있는 집은 어수선하지 않게 정돈하는 것이 아주 중요해요."

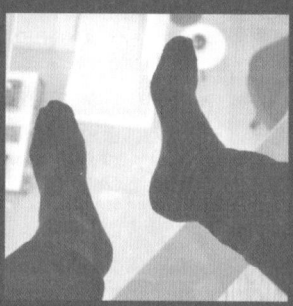

HIGHLIGHT

아래층으로 타고 내려올 수 있는 미끄럼틀이 거대한 조각 작품처럼 아파트 전체에 걸쳐 설치되어 있다. 또 실내용 그네와 암벽 등반 벽도 설치되어 있어 집 전체가 놀이터 같다.

BELIEF

놀이는 신체 활동일 뿐만 아니라 사고방식에도 영향을 미친다. 기발하고 재미있는 아이디어로 공간을 더욱 생동감 있게 만들고 사람들을 미소 짓게 한다.

LESSON

집 안에 재미있는 놀이용 기구나 도구를 들여놓으면 어른 아이 할 것 없이 모두 즐기게 될 것이다.

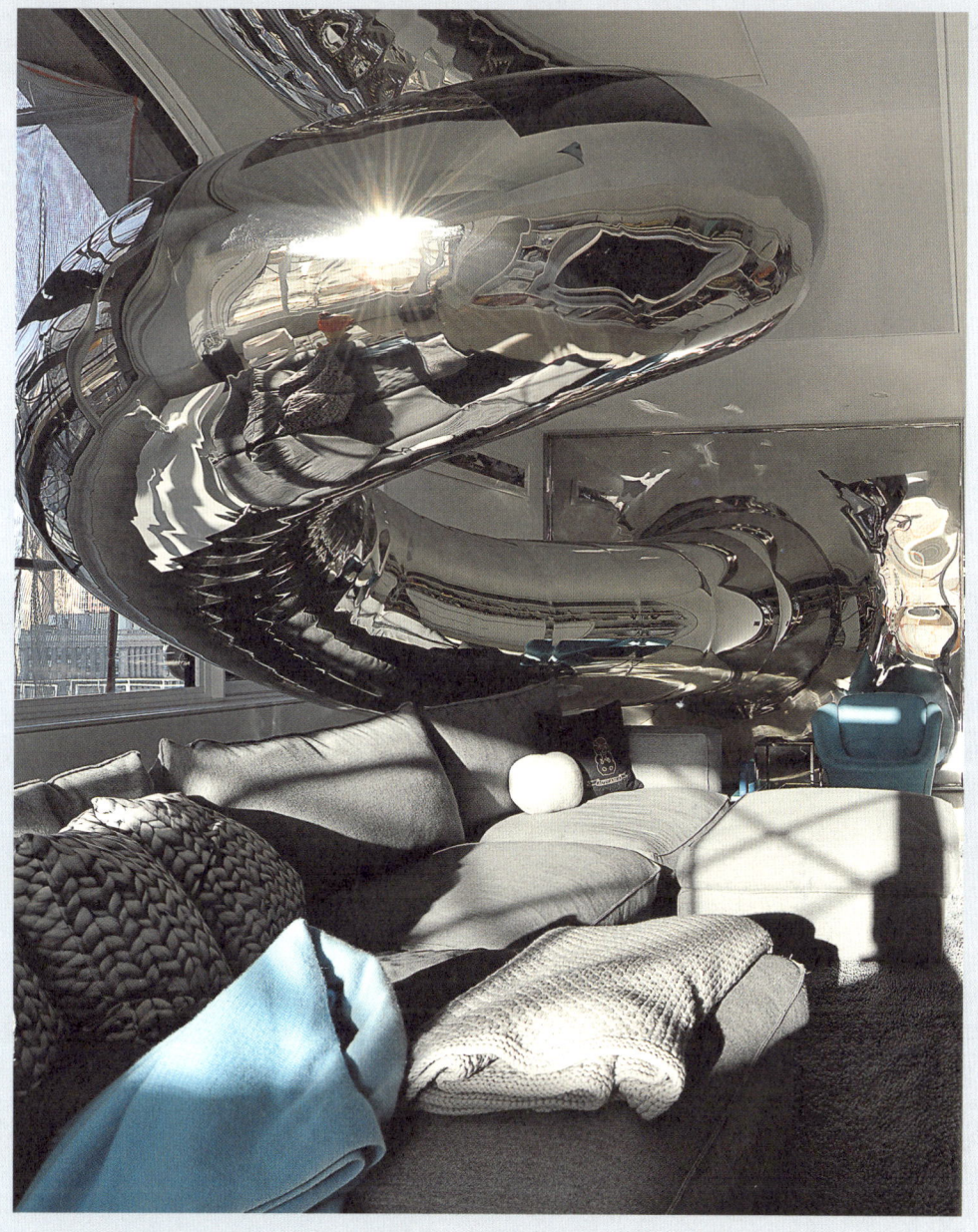

"스카이 하우스의 집주인 부부에게는 자녀가 없다.
하지만 그 미끄럼틀은 아이들만을 위해 설치한 것은 아니다.
모두가 사용할 수 있다.
그 미끄럼틀은 아래층으로 빨리 내려오는 수단이기도 하다."

Chapter Thirteen

Senses

감각

LET US RETURN
THANKS TO NATURE
FOR
HER BOUNTY BY USING
EVERY ONE OF
THE SENSES SHE HAS
GIVEN US …

Virginia Woolf, *The Common Reader, 1925*

자연이 우리에게 준 모든 감각을 사용해
자연의 너그러움에
감사하는 마음으로
돌아갑시다.

버지니아 울프, 《보통의 독자》, 1925

보고, 듣고, 맡고, 만지고, 맛보라

See, hear, smell, touch, taste

생각거리

_____

인간 중심 디자인
감각 자극하기
'파이브 어 데이'

나는 항상 공간이나 물건의 외형보다 인간이 그곳에서 어떻게 살아가는지, 혹은 그 물건과 어떻게 교감하는지에 더 많은 관심을 가져왔다. 디자인을 할 때는 사람에 대해, 그리고 사람과 세상의 물리적 관계에 대해 제일 먼저 생각해야 한다. 무엇보다 인간이 출발점이 되어야 한다. 인간 중심 디자인은 가장 근본적으로 더 행복한 집, 더 행복한 건물, 심지어 더 행복한 도시를 만들 수 있다. 인간을 디자인의 중심에 두면, 우리가 어떻게 살고 어떻게 느끼는지에 반응하는 감성적이고도 영리한 공간을 창조할 수 있다. 디자인에서 사람이 잊히고 배제되는 일이 너무 빈번하다는 사실에 놀랄 때가 많다. 행복은 우리 스스로 충분히 유도할 수 있는 감정이다. 따라서 행복감을 촉발하고 행동 방식에 영향을 주어야만 좋은 디자인이라 할 수 있을 것이다.

행복한 가정은 장소에 깊이 뿌리 내린 정서와 크게 관련이 있으며, 이러한 정서와 경험을 증폭시키기 위해서는 우리의 오감, 즉 시각, 청각, 후각, 미각, 촉각을 일깨우는 것보다 더 좋은 방법은 없다. 이런 방식은 우리의 감정을 자극해 긴장을 풀어주고, 마음을 정화시키며, 행복을 가져다줄 수 있다. 감각 인식은 인류가 생존을 위해 감각을 사용한 원시시대부터 활용한 매우 강력한 수단이다.

사람의 감각 기관을 일깨우는 것은 단지 로맨틱한 발상만이 아니다. 감각은 생리학적인 측면에서도 뇌의 의사 결정을 담당하는 부분에 접근해 우리가 적시적소에 있는지, 그곳에 안전하고 좋은 장소인지 알려주는 역할을 한다. 이와 마찬가지로 왠지 불편하고 거북한 장소라고 느껴지는 것도 이런 감각이 작용했기 때문이다.

감가 디자인sensory design에 대한 관심이 날로 높아지고 있다. 시각뿐만 아니라 후각, 촉각, 미각, 청각을 모두 사용하는 통합된 디자인 접근법은 보다 창의적이고 즐겁고 경험적인 공간을 만들 것이다. 감각 디자인은 고급 스파나 리조트에 주로 적용해왔다. 하지만 최근에는 병원, 공항, 매장, 기업체 사무실이나 가정에서도 보다 매력적인 환경을 창조하기 위해 이러한 개념을 수용하고 있다.

'파이브 어 데이5 a day, 채소와 과일을 많이 먹도록 장려하는 운동. 미국에서 시작되었다. 암 예방과 건강 증진을 위해 채소와 과일을 하루 다섯 접시 이상 섭취할 것을 권장한다. 다섯 가지 색상의 채소나 과일을 골고루 섭취할 것을 권장하기 때문에 '오색 과일 건강법'으로도 불린다'를 지키는 생활 방식은 마음과 육체와 정신을 강화한다. 촉각적이고 강인하고 자연적인 요소는 우리를 자연과 이어주고, 안도감을 심어준다. 냄새와 맛은 우리를 순식간에 인생의 특정 순간으로 데려가주는 마술사다. 그것은 이국에서 휴가를 보낸 순간일 수도 있고, 할아버지 할머니와 라임 마멀레이드를 먹은 순간일 수도 있다. 스테레오에서 흘러나오는 음악에서부터 분수에서 물이 솟구치는 소리에 이르기까지, 다양한 종류의 소리들은 기분을 바꿔주고 정신을 맑게 해준다.

흥미진진하고 행복한 공간을 창조하려면 이러한 감가들을 활성화해 분위기를 창조하는 데 주력해야 한다. 이야기가 있는 디자인 브리프를 작성할 때 '닥터 러브Dr Love, 미국 저술가이자 강연인인 레오 버스칼리아Leo Buscaglia'의 말을 인용해보는 건 어떨까? 그는 이렇게 말했다.

"우리는 접촉, 미소, 진심 어린 칭찬, 혹은 아주 작은 친절의 힘을 얕보는 우를 너무 자주 범하는데, 이 모든 것은 인생을 바꾸는 힘을 가지고 있다."

하루 중 시간의 추이에 따라 어떤 기분을 느끼는지 생각해보자. 그리고 당신의 인생을 보다 보람 있게 만들기 위해 어떻게 하면 오감을 일깨울수 있을지 고민해보자.

식탁 위에 차린 신선한 농산물과 곁에서 만드는 간식은 오감을 활성화하는 최상의 디자인 요소다.

품질 좋은 리넨 홑이불은 삶까지 바꿀 수 있다. 리넨 홑이불은 감촉도 좋을 뿐 아니라, 겨울에는 따뜻하고 여름에는 시원하다.

맨발로는 바닥의 질감과 교감한다. 시원한 타일바닥이나 따뜻한 바닥, '거친 바닥이나 거친 바닥이나 거친 바닥이나 혹은 매끄러운 바닥이나 키친 바닥이나를 선택하는 것은 공간에 어떤 분위기를 조성하고 싶은가에 달려 있다.

디자인 작업 시 누구를 위해 디자인하는가를 잊어서는 안 된다. 그 공간에 사는 사람들의 감정을 활성화하는 것이 디자이너의 임무다.

Senses
Agenda

기능이냐 형태냐

아름다운 외관은 디자인의 지극히 당연한 요구이자 결과다. 하지만 이것을 디자인의 출발점으로 삼아서는 안 된다. 디자인은 언제나 사람과 장소가 품은 이야기에서 출발하고, "어떻게 하면 그 사람들을 그 장소에서 기분 좋고 편안하게 느끼게 만들 수 있을까?"라는 질문에서 출발해야 한다. 건축은 시각적인 여행일 뿐 아니라 물리적 경험이기도 하다. 미학적인 면에 집중하기보다 어떻게 하면 사람들에게 영향을 줄 수 있는지를 알아내는 것이 훨씬 더 중요하다. 미학은 우리가 추구하는 모든 것들의 결과라는 점을 이해한다면 행복한 디자인을 실현할 수 있다.

우리는 집이 멋있어 보이기 이전에 안전하고 기능적이기를 원한다. 미적인 기준에서 출발한 오브제나 장소는, 기본적인 기능을 충족시키지 못할 경우 흉하고 마뜩잖은 오브제나 장소로 쉽사리 전락하고 만다.

그렇다고 해서 외관을 아름답게 만드는 일에 노력을 덜 기울여야 한다는 말은 아니다. 출발점을 바꾸라는 것이다. 아름다움은 공기나 물만큼이나 중요하다. 플라톤은 시각을 인간의 가장 위대한 선물이라고 여겼다. 과학자들에 따르면 인간의 뇌 중 절반 이상이 시각적 이미지를 처리하는 데 쓰이며, 학습의 80퍼센트가 시각적 입력에 기반한다고 한다.

제 눈에 안경

아름다움이란 보는 사람의 인식이나 해석에 달린 문제다. 주름은 개인 인생의 기록이기 때문에 아름답다고 생각하는 사람이 있는가 하면, 주름진 얼굴은 시들고 추한 얼굴이라고 생각하는 사람도 있으니 말이다.

미국 산업디자인의 선구자인 레이먼드 로위Raymond Loewy는 "추한 것은 잘 팔리지 않는다"라고 말했다. 의식적이든 무의식적이든 우리는 늘 아름다움을 추구한다. 조너선 아이브Jonathan Ive 경이 디자인한 아이폰과 아이패드는, 기술적으로 경쟁사의 다른 제품과 크게 차이가 없지만 디자인이 더 아름답다는 이유 때문에 소비자가 기꺼이 비싼 비용을 감수한다는 사실을 증명하는 대표적인 사례다.

나는 테렌스 콘랜 경의 집을 방문했을 때 있었던 일을 결코 잊지 못한다. 우리가 그 집 부엌 벤치 주위에 서성거리고 있을 때, 그곳에 꽤 오래 방치되었던 것이 분명한 듯한 마늘 한 통이 그의 눈에 들어왔다. 시들어가는 그 마늘 통에서 초록색 새순이 돋아 나오고 있었다. 콘랜 경은 마늘을 집어 들더니 그것이 얼마나 아름다운지 확신에 차서 말했다. 하지만 내가 기억하는 한, 콘랜 경은 그의 집을 가득 채우고 있던 고급 아이템 중 그 어느 것에도 그와 비슷한 반응을 보인 적이 없었다.

아름답다는 것은 주관적이고도 객관적인 판단이다. 일반적으로 꽃, 벌, 나비, 산, 보석, 나무 같은 자연적인 오브제에 대해서는 아름답다와 그렇지 않다 사이의 의견 차가 그리 크지 않은 반면, 인공미에서는 호불호가 명확한 경향이 있다.

촉감과 온도

촉감은 건축물이나 오브제의 표면과 접촉할 때 사용하는 감각이다. 사람의 손끝을 통해 재료의 질감, 밀도, 온도, 무게감 등이 우리의 뇌와 마음으로 전달되는 것이다.

촉각은 사물이 날카로운지 부드러운지, 뜨거운지 차가운지를 감지해 안전함 여부를 알려준다. 사람들은 천연 소재의 풍요로움에 이끌린다. 석재는 강인함과 차가운 기운을 발산하며, 목재는 튼튼함과 편안함을, 리넨은 가벼움과 상쾌함을, 모직은 따뜻함과 아늑함을 가죽은 부드러움과 내구성을, 코르크는 온화함과 쿠션감을, 금속은 시원함과 부드러운 느낌을 준다.

방 온도도 기분을 완전히 바꾸는 역할을 할 수 있다. 너무 춥거나 더운 극한의 환경은 불쾌함을 유발하고, 우리 몸은 그 기온에 적응하기 위해 더 많은 에너지를 소비한다. 사실 생산성을 높이거나 보다 안락한 환경을 만드는 것은 온도 조절기의 스위치를 켜는 것만큼이나 쉬울 수 있다. 뉴욕 코넬 대학의 연구진은, 플로리다에 소재한 한 대형 보험회사의 사무실 온도에 변화를 준 뒤 직원들에게 어떤 영향을 미치는지 조사했다. 결과는 흥미로웠다. 사무실이 서늘하다고 느낄 정도로 기온이 낮을 때는 직원들이 최적의 기온일 때보다 실수를 44퍼센트나 더 많이 하는 것으로 나타났다.

바닥에서 벽으로 전달되는 순환수식循環水式 난방을 사용하는 건물을 주위에서 볼 수 있다. 이는 바닥과 벽면이 더워지는 난방 시스템으로, 물리적 온기를 전달할 뿐만 아니라 공간 전체에 심리적인 온기를 더하는 방식이다. 하지만 공간을 따뜻하게 데우는 데 벽난로보다 더 좋은 장치는 없다. 혹시 집에 있는 벽난로를 없앨 계획이라면 다시 생각해보라고 조언하고 싶다. 벽난로는 모든 감각을 활성화시키는 강력한 도구다. 벽난로의 온기, 타닥거리는 나무 타는 소리, 연기 냄새, 벽난로의 그 고풍스러운 아름다움⋯⋯. 벽난로는 오감을 활성화할 뿐만 아니라 사람들을 불러 모으고, 불 주변에 옹기종기 모여서 대화하고 책을 읽거나 휴식을 취할 수 있게 해준다. 벽난로는 사람들을 끌어들이는 기능뿐만 아니라 의식儀式적인 측면도 있다. 나는 벽난로야말로 우리가 가정에 갖출 수 있는 가장 행복한 도구라고 생각한다.

소리의 세상

청각은 시각과 촉각 다음으로 디자인에서 가장 크게 고려되는 측면이다. 그러나 대부분의 디자인은 소리를 차단하기 위한 것일 뿐 소리를 강화하는 것과는 무관하다. 원치 않는 소음을 차단하는 것은 물론 정신 건강과 행복을 위해 필요한 일이다. 하지만 우리 주위에 있는 풍요로운 자연의 소리는 일상의 영감을 주는 원천으로 최대한 활용되어야 한다.

집이 바다 근처이거나 야생 생물에 둘러싸여 있다면, 자연의 소리를 집 안으로 끌어들일 필요가 있다. 철썩이는 파도 소리를 들을 수 있는데 왜 침실에 방음 장치를 해야 하는가? 나뭇가지에서 지저귀는 새소리를 왜 차단해야 하는가? 자연의 교향곡을 집 안으로 들이자!

나는 시드니의 아주 붐비고 시끄러운 지역에 살고 있다. 우리 아파트의 수음 공해는 심각한 수준이다. 끊임없이 이어지는 차량과 나이트클럽의 소음을 차단하기 위해 소음 차단 벽이나 이중유리창을 설치해야 했다. 아래층에 사는 사람들은 대부분 수면 부족 때문에 얼마 못 가 이사를 나가곤 한다. 하지만 살다 보면 조용한 공간에 머물고 싶지 않은 날이 있다. 그럴 때면 창문을 열고 아파트 밑에서 들려오는 자동차의 경적 소리와 시끄러운 소음을 듣는데, 이렇게 하면 기분이 한결 좋아지곤 한다. 소리는 장소 감각sense of place을 일깨우고, 내가 다채롭고 생동감 넘치는 장소에 살고 있다는 생각을 갖게 해주며, 애초에 이곳을 선택한 이유도 상기시킨다.

생활공간을 기분 좋은 소리로 채우면 행복감을 일깨울 수 있다. 이는 소리가 더 많이 필요하다는 이야기가 아니라, 우리가 사는 건물 주변 같은 특정 공간을 특징짓는 소리를 더 많이 인식할 필요가 있다는 말이다. 디자이너는 분위기를 조성하는 사람들이다. 공간에 음악이 흐르게 하는 것은 분위기를 한층 고양시킬 수 좋은 방법이다. 명심하자. 좋은 소리를 사용하는 것은 소음을 차단하는 만큼이나 중요하다는 사실을.

냄새의 힘

지젤 톨라스Sissel Tolaas의 《삶은 모든 곳에 존재한다Life is Everywhere》와 파트리크 쥐스킨트의 《향수》, 이 두 권의 책은 내 삶을 크게 바꾸어놓은 책이다. 사실 나는 냄새를 잘 맡지 못하는 후각 장애자다. 《향수》를 읽고 나서야 나는 인간에게는 지문과 같은 자신만의 독특한 체취가 있다는 사실을 알게 되었다. 《삶은 모든 곳에 존재한다》에서 톨라스는 냄새를 묘사하고 냄새로 소통하는 법을 소개하는데, 이는 내 친구나 가족이 후각 장애인인 나에게 해주었으면 하고 늘 바라온 것이다. 톨라스의 책은 나에게 엄청난 깨달음을 주었다. 그 책을 읽고 난 뒤 이런 궁금증이 일었다. 만일 내가 냄새를 맡을 수 있었다면 지금의 친구들을 선택했을까? 지금과는 다른 삶을 택했을까? 지금 살고 있는 이 집에서 살았을까?

오감 중 후각은 시각 다음으로 중요한 감가이다. 놀랍게도 우리 인간은 약 1만 종의 냄새를 인식할 수 있다. 더욱 흥미로운 사실은 시각은 3개월 후 겨우 50퍼센트 정도만 기억할 수 있는 반면, 후각은 일 년 후 65퍼센트의 냄새를 정확하게 기억한다는 것이다.

냄새가 디자인에 중요한 요소이며 기억을 불러일으키고 긴장을 이완하고 치유를 돕는다는 것은 모두가 아는 사실이다. 나는 여기서 한발 더 나아가 이런 생각을 해보았다. 공간에서 냄새를 없애버리면 명상처럼 긴장을 이완하는 데 효과가 있을까? 사람들을 불러 모으는 향기를 만들 수 있을까? 냄새가 공간에 대한 사람들의 인식을 바꿀 수 있을까? 사람들이 보다 즐겁고 행복한 삶을 살게 하고 신뢰와 유대감을 증진하려면, 향기를 어떤 방식으로 삶과 가정과 도시 속에 포함시켜야 할까?

이제는 인테리어 디자이너들이 과학자나 예술가이자 후각 커뮤니케이터인 지젤 톨라스 같은 전문가를 고용해야 할지도 모른다. 이들은 고객의 체취를 맡고 분석해서 건물 내에 어떤 향기를 포함시켜야 고객과 잘 어울릴지 추천하는 역할을 할 것이다.

푸근한 집 냄새

솔직히 말해 집 같은 냄새가 나지 않는 집은 집이라 할 수 없다. 코코 샤넬은 벽난로의 석탄에 넘버 5 향수를 뿌린 것으로 유명하다. 집 안에서 매력적인 향기가 나게 하고 싶은 것은 누구나 바라는 소망이다.

여기서 '집 냄새'란 침실 벽 전원 콘센트에 꽂는, 슈퍼마켓에서 산 방향제 냄새를 말하는 것이 아니다. 가정에서 풍기는 독특한 냄새는 집 주인이 의도적으로 추가한 꽃이나 향초, 또는 아로마 오일이나 비누 같은 향기에서부터 음식 냄새나 세제 냄새 같은 일상의 냄새에 이르기까지 많은 요인으로 이루어져 있다. 냄새는 집주인이 생활 속에서 선택한 것들이 만들어내는 것이므로 집주인의 개성을 반영한다고 할 수 있다.

'보다 행복한 가정'을 만들고 싶을 때 가장 강력한 무기 중 하나는 향기다. 향기를 활용하지 않는 것은 어리석은 일이다. 가정을 향기로 채우기 위해 아로마 세러피와 후각과 관련된 다른 기술을 이용하면 즐거운 경험을 제공하고, 궁극적으로는 가족 구성원 모두의 건강과 행복 지수를 높일 수 있다.

디자이너들은 공간을 창조할 때 일반적으로 오감 중에서 단 두 가지 감각, 즉 시각과 촉각만 사용하는 경향이 있다. 대부분 현관을 무슨 색으로 칠할까 고민하지 '현관에 어울리는 향기는 무엇일까' 고민하는 사람은 거의 없다. 인간의 강력한 감각 중 하나를 무시하고 있는 것이다. 바로 인간의 가장 원초적인 감정을 유발하는 능력을 갖춘 후각 말이다. 실제로 우리 인간이 일상생활에서 느끼는 감정의 75퍼센트는 냄새에 영향을 받는다고 한다.

향기와 향수

냄새는 예전에 경험했던 다른 냄새와 관련된 행복한 기억을 강하게 불러일으킨다. 소중한 기억을 상기시키는 냄새를 맡으면 왠지 모를 뿌듯함이나 만족감을 느낄 수 있다. 어린 시절의 향수鄕愁를 불러일으키는 냄새는 행복감을 느끼게 해준다.

편안함과 행복을 가져다주는 냄새를 모두 떠올려보자. 예컨대 망고 냄새는 어린 시절 아침 식사 시간을 떠올리게 하고, 장미 냄새는 할머니의 화단을, 상큼한 민트 향은 예전에 아버지가 즐겨 씹으시던 껌 냄새를 떠올리게 한다. 가정의 온기가 느껴지는 푸근한 음식 냄새나 엄마의 향수 냄새는 우리를 잊고 있던 어린 시절로 순식간에 데려갈 수 있다.

과학자들은 냄새와 기억이 매우 밀접하게 관련되어 있다는 사실에 동의한다. 사람들은 어린 시절에 맡은 냄새나 예전에 딱 한 번 맡은 독특한 향기도 잘 기억해내곤 한다. 어린 시절의 좋은 냄새들은 아주 다양하지만, 일반적으로 그리운 어린 시절의 기억은 긍정적인 감정이 내포된 냄새와 연관되어 있다. 청소용품 브랜드인 바이레다Vileda가 영국의 가정을 대상으로 실시한 조사에 따르면, 영국 사람들이 가장 좋아하는 냄새는 새로 빤 홑이불 냄새와 잔디 깎는 냄새, 그리고 집에서 빵 굽는 냄새였다.

각자가 선호하는 냄새가 새로 빤 침구든 애프터 셰이브 로션이든 가죽이든 혹은 계피 빵을 굽는 냄새든 간에, 냄새가 위안을 주고 행복감을 강화하는 것은 변함없다. 이것이 바로 매장에서, 공간을 감도는 향기가 과하지도 약하지도 않은 적절한 상태로 유지되도록 애쓰는 이유다. 고객이 더 편안하고 행복할수록 돈을 더 많이 쓸 가능성이 높기 때문이다.

미각 자극하기

벽을 혀로 핥거나 그릇을 씹어 먹으라는 뜻이 아니다. 여기서 말하는 미각은 음식에 대한 것이다.

음식은 연상 작용을 불러일으키며, 그 때문에 사람들과 공간을 이어주는 훌륭한 매개체가 될 수 있다. 음식은 장소의 경험을 180도로 바꿀 수 있다. 예컨대 장소는 허름한데 음식 맛이 좋아서 자주 찾게 되는 단골 선술집이나 음식점이 있는가? 음식 맛이 기막히게 좋다면 낡은 플라스틱 의자나 합판 테이블도 매력적이고 개성이 가득한 것처럼 보일 것이다. 하지만 이와는 반대로, 분위기 있는 최고급 레스토랑이지만 음식 맛은 형편없다면 가격은 ꟿ깻행 비행기 값보다 비싼데도 고급스러운 환경도 전혀 매력적으로 보이지 않을 것이다.

음식과 미각은 공간을 보다 매력적이고 따뜻하게 만든다. 부엌이나 거실 같이 가정에서 공동으로 사용하는 공간에 레몬 조각을 넣은 물병이나 커피, 건과류, 신선한 과일 같은 맛깔스런 자연 식품을 놓아보자.

부엌을 꾸밀 때 음식은 모두 찬장이나 냉장고 속에 숨겨야 한다는 강박을 버리는 것이 좋다. 개방된 선반, 유리 진열장과 용기 등은 음식을 진열하기에 가장 좋은 공간이다. 숨기지 말고 드러내어 감탄하자. 가족이 어떤 음식이 좋아하는지, 혹은 자신이 조성하고 싶은 분위기가 어떤 것인지 먼저 충분히 고민한다면, 좀 더 수월하게 부엌을 자신의 생활양식에 맞게 바꿀 수 있다. 만약 아이들이 방과 후에 가벼운 간식으로 신선한 채소 딥dip을 좋아한다면, 살사나 후무스 같은 소스를 곁들인 채소 딥 바를 차리는 것은 어떤가? 행복한 추억을 떠올리게 하는 즐거운 맛을 경험하고 싶다면, 아이스크림 기계를 구입하는 것은 어떨까?

우리가 음식을 먹는 행위는 맛, 향기, 모양, 그리고 씹는 느낌 등을 총체적으로 경험할 수 있는 다감각적 과정이다. 섭식의 즐거움은 우리가 사용하는 식기와 포크·나이프의 색깔, 크기, 모양, 무게 등에 영향을 받는다. 예컨대 치즈는 포크를 사용하는 것보다 나이프로 먹을 때 더 짠맛이 난다고 하고, 요구르트는 흰색 도자기 스푼으로 떠먹을 때 더 맛있는 것 같다! 그리고 많은 사람들이 디저트를 먹을 때 작은 스푼을 선호하는 것은, 작은 스푼으로 먹으면 더 달콤하게 느껴진다는 설이 있기 때문이라고 한다. 노랑, 주황, 초록, 갈색 같은 자연 색조는 식욕을 돋우는 반면, 파란색 계열의 색상은 식욕을 억제하는 효과가 있다고 한다. 그리고 작은 접시나 그릇을 사용하면 음식을 더 적게 먹게 된다고 한다. 하지만 분명한 것은 무엇이 효과적이냐 하는 문제는 개인의 취향에 따라 달라질 거라는 사실이다.

미래의 감각 디자인

디지털 시대에서 사는 우리는 감각 디자인이 사라지지 않게 하고, 테크놀로지가 인간을 이롭게 하는 데 쓰이도록 보장해야 한다. 빛, 소리, 감촉 등은 분위기를 보다 밝고 행복하게 끌어올릴 수 있다. 이러한 역할을 하는 테크놀로지에 대해 살펴보자.

행복한 집을 만들기 위해서는 테크놀로지와 디지털 미디어를 통합해 오감을 자극하고 장소에 대한 인식을 강화하는 데 사용할 필요가 있다. 테크놀로지라고 해서 모두 나쁜 것은 아니다. 테크놀로지는 오감을 강화할 수 있다. 온도의 변화에 따라 색이 변하는 직물, 타일, 안료와 같은 감온성 물질을 그 예로 들 수 있다. 최근 과학자, 발명가, 건축가는 집주인이 하루 일과를 마치고 집 현관을 걸어 들어오는 모습을 모니터하는 '직관적인 집'을 창조하기 위해 노력하고 있다. 현관에 달린 센서가 집주인의 몸 상태를 파악하기 위해 스캔하면, 스캔된 정보에 따라 컴퓨터가 집주인의 상태에 맞게 집 환경을 조정한다. 예를 들면, 컴퓨터가 체온과 몸짓 따위를 검사해서 집주인이 추워하는지 아니면 헬스클럽에서 막 돌아오는 길인지 감지할 수도 있다. '스마트 하우스'는 당신의 긴장을 풀어주거나 편안하게 만들어주기 위해 온도, 전깃불, 음악 등을 조정해줄 것이고, 심지어 음식까지 척척 준비해줄 것이다.

신기술은 우리가 집과 건물을 보고 느끼는 방식을 바꾸는 데 도움을 줄 수 있다. 예컨대 색상이나 디자인이 변하는 LED 벽면 코팅 기술은 이미 상용화되어, 1분 간격으로 열대 해변에서 알프스의 경치로 옷을 바꿔 입는 건물을 볼 수 있게 되었다.

개인의 취향에 맞는 향기로 집안을 채우는 방법에 있어서도, 단순히 향초나 오일, 혹은 꽃을 사는 것보다 훨씬 더 효율적이고 스마트한 방법들이 속속 등장하고 있다. 이제 직물, 벽, 침대 등 거의 모든 곳에 자기가 좋아하는 향기를 주입하는 것이 가능하다. 이러한 기술을 '스마트 직물smart fabric'이라고 부르는데, 사용자의 기분에 따라 향이 바뀌고 농도도 조절할 수 있다. IBM에 따르면, 2018년에는 컴퓨터가 냄새를 감지할 수 있으며, 내쉬는 숨에서 감염 여부를 알아내고, 먹으려고 하는 음식에 박테리아가 있는지도 감지해낼 수 있다고 한다.

건물 내의 소리를 통제하고 조종하는 기술도 날로 정교해지고 있다. 최근에는 전자 기기로부터 해방된 고요한 공간에 대한 필요성이 점점 높아지고 있다. 텔레비전 방을 따로 만들거나 휴대폰을 사용하는 공간을 따로 지정하는 것도 방법이 될 수 있다. 대화 소리나 교통 소음을 덮기 위해 물소리나 백색소음 같은 자연적인 소리를 사용하기도 한다.

터치스크린은 점점 더 보편화되고 있지만, 차가운 스크린에서는 생생한 현실감을 느낄 수 없다. 컴퓨터, 노트북, 태블릿 PC 등 오늘날 우리가 사용하는 테크놀로지는 2022년경이면 사라질 것이다. 그 대신 문손잡이와 커피포트에서 부엌 조리대와 벽에 이르기까지, 집 안에 있는 모든 것들이 지금의 컴퓨터 기능을 갖추게 될 것이다. 만일 키넥트 기술이 상용화된다면 단지 공중에서 손이나 팔만 움직이면 아침에 자명종을 끌 수 있고, 문을 열고, 전깃불을 켜고, 수도를 틀 수 있게 될 것이다. 이 말이 시사하는 바는, 테크놀로지가 우리로 하여금 무언가를 직접 만지는 행위에서 점점 멀어지게 만들고 있다는 것이다. 바로 이러한 맥락에서 디자인에 촉감을 포함시키는 일이 더욱 중요해질 것이다. 가상 세계에서도 사람 냄새 나는 현실감을 느낄 수 있도록 말이다.

디자이너 엘리나 프레시아도는 서로 어울리기 어려운 부드러운 오브제와 딱딱한 오브제, 혹은 시원한 오브제와 따뜻한 오브제를 한데 버무려 오감을 활성화하는 비 뛰어난 소질이 있다.Alina Precciado는

목욕은 자신을 소중히 가꾸는 기술이다. 몸을 북북 문지르고 따라에 따뜻한 몸을 부을 때 느끼는 기쁨을 한껏 즐기자.

디틀린트 볼프Dietlind Wolf의 도자기를 보거나 만질 때면, 감각의 천국에 온 것 같은 기분이 든다. 아름다운 수채를 오브제는 행복한 휴식 공간에 영복한 유쾌한 배경이 된다.

Sounds that make me happy

나를 행복하게 만드는 소리

남편의 웃음소리

철썩이는 파도 소리

빗물이 지붕에 부딪치는 소리

천둥과 번개 소리

벽난로에서 장작불이 타닥타닥 타는 소리

우리 개가 짖는 소리

커피 머신에서 커피가 끓는 소리

샴페인 마개 따는 소리

발밑의 모래가 사각대는 소리

새들의 지저귐

어린아이들의 웃음소리

Smells that can make people happy

우리를 행복하게 해주는 냄새

빵 굽는 냄새는 사람을 너그럽게 만든다고 한다.

꽃향기는 기분을 좋게 만들고 타인과의 사회적 상호작용을 증진시킨다.

감초와 오이 향은 기분을 좋게 할 뿐만 아니라 신진대사를 촉진하고 체력을 증진시키는 효과도 있다.

페퍼민트는 의욕, 활력, 자신감을 드높인다.

감귤 냄새는 기운을 북돋우며, 특히 레몬 오일 향을 곁들이면 불안감을 감소시키고

깨끗함과 산뜻함을 연상시키는 긍정적인 기분을 느끼게 해준다.

라벤더 향은 기분을 전환시키고 긴장을 풀어준다.

"The kitchen of the future is
less a spaceship but more
a place for the
production of food.
Trends like urban farming are
surpassing industrial agriculture
efficiency standards
fifteenfold."

Werner Aisslinger, *designer*

"미래의 부엌은
우주선 같기보다 먹을거리를 생산하는 공간에 좀 더 가까울 것이다.
요즘 붐이 일어나고 있는 도시 농업이나 텃밭 재배 같은 방식은
산업형 농업보다 효율성이 15배나 높다."

베르너 아이슬링거, 디자이너

앨리나 프레시아도, 디자이너 & 예술가
미국 뉴욕 브루클린

"저는 맨발로 차가운 콘크리트 바닥을 밟는 것도 좋아하지만, 바닥에 따뜻한 온기를 더해주는 폭신한 털가죽을 까는 것도 좋아합니다. 면 수건과 리넨 홑이불이 살갗에 닿는 감촉도 좋아하지요. 오랜 세월 동안 사람들의 손때가 묻은 부드러운 가죽은 향수를 불러일으키는 시각적 기록물이 됩니다. 거친 목재와 차가운 강철은 대조적인 질감과 온도를 느낄 수 있는 즐거운 경험을 선사하지요. 또 전체적으로 차분한 색조에 부분적으로 튀는 색을 조합하는 방식을 좋아합니다. 저는 하루 종일 과민해 있거나 흥분하기 쉬운 유형이기 때문에, 집은 편히 쉴 수 있는 휴식 공간이 되어야 합니다. 그래서 편안하고 서로 조화를 이루는 색상을 선호합니다. 종소리, 음악 소리, 나무 장작이 타닥타닥 타는 소리, 찻주전자에서 나는 휘파람 소리……. 집에서 나는 이 모든 소리들은 삶의 맥박 소리와도 같지요. 우리 집 고양이가 가지고 노는 작은 종이 있는데, 그 소리를 들을 때마다 고양이가 놀고 있다는 걸 알 수 있지요. 그 소리를 들으면 마음이 편안해져요. 향기는 계절을 감지하게 해주고, 기분 전환이나 편안하고 깔끔한 분위기를 만드는 데도 사용될 수 있어요. 향기는 하루 종일 사용하면, 여러 면에서 교향악 같은 구실을 합니다. 음식을 먹는 것은 제 인생에서 가장 육감적인 경험에 속합니다. 그래서 제 주변에 요리 도구가 즐비한 것도 놀랄 일이 아니지요. 그것들은 제가 음미하고, 되새기고, 창조하고, 기억하게 해줍니다."

HIGHLIGHT

19세기 공장 건물, 브루클린이 한눈에 내려다보이는 탁 트이고 통풍 잘되는 186제곱미터의 꼭대기 층. 매끈함과 거칠음, 오래됨과 새로움, 시원함과 따뜻함, 완벽함과 불완전함의 공존이 이곳의 가장 큰 매력이다.

BELIEF

집은 우리와 함께 살고 숨 쉬며, 집 안을 걸어 다니는 사람이나 동물과 상호작용한다. 오감을 자극하면 우리의 마음과 정신도 자극을 받는다.

LESSON

새로 사귄 친구, 사랑하는 사람, 동물, 음식, 식물, 음악, 예술, 책, 공예품 등은 삶의 시각적인 구성 요소다. 이러한 것들은 공간을 특별하게 느끼게 만들고 행복감을 키워준다.

"우리 집에 해먹을 달아놓았다.
나는 마음이 원하는 것을 갖추는 것이 필요하다고 생각하는데,
내 경우는 오후의 긴 시간을 해먹에 누워
이리 흔들 저리 흔들 하면서 음악을 듣는 것이다.

Chapter Fourteen

Spontaneity

즉흥성

THE ESSENCE
OF
PLEASURE
IS SPONTANEITY.

Germaine Greer, *The Female Eunuch, 1970*

기쁨의
본질은
즉흥성이다.

저메인 그리어, 《여자, 거세당하다》, 1970

순간을 살아라

Live in the moment

생각거리

―――――――――――――――

충동적으로 행동하기
덜 생각하고 더 느끼기
언제나 '두근두근'

옥스퍼드 영어 사전은 'spontaneity'를 갑작스러운 충동, 혹은 사전의 계획이나 외부의 자극에 의해서가 아닌 자발적 의향에 따른 행동이라고 정의한다. 디자인에서 즉흥성은 재미있고 낙천적이며 대담한 요소로 작용한다. 즉흥성은 우리가 궁리하거나 조정하거나 조작할 수 있는 것이 아니다. 본질적으로 즉흥성은 예측할 수 없고 변화무쌍하다. 즉흥적으로 행동하기 위해 작정한다거나 계획할 수는 없으나, 그것을 '추구'하거나 '양성'할 수는 있다. 즉흥성은 혁신, 창조성, 그리고 변화의 원천이다. 그것은 생각은 덜하고 더 많이 느끼는 것이다. 우리가 마음껏 즉흥성을 표출할수록 우리는 더 아름다워진다. 우리는 즉흥적일 때 통제와 예측을 멈추게 된다. 나는 바로 그 순간이야말로 신명 나는 디자인을 실현하는 순간이라고 생각한다.

사람들은 자기가 무언가를 통제할 수 있다고 생각할 때 스스로가 영향력 있는 존재라고 있다고 느낀다. 그렇지만 통제에 대한 욕구는 우리를 자유롭게 하거나 영향력 있는 존재로 만들지 못하며, 오히려 우리의 행동을 제지할 뿐이다. 많은 사람들이 자신의 삶이나 가정에 강한 질서 의식을 심어야 한다고 생각해왔다. 하지만 이러한 인식에 치우치다 보니 많은 사람들이 즉흥적으로 사는 법을 잊어버리고 말았다.

우리는 즉흥적일 때 통제에 대한 집착을 내려놓게 된다. 이는 많은 사람들에게 자연스러운 일이 아니다. 전쟁, 새로운 초강대국의 출현, 엄청난 속도로 발전하는 과학기술 등 경제적으로든 환경적으로든 사람들은 지금 세상에 일어나고 있는 일에 대해 무력감을 더 많이 느낄수록 자신의 삶이나 가정을 통제하고 싶어 하는 경향이 있다. 하지만 나는 우리가 생활 전반에서 지나치게 통제해왔다고 생각한다. 그리고 우리는 마음 놓고 느슨해질 수 있는 유일한 곳이 바로 우리 가정이라는 사실을 잊어버렸다.

우리 대부분은 일 때문에 바쁘고 일, 가족, 친구의 상충하는 요구 사이에서 균형을 잡으려고 노력한다. 가족 구성원은 당번표와 일정표에 따라 움직인다. 물론 이러한 계획적인 생활 방식이 일상의 혼란을 막는 데 도움이 되지만, 그와 동시에 우리가 때로는 순간의 감정에 충실하고 즉흥적이 될 필요가 있다는 것도 잊어서는 안 된다. 2013년에 거대 가정용품 기업 이케아가 호주 가정을 대상으로 한 조사에 따르면, 부모들 중 43퍼센트와 10대 중 50퍼센트가 지난달에 즉흥적으로 한 일이 아무것도 없었으며, 부모들 중 50퍼센트와 10대 중 42퍼센트가, 만일 갑자기 한두 시간의 짬이 생긴다면 무엇을 해야 할지 곰곰이 생각해봐야 한다고 답변했다. 즉흥성은 한 가족에게 갑자기 주어진 휴가 같은 것이 아니라, 그냥 함께 몇 시간을 보내는 일과 같은 간단한 것일 수 있다.

인생은 한 번뿐이다! 이제는 그만 매사에 너무 심각하거나 최선을 다하려고 안달복달하는 태도를 버려라. 삶에 가치를 부여하지 않는 지루한 행동은 그만두자. 텔레비전 시청은 생산성을 좀먹을 뿐 아니라 보다 창조적이거나 재미있는 일을 하려는 동기를 고갈시킨다. 불필요하고 따분한 활동을 쓸어내버림으로써 탐험을 위한 공간을 마련하라. 만일 텔레비전이나 컴퓨터에 허비하는 시간을 아긴다면 즉흥적으로 행동을 할 가능성이 더 클 것이다. 우리의 인생에는 두근거림이 필요하다!

즉흥성이 묻어나는 디자인을 창조하려면 이런저런 생각을 멈추고 바로 실행에 돌입해야 한다. 즉흥적 디자인은 이성적인 것과 거리가 멀다. 출입구 위에 화살을 꽂을 생각은 이성적인 사고 과정에서 나오기 힘든 것 아닌가?

미루링트 블로는 자신이 수집한 오래된 액자를 마구잡이로 배치해 한부르크에 있는 자택 벽면을 장식했다.

로사나 오를란디(Rossana Orlandi)는 밀라노에 있는 자택 안마당에 페트 램프(PET LAMP)사의 '페트 에스 펜던트 조명(Pet Es Pendant Lights)' 한 다발을 높이를 달리해서 매달아 놓았다.

인테리어 디자이너 기슬램 비나스는 건축 모형을 제작할 때 쓰는 모형 나무를 아파트 벽면에 무작위로 붙였다.

Spontaneity
Agenda

용기를 가져라
자신의 허점을 보여라
완벽한 사람은 없다
불완전함의 아름다움
즉흥적 디자인

용기를 가져라

디자인에 임할 때는 대담해질 필요가 있다는 것이 나의 평소 소신이다. 즉흥적인 행동에도 용기가 필요하다. 즉흥성은 종종 소심함이나 두려움이라는 개념과 대치된다. 매일, 매 순간을 계획하는 습관은 즉흥성에 올가미를 씌우는 짓이다. 원칙과 조직은 생산성을 높이는 데 도움이 되겠지만, 즉흥적인 삶의 방식에 필요한 것은 용기와 열린 마음이다. 즉흥성은 얼마나 스스로를 신뢰할 수 있느냐에 달려 있다. 그리고 행복은 보다 큰 자신감, 위험을 감수하려는 용기, 그리고 자신의 결정에 대한 믿음을 키우는 것과 밀접한 관련이 있다.

'courage용기'의 어원은 '마음'이라는 뜻의 라틴 어 'cor'에서 나왔는데, 이는 자신이 누구인지 '온 마음을 다해 진심으로' 보여준다는 의미다. 진정한 자기 모습을 드러내는 것이 함용기라는 것은, 자신이 결점까지 당당히 보여준다는 사실을 의미하기 때문이다. 타인과의 관계는 우리의 삶에 의미와 목적을 부여한다. 하지만 타인과 관계를 갖기 위해서는 상대방에게 자신의 진정한 모습을 보여줄 필요가 있다. 우리는 다른 사람이 자신의 실체를 알게 되면 우리를 인정해주지 않을까 봐 두려워한다. 우리 주변에는 늘 우리를 비판하는 사람들이 존재하지만, 일반적으로 그들은 스스로가 정한 원칙과 방식에 따라 통제된 삶을 사는 사람들이다. 하지만 그러한 삶의 방식은 행복에 이르는 길이 아님을 여러분도 깨닫기를 바란다. 사람들은 타인과 어울리고 싶어 하고, 다른 사람처럼 되고 싶어 한다. 하지만 그러한 태도를 버리고 자기 자신에게 집중하는 것이 더 현명할 것이다.

자신의 허점을 보여라

나는 사람들이 디자인에서 즉흥성을 추구하는 것이 왜 그렇게 힘든지 이해하지 못했다. 하지만 학자이자 작가인 브르네 브라운Brené Brown이 2010년 TED 강연회에서 했던 '취약성의 힘The Power of Vulnerability'이라는 강연을 듣고 나서 그 이유를 확실히 알게 되었다. 간단히 말해 즉흥성은 스스로를 취약하게 만든다. 다시 말해 사회 통념이 만들어놓은 안전지대에서 벗어나면 '취약한' 입장에 놓이기 때문이다. 우리는 '이렇게 하면 다른 사람들이 나를 멍청하다고 생각하지 않을까?', '두 달 후에 내가 후회하게 되는 건 아닐까?' 하고 생각하곤 한다.

우리가 패션 트렌드에 관심을 가지는 것도 다 이 때문이다. 시시각각으로 최신 유행 패션을 찍어내는 패션 잡지의 가이드를 받는 것이 더 안전하기 때문이다. 다른 사람들이 모두 그 방식을 따르기 때문에 우리도 그와 똑같은 방식을 따라야 다른 사람들이 좋아할 거라고 생각한다.

브렌 브라운은 우리가 취약성에서 자신을 보호하는 수단으로 사용하는 세 가지는 완벽주의, 마비(일, 음식, 약, 술 같은 것들로 우리의 진짜 감정을 둔화하는 것, 그리고 예감행복을 죽이는 두려움이라고 주장한다. 그녀의 주장은 내게 엄청난 충격과 깨달음을 안겨주었다. 사실 그녀의 말을 받아들이기까지 몇 시간이나 흐느껴 울어야 했다.

오늘날 대부분의 건축물들이 완벽하게 보이려고 사투를 벌인다. 디자이너들은 어떻게 하면 건물에 기쁨을 담아낼 수 있을까에 집중하기보다 미와 기능의 중요성만 강조한다. 우리는 삶의 절차나 방식은 중요하게 생각하지만, 살아 있음을 느끼는 일에는 관심이 없다. 우리는 어떻게 살아야 할지 미리 철저히 계획해 공간에 융통성을 배제함으로써 건축물과 교감할 수 없도록 만든다. 하지만 이것은 잘못된 일이다. 브르네 브라운의 말처럼, '감정을 마비시키면 기쁨과 고마움과 행복마저 마비시키는' 꼴이 되기 때문이다.

완벽한 사람은 없다

우리 사회는 매사에 완벽해지려는 강박에 사로잡혀 있다. 완벽한 부엌을 갈망하고, 완벽한 차나 완벽한 집을 원한다. 나는 '완벽하다'라는 말을 지워버려야 한다고 생각한다. 자연에는 완벽한 것이란 존재하지 않는다. 또 장담하건대 세상에는 완벽한 집이란 없다. 완벽한 집을 갖는다는 것은 이룰 수 없는 목표다. 완벽해지려고만 한다면 즉흥적인 행동을 할 여지가 없다. 완벽해지려는 노력을 중단하자. 완벽함에 대한 그 어떤 관념이든 열렬히 거부하자. 그 대신 저마다의 본분을 지키는 데 충실하기만 하면 되는 것이다.

장담컨대 집을 더 완벽하게 만들려고 노력할수록 독자성을 더 많이 잃게 될 것이며, 독자성을 더 많이 잃어버릴수록 우리와 집의 관계가 더욱 멀어질 것이다. 사람들은 모두 진정한 자아와 교감하길 원하지만, 이는 자신의 진짜 모습을 이해하고 볼 수 있어야 가능한 일이다. 레너드 코언이 'Anthem'이라는 곡에서도 노래했듯이, 균열이 있어야 그 틈으로 빛이 들어올 수 있다. 자신의 공간을 자기 자신과 닮은 모습으로 자연스럽게 내버려두자. 균열을 보여주기를 두려워하지 마라.

불완전함의 아름다움

내게 불완전한 것이 얼마나 아름다운지 느끼게 해주는 최고의 예는 제빵 장인이 직접 만든 신선한 빵 한 덩이다. 로마 황제 마르쿠스 아우렐리우스도 나처럼 껍질이 딱딱한 빵을 무척 좋아했다. 그의 말을 인용하자면, '빵이 구워질 때 빵 표면의 일부가 갈라진다. 그리고 이러한 균열에는 제빵사의 의도에 반하는 독특한 스타일이 있으며…… 아름답다……. 그리고 독특한 방식으로 먹고 싶은 욕망을 불러일으킨다'. 그 우연한 균열이 식욕을 자극하는 것이다. 이는 홈 인테리어 디자인에서도 마찬가지다. 많은 사람들이 매력을 느끼는 것은 바로 불완전함이 만들어내는 아름다움이다. 사람들이 이런 사실을 잊지 않는다면 얼마나 좋겠는가! 여러분의 디자인이 잡지나 최신 유행에 끌려가게 내버려두지 말자. 대신 '행복'이 여러분의 디자인을 이끌자.

최근에 장인의 손길이 느껴지는 소박한 물건의 매력에 푹 빠진 사람들이 점점 늘어나고 있다. 우리가 우리 자신과 주변이 '완벽'하지 않아도 그 자체로 충분하다고 받아들일 때만 진정한 행복을 느낄 수 있을 것이다. 이것은 납득의 문제가 아니라 그냥 받아들이는 일이다. 무언가에 대해 스스로를 납득시킬 필요가 있다는 것은, 그것의 타당성에 대한 의심이 존재한다는 뜻이다. 우리가 '충분히 만족한다'는 것에는 어떤 의심도 존재하지 않는다. 그것은 보편적 진실과 같은 것으로, 단지 우리가 그것을 받아들이느냐 아니냐에 대한 문제다. 따라서 납득의 과정은 불필요하다.

즉흥적 디자인

즉흥적 충동에 따라 행동하는 것은 고난의 길이다. 그것은 완벽하게 디자인한 집 안에 구축해놓은 질서를 거스르는 일이기 때문이다. 하지만 때로는 즉흥적인 감정에 따라 행동할 필요가 있다.

내가 지워지지 않는 마커 펜으로 거실에 새로 들여놓은 화분 옆 벽면에 '내 이름은 로드리고야. 안녕?'이라고 적어놓자, 남편은 내가 완전히 돌았다고 생각하고는 이렇게 말했다.

"안 지워지는 마커 펜으로 쓰면 어떡해?"

하지만 중요한 것은 그것이 나와 남편을 미소 짓게 만들었다는 것이고, 지금도 그것을 볼 때마다 웃는다는 사실이다. 나는 남편에게 아무렇지도 않은 듯이 이렇게 대답했다.

"걱정 마. 싫증 나면 페인트칠로 덮어버리면 되니까."

코펜하겐에서 활동하는 예술가 텐카 가멜고르Tenka Gammelgaard를 방문한 순간은 기분 좋은 기억으로 남아 있다. 그녀가 무척 자유분방하고 씩씩해 보였으며, 그 아름다운 집을 완벽해 보이게 하려는 시도를 대담하게 걷어치운 것처럼 느껴졌기 때문이다. 하지만 맹세컨대, 그녀의 집은 내가 방문한 집 중 가장 따뜻하고 가장 매력적인 집이었다. 그 집 현관문이 열리는 그 순간 나는 강한 에너지를 느꼈다. 놀랍게도 아파트 전체가 페인트칠이든 장식이든 오직 검은색과 흰색으로만 되어 있었다. 흰색 마루청은 그녀가 다른 작품을 칠할 때 튀기고 떨어진 검정 페인트 얼룩으로 뒤덮여 있었다. 대부분의 사람들은 만약 그런 일이 있으면 기겁을 하고 재빨리 바닥에 떨어진 페인트 자국을 지워버렸을 것이다. 하지만 텐카의 집 마룻바닥을 봤을 때 "아이고, 완전 엉망이구먼!" 하는 느낌을 전혀 받지 않았다. 그 대신 자기 집에 들어온 낯선 손님 두 명에게 어쩌면 저렇게 따뜻하고 친절하게 대할 수 있는지 의아한 생각마저 들었다. 그녀가 자기 아파트 전체에 구현한 불완전함과 즉흥적인 요소는 그 집이 살아 있다는 느낌이 들게 하고, 온 집 안을 따뜻한 에너지로 가득 채우고 있었다.

또 다른 행복했던 기억은 기슬랭 비냐스가 디자인한 뉴욕의 스카이 하우스를 방문했을 때였다. 절제된 느낌의 파란색 샤워실 안쪽 벽 어른 눈높이 지점에 작은 문이 하나 달려 있었다. 처음 본 사람이라면 누구나 그 구멍이 샴푸나 비누를 넣어두는 작은 캐비닛이라고 생각했을 것이다. 하지만 그 작은 문을 여니, 네모난 작은 터널이 모습을 드러냈고, 그 터널 끝에는 브루클린 다리의 광경이 정확히 엽서만 한 크기로 걸려 있는 것이 아닌가! 그 구멍은 처음 발견한 사람에게는 커다란 기쁨을 주고, 뉴욕 고층 건물에 사는 집주인에게는 바깥세상과 지속적으로 교감할 수 있게 해주는 놀랍고도 전혀 예상치 못한 장치였다.

이와 같은 디자인은 당신이 돈이 얼마나 많고, 어디에 살고 있으며, 얼마나 큰 집에 살고 있는가 하는 것은 전혀 중요하지 않다는 사실을 일깨워주는 사례다. 모든 것은 마음가짐에 달려 있다. 자신이 처한 상황을 받아들이고, 그 안에서 최선을 다해 공간을 디자인하는 것이 중요하다. 그 이유는, 그것이 바로 우리가 행복해질 수 있는 길이기 때문이다.

코펜하겐 자택에서 작업하는 예술가 텐카 가멜고르는 페인트가 바닥에 뒤어도 전혀 개의치 않는다.

텐카 가멜고르, 예술가
덴마크 코펜하겐

"저는 집을 설치미술품처럼 여기지 않아요. 우리 집은 제 딸 노아와 저의 끊임없이 움직이는 이야기예요. 집은 자유로워야 해요. 그래야만 집이 정체되지 않으니까요. 모든 것은 계속 움직여야 해요. 미학적인 것도 중요하지만, 집은 아름다움과 편안함만이 아닌 그 이상의 무엇을 제공할 수 있어야 해요. 또 재미를 느낄 수 있는 여지도 있어야 해요. 유머는 특히 홈 디자인에서 중요한 요소예요. 마룻바닥에 물감이 떨어졌을 때, 그것이 어떤 이야기를 들려주도록 그대로 내버려두는 것은 제게는 지극히 당연한 일이에요. 우리는 '이런 곳에 살아봤으면 좋겠다'라거나, '돈이 있다면 이걸 할 수 있을 텐데' 같은 말은 결코 하지 않아요. 우리가 집에서 재미를 느끼고, 집 안에서 마음 놓고 이런 저런 일을 꾸준히 할 수 있는 것도 모두 이런 태도 때문이라고 생각해요."

HIGHLIGHT

줄무늬 부엌 가구부터 그림 붓에 이르기까지 집 안의 거의 모든 곳이 검은색과 흰색으로 장식되어 있다.

BELIEF

가정에서 마음 편히 즐겁게 지내고, 모든 것이 완벽해야 한다는 강박에 사로잡히지 않는다면, 최상의 컨디션으로 여유로운 삶을 즐길 수 있다.

LESSON

가정에 쏟아부은 긍정적이고 즉흥적인 에너지는 자연스레 밖으로 뿜어져 나온다. 아무리 흉측한 여관방이라도 그 공간에 열정을 쏟아부으면 긍정적인 에너지를 되돌려받을 것이다.

"혼자 산다고 해도
하루에 여덟 번은 웃어야 한다.
우리는 미소 짓게 만드는 웃기는 말을 생각날 때마다
즉흥적으로 벽에 적곤 한다."

List of sources

ABOUT HAPPINESS 행복에 대하여

Argyle, Michael and Hills, Peter, Oxford Happiness Questionnaire, Oxford University, 2001
http://happiness-survey.com/survey

Dockterman, Eliana, 'What makes Americans happy?', Time, 27 June 2013

Fokkinga, Steven, Rich Experiences, Delft Institute of Positive Design, Delft, 2013

Frankl, Viktor E, Man's Search for Meaning, 1st edition, Beacon Press, Boston, 2006

Gilbert, Daniel, Stumbling on Happiness, Vintage, USA, 2006

Kluger, Jeffrey, 'The happiness of pursuit', Time, 8–15 July 2013, pp. 22–3

Mauss, IB, Tamir, M, Anderson, CL and Savino, NS, 'Can seeking happiness make people unhappy? Paradoxical effects of valuing happiness', Emotion, 11 August 2011

Sheldon, Kennon M, Boehm, Julia and Lyubomirsky, Sonja, 'Variety is the spice of happiness: The hedonic adaptation prevention (HAP) model', Oxford Handbook of Happiness, Oxford University Press, Oxford, 2012

Van Boven, Leaf and Gilovich, Thomas, 'To do or to have? That is the question', Journal of Personality and Social Psychology, vol. 85, no. 6, 2003, pp. 1193–1202

COLOUR 색

Carey, Tanith, 'Colour me happy: Different colours can have an effect on our moods and behaviour in rather surprising ways', Daily Mirror, 13 September 2012

De Lacey, Martha, 'Forget Christian Grey's Red Room of Pain, people with PURPLE bedrooms have most sex! (Unlike those poor grey-walled souls…)', Daily Mail, 3 September 2012

'India's Calcutta "to be painted blue"', www.bbc.co.uk, 17 February 2012
http://www.bbc.co.uk/news/world-asia-india-17071247

Kobayashi, Shigenobu, Colour Image Scale, Kodansha, USA, 1992

Lüscher, Max, The Lüscher Colour Test, Random House, New York, 1969 (first published 1949)

Madeline Gins obituary, Telegraph, 18 March 2014

Meerwein, Gerhard, Colour – Communication in Architectural Space, Birkhäuser Architecture, Basel and Boston, 1st edition, 8 June 2007

O'Connor, Zena, 'Colour psychology and colour therapy: Caveat emptor', Environment – Behaviour Studies Research Group, Faculty of Architecture, Design and Planning, University of Sydney, Australia, 11 September 2009

Pappas, Stephanie, 'Different colors describe happiness vs. depression', www.livescience.com, 8 February 2010

Schauss, Alexander G, 'The physiological effect of colour on the suppression of human aggression: Research on Baker-Miller pink', International Journal of Biosocial Research, 2 (7), pp. 55–64

Singh, Satyendra, 'Impact of colour on marketing', Management Decision, vol. 44, issue 6, pp. 783–9

COMMUNAL LIVING 더불어 살기

'Connections and engagement', survey by the Vancouver Foundation, June 2012, http://www.vancouverfoundation.ca/initiatives/connections-and-engagement

Cooley, Charles Horto, On Self and Social Organisation, University of Chicago Press, Chicago, 1998 (first published 1922)

Eisenberg, ME, Olson, RE, Neumark-Sztainer, D, Story, M, and Bearinger, LH, 'Correlations between family meals and psychosocial well-being among adolescents', Archives of Pediatrics and Adolescent Medicine, 158 (8), 2004, pp. 792–6

Fowler, JH and Christakis, NA, 'Cooperative behavior cascades in human social networks', Proceedings of The National Academy of Sciences of The United States of America, vol. 107, 2010

Gleibs, Ilka H, Morton, Thomas A, Rabinovich, Anna, Haslam, S Alexander and Helliwell, John F, 'Unpacking the hedonic paradox: a dynamic analysis of the relationships between financial capital, social capital and life satisfaction', British Journal of Social Psychology, 52 (1), 2013, pp. 25–43

Griffins, Jo, 'The Lonely Society?', report, Mental Health Foundation, England, 2010

Holt-Lunstad, J, Smith, TB and Layton, JB, 'Social relationships and mortality risk: A meta-analytic review', PLOS Medicine, 2010, http://www.plosmedicine.org/article/info%3Adoi%2F10.1371%2Fjournal.pmed.1000316

'The importance of family dinners VII', report from The National-Center on Addiction and Substance Abuse, Columbia University, 2010

Marche, Stephen, 'Is Facebook making us lonely?', Atlantic, 2 April 2012

PLAYREPORT: International Summary of Research Results, IKEA,

Switzerland, 2010

Stern, Y, 'Cognitive reserve and Alzheimer's disease',
Lancet Neurology, 11 (11), 2012, pp. 1006–12

Thomas, Hannah, 'App tells you when you're happiest',
Marie Claire, 7 November 2011

Vaillant, George E, Triumphs of Experience,
Harvard University Press, 2012

Warrell, Margie, 'Text or talk: Is technology making
you lonely?', www.forbes.com, 24 May 2012
http://www.forbes.com/sites/womensmedia/2012/05/24/text-or-
talk-is-technology-making-you-lonely/

DOWNTIME 쉼

Baird, Benjamin, Smallwood, Jonathan, Mrazek, Michael D, Kam,
Julia W Y, Franklin, Michael S and Schooler, Jonathan W, 'Inspired
by distraction – mind wandering facilitates creative incubation',
Psychological Science, March 2012

'Bedroom makeover', press release, The Better Sleep Council, 2012,
http://bettersleep.org/better-sleep/how-to-sleep-better/the-ideal-
bedroom/bedroom-makeover

Booker, Karene, 'Good night's sleep linked to happiness', Cornell
Chronicle, 26 April 2013, Cornell University

Cooper, Belle Beth, '10 simple, science-backed ways to be happier
today', www.fastcompany.com, 6 August 2013
http://www.fastcompany.com/3015486/how-to-be-a-success-at-
everything/10-simple-science-backed-ways-to-be-happier-today

Helliewell, John, Layard, Richard and Sachs, Jeffrey (eds), World
Happiness Report, 9 September 2013, Sustainable Development
Solutions Network. A Global Initiative for the United Nations,
http://unsdsn.org/files/2013/09/WorldHappinessReport2013_
online.pdf

Kahneman, Daniel, Kruger, Alan B, Schkade, David A, Schwarz,
Norbert and Stone, Arthur A, 'A survey method for characterizing
daily life experience: The Day Reconstruction Method', Science
Magazine, vol. 306, no. 5702,
3 December 2004, pp. 1776–80.

Kaufman, Scott Barry, 'Dreams of glory', Psychology Today,
11 March 2014

Manocha, R, Black, D, Sarris, J and Stough, C,
'A randomized, controlled trial of meditation for work stress,
anxiety and depressed mood in full-time workers', Evidence-Based
Complementary and Alternative Medicine, vol. 2011

Niven, David, The 100 Simple Secrets of Happy People,
Harper Collins, USA, 2009

'Reach optimum mind control', Colors, no. 83, 30 April 2012,

http://www.colorsmagazine.com/stories/magazine/83/story/reach-
optimum-mind-control

'Television and Health', California State University, Northridge,
http://www.csun.edu/science/health/docs/tv&health.html.

Viet, 'The Japanese are dying to get to work [karoshi]', www.tofugu.
com, 26 January 2012, http://www.tofugu.com/2012/01/26/the-
japanese-are-dying-to-get-to-work-karoshi/

'What are overweight and obesity?', National Heart, Lung, and
Blood Institute http://www.nhlbi.nih.gov/health/health-topics/
topics/obe/printall-index.html

Zeidan, F, Johnson, SK, Gordon, NS and Goolkasian, P,
'Effects of brief and sham mindfulness meditation on mood and
cardiovascular', Journal of Alternative Complementary Medicine,
August 2010, pp. 867–73

EDIT 편집

Gibson, Owen, 'Shopper's eye view of ads that pass us by',
Guardian, 19 November 2005

Leitch, Luke, 'Road map to success, Italian style', Telegraph,
23 October 2010

Reynolds, Siimon, Better Than Chocolate: 50 Proven Ways to Feel
Happier, Ten Speed Press, California, 2005

FLOW 흐름

Bar, Moshe and Neta, Maital, 'Humans prefer curved visual
objects', Psychological Science, vol. 17, no. 8, August 2006, pp.
645–8

Bar, Moshe and Neta, Maital, 'Visual elements of subjective
preference modulate activation', Neuropsychologia, vol. 45,
issue 10, 2007, pp. 2191–2200

Booth, Robert, 'New school building designs hit by curve ban',
Guardian, 2 October 2012

Csikszentmihalyi, Mihaly, Finding Flow: The Psychology of
Engagement with Everyday Life, Basic Books, New York, 1998

Harte, Sunniva, Zen Gardening, Pavilion Books, London, 1999

Kelly, Jane-Frances and Breadon, Peter, 'Tomorrow's suburbs
building flexible neighbourhoods', www.theconversation.com, 11
September 2012, http://theconversation.com/tomorrows-suburbs-
building-flexible-neighbourhoods-9500

McIlroy, Anne, 'Toronto psychologist studies how the brain
responds to beauty', The Globe and Mail, 23 February 2012

Radvansky, GA, Krawietz, SA and Tamplin, AK, 'Walking through
doorways causes forgetting: Further explorations',

The Quarterly Journal of Experimental Psychology, 2011

Ruskin, John, The Stones of Venice. Volume the First. The Foundations, Smith, Elder & Co, London, 1851
Taylor, Nelson, 'Using interior design to create ample traffic flow', www.streetdirectory.com, http://www.streetdirectory.com/travel_guide/199374/interior_design/using_interior_design_to_create_ample_traffic_flow.html

HUMOUR 유머

Abrams, Lindsay, 'Study: forcing a smile genuinely decreases stress', Atlantic, 31 July 2012

Fowler, JH and Christakis, NA, 'The dynamic spread of happiness in a large social network: Longitudinal analysis over 20 years in the Framingham Heart Study', British Medical Journal, 5 December 2008

Gorman, James, 'Scientists hint why laughter sounds so good', New York Times, 13 September 2011

Lyubomirsky, Sonja, Sheldon, Kennon M and Schkade, David, 'Pursuing happiness: The architecture of sustainable change', Review of General Psychology, vol. 9, no. 2, 2005, pp. 111–31

'Why do we laugh?', The Naked Scientists, University of Cambridge, 26 July 2013, http://www.thenakedscientists.com/HTML/questions/question/1000179/

LIGHTING 조명

Boyce, Robert, The Communications Revolution at Work: The Social, Economic and Political Impacts of Technological Change, McGill-Queen's University Press, Montreal and Kingston, 1999

Bryson, Bill, At Home: A Short History of Private Life, Doubleday, UK, 2010

'Energy for buildings', CSIRO, 14 October 2011 http://www.csiro.au/Outcomes/Energy/Renewables-and-Smart-Systems/Energy-for-buildings.aspx

Innes, Emma, 'The "light shower" that could end the misery of jetlag: Airline reveals walk in chamber that resets the body's internal clock', Daily Mail, 5 March 2013

Karlen, Mark, Benya, James R and Spangler, Christopher, Lighting Design Basics, John Wiley & Sons, Canada, 2004

'Luminarium: A dynamic lighting system for contemporary environments', www.behance.com, 13 July 2012 https://www.behance.net/gallery/Luminarium/4370827

Münch, Mirjam, Linhart, Friedrich, Borisuit, Apiparn, Jaeggi, Susanne M and Scartezzini, Jean-Louis, 'Effects of prior light exposure on early evening performance, subjective sleepiness,

and hormonal secretion', Behavioral Neuroscience, vol. 126 (1), February 2012, pp. 196–203

Nelson, Randy and Bedrosian, Tracy, 'What color is your night light? It may affect your mood', The Ohio State University Research and Innovation Communications, 6 August 2013, http://researchnews.osu.edu/archive/lightcolor.htm

Westervelt, Amy, 'How our buildings are making us sick', Forbes, 8 August 2012

'What is SAD?', www.sad.org.uk

LOCATION 장소

Benfield, Kaid, 'Why the places we live make us happy', www.citylab.com, 2 February 2012 http://www.theatlanticcities.com/arts-and-lifestyle/2012/02/why-places-we-live-make-us-happy/1122/

Bratskeir, Kate, 'The habits of supremely happy people', Huffington Post, 16 September 2013

Brickman P, Coates D and Janoff-Bulman R, 'Lottery winners and accident victims: Is happiness relative?', Journal of Personality and Social Psychology, 36, August 1978, pp. 917–27

Coleman, Naomi, 'Three more health benefits of being beside the sea', Daily Mail, http://www.dailymail.co.uk/health/article-102698/Three-health-benefits-sea.html

Cooper, Brenda, The Futurist Magazine, World Future Society, Maryland, September–October 2012, p. 4

Edwards, L and Torcellini, P, 'A literature review of the effects of natural light on building occupants', National Renewable Energy Laboratory, July 2002 http://www.nrel.gov/docs/fy02osti/30769.pdf

Helliewell, John, Layard, Richard and Sachs, Jeffrey (eds), World Happiness Report, 9 September 2013, Sustainable Development Solutions Network. A Global Initiative for the United Nations, http://unsdsn.org/files/2013/09/WorldHappinessReport2013_online.pdf

'Housing affordability: Myth or reality?', Wharton Real Estate Center Working Paper, Wharton Real Estate Center, University of Pennsylvania, 1992, http://www.census.gov/housing/census/publications/who-can-afford.pdf

Lewis, Tanya, 'Beach benefits: Oceanside living is good for health', www.livescience.com, 27 June 2013, http://www.livescience.com/37819-health-benefits-living-near-ocean.html

Leyden, Kevin M, Goldberg, Abraham and Michelbach, Philip, 'Understanding the pursuit of happiness in ten major cities', Urban Affairs Review, vol. 47, no. 6, November 2011, pp. 861–88
Liotta, PH and Miskel, James F, The Real Population Bomb,

Potomac Books, Washington, 2012

Lyubomirsky, Sonja, Sheldon, Kennon M and Schkade, David, 'Pursuing happiness: The architecture of sustainable change', Review of General Psychology, vol. 9, no. 2, 2005, pp. 111–31

'Proposal – Bhutan's sustainability proposition: Gross National Happiness – its application and replicability', Global Economic Symposium, 2014, http://www.global-economic-symposium.org/knowledgebase/generating-winning-strategies-for-sustainable-societies/proposals/bhutan2019s-sustainability-proposition-gross-national-happiness-2013-its-application-and-replicability

MEMORIES 기억

Bryant, Fred B, Smart, Colette M and King, Scott P, 'Using the past to enhance the present: Boosting happiness through positive reminiscence', Journal of Happiness Studies, vol. 6, issue 3, 2005, pp. 227–60

How Does Your Memory Work, television broadcast, BBC Two, 2008

Howell, Ryan, 'Contrary to expectations, life experiences better use of money than material items', San Francisco State News, 2 April 2014, University of San Francisco

Schor, Juliet B, The Overspent American: Why We Want What We Don't Need, Harper Perennial, New York, 1999

NATURE 자연

Chang, CY and Chen, PK, 'Human response to window views and indoor plants in the workplace', HortScience, 40 (5), 2005, pp. 1354–9

Cooper, Brenda, The Futurist Magazine, World Future Society, September–October 2012, p. 4

Cooper, Brenda, 'Where the wild things are not,' World Future Society, September–October 2012, http://www.wfs.org/futurist/september-october-2012-vol-46-no-5/22nd-century-first-light/forecasts/where-wild-things-are-not

Cornish, Jeff, 'World trends & forecasts', The Futurist Magazine, World Future Society, March–April 2011, p. 12

Costa, Efrosini, 'Down to earth: reconnecting with the planet by walking barefoot could help you live a longer, healthier life', Mindfoods, Jan/Feb 2014

Eldred, Rachel, 'Climate debate: Cloudy with a change: The warming of the planet remains a hot topic on the political agenda', Mindfoods, Jan/Feb 2014

Eliaz, Isaac, 'The surprising health benefits of going barefoot', www.mindbodygreen.com, 27 April 2013

http://www.mindbodygreen.com/0-9099/the-surprising-health-benefits-of-going-barefoot.html

Environmental Sustainability Progress Report, City of Sydney, 2013, http://www.cityofsydney.nsw.gov.au/__data/assets/pdf_file/0004/196339/Green-Report-Quarter-2-2013-14.PDF

Fredrickson, Barbara, 'Positivity: Top-notch research reveals the 3-to-1 ratio that will change your life', Harmony, 29 December 2009

'The Future of Kitchens', report by IKEA, UK, 2010, http://www.ikea.com/ms/en_GB/about_ikea/press/PR_FILES/Future_kitchens_report_FINAL.pdf

Gillies, Justin and Dugger, Celia W, 'UN forecasts 10.1 billion people by century's end', New York Times, 3 May 2011

Kim, Gwang-Won, Jeong, Gwang-Woo et al., 'Functional neuroanatomy associated with natural and urban scenic views in the human brain: 3.0T Functional MR Imaging', Korean Journal of Radiology, September–October 2010, 11 (5), pp. 507–13

Kuo, Frances E and Sullivan, William C, 'Aggression and violence in the inner city: Effects of environment via mental fatigue', Environment and Behavior, vol. 33, no. 4, July 2001

Lehmann, Steffen, 'Green spaces can combat urban heat stress', Adelaide Review, February 2014

Moss, William, 'Moss in the City: Heat island effect', www.garden.org, August 2007, http://www.garden.org/urbangardening/?page=heat-island

O'Brien, Natalie, 'Threat of toxic playgrounds', Sydney Morning Herald, 22 January 2012

Przybylski, Andrew, Weinstein, Netta and Ryan, Richard, 'Nature makes us more caring', Personality and Social Psychology Bulletin, vol. 35, no. 10, October 2009, pp. 1315–29.

Ryan, Richard M, Weinstein, Netta and Bernstein, Jessey, 'Vitalizing effects of being outdoors and in nature', Journal of Environmental Psychology, 30 (2), 2010

Selhub, Eva M, Logan, Alan C and Wiley, ND, Your Brain on Nature: The Science of Nature's Influence on Your Health, Happiness and Vitality, Wiley, Australia, 2012

Than, Ke, 'Depressed? Go play in the dirt', www.livescience.com, 11 April 2007, http://www.livescience.com/7270-depressed-play-dirt.html

Todras-Whitehill, Ethan, 'Footloose and boot free: Barefoot hiking', New York Times, 22 September 2006

van Santen, Rutger, Khoe, Djan and Vermeer, Bram, authors of 2030, reviewed by Rick Docksai, The Futurist Magazine, World

Future Society, March–April 2011, p. 55

Wagner, Cynthia G, 'Tomorrow in brief', The Futurist Magazine, World Future Society, May–June 2011, p. 2

Weinstein, Netta, Bernstein, Jessey, Warren Brown, Kirk, Mastella, Louis and Gagné, Marylène, 'Spending time in nature makes people feel more alive', Science Daily, 2010
White, Mathew P, Alcock, Ian, Wheeler, Benedict W and Depledge, Michael H, 'Would you be happier living in a greener urban area? A fixed-effects analysis of panel data', Psychological Science, 23 April 2013

ORDER 질서

Beilock, Sian, 'Cluttered or orderly? Our surroundings shape our thinking: Physical disorder prompts creative thinking', Psychology Today, 14 August 2013

Duhigg, Charles, The Power of Habit: Why We Do What We Do in Life and Business, Random House, USA, 2012

McKay, M, Wood, JC and Brantley, J, Dialectical Behavior Therapy Skills Workbook, New Harbinger Publications, Inc., Oakland, 2007

Shorter Oxford English Dictionary, Oxford University Press, Oxford, 2007

PLAY 놀이

Barron, Carrie and Barron, Alton, The Creativity Cure: How to Build Happiness with Your Own Two Hands, Scribner, USA, 2013

'The best predictions of 2011', The Futurist Magazine, World Future Society, January–February 2012

Bronson, Po, 'Is the brain like a muscle?', www.newsweek.com, 11 December 2009

Cromie, William J, 'How your brain listens to music', Harvard University Gazette, 13 November 1997

Guarini, Drew, '9 ways video games can be good for you', Huffington Post, 7 November 2013

'Physical activity improves quality of life', www.heart.org, 22 March 2013, http://www.heart.org/HEARTORG/GettingHealthy/PhysicalActivity/FitnessBasics/Physical-activity-improves-quality-of-life_UCM_307977_Article.jsp

PLAYREPORT: International Summary of Research Results, IKEA, Switzerland, 2010

Serna, Joseph, 'Study: A day of video games tops a year of therapy for dyslexic readers', Los Angeles Times, 1 March 2013

Southall, Ashley, 'Specialists see tools to treat pain in video games', New York Times, 20 April 2013

'Why play matters for adults', www.helpguide.org, April 2014, http://www.helpguide.org/life/creative_play_fun_games.htm
'World trends & forecasts', The Futurist Magazine, World Future Society, September–October 2011, p. 13

SENSES 감각

Goldworm, Samantha, 'The Power of Scent', scent.com http://1229scent.com/olfactive-branding/

Hagan, Pat, 'How the aroma of freshly baked bread makes us kinder to strangers', Daily Mail, 1 November 2012

Haviland-Jones, J, Rosario, HH, Wilson, P and McGuire, TR, 'An environmental approach to positive emotion: Flowers', Evolutionary Psychology, 2005 (3)

Lacey, Miriam, '5 scents that are guaranteed to make you happier', www.popsugar.com.au, 14 March 2012
http://www.popsugar.com.au/beauty/5-Scents-Make-You-Happy-Reduce-Anxiety-22183679

Lindstroem, Martin, Brand Sense: Build Powerful Brands through Touch, Taste, Smell, Sight and Sound, Free Press, USA, 2005

Mahoney, Sarah, '9 aromatherapy health cures: The best scents to help boost your memory, mood, energy, and libido', Prevention, December 2012

Prigg, Mark, 'How your phone could be able to smell, hear and taste by 2018: IBM reveals its vision for the future of technology', Daily Mail, 18 December 2012

Reynolds, Emma, 'Our favourite smells', Daily Mail, 11 June 2012

SPONTANEITY 즉흥성

Brown, Brené, 'Daring greatly: How the courage to be vulnerable transforms the way we live, love, parent, and lead', Penguin Group, USA, 2013

Marcus Aurelius, Meditations, Penguin Classics, 2006 edition

Shorter Oxford English Dictionary, Oxford University Press, Oxford, 2007

The Time to Live Report: Lifting the roof on Australian family life at home, IKEA, Australia, 2013

Urban Dictionary, www.urbandictionary.com

해피폴
http://esurv.org/online-surveyphp?surveyID=OCHEFG_36f538ca

Location credits

면지(앞, 뒤), pages 1, 31,
34, 44, 166, 284, 391
Augustin und Frank Architekten
www.augustinundfrank.de

Pages 27, 32, 33, 35, 54, 55,
333, 335
Matali Crasset
www.matalicrasset.com

Pages 16, 225
Kawaiian Lion
www.kawaiianlion.bigcartel.com

Pages 29, 380
Werner Aisslinger
www.aisslinger.de

Pages 35, 139, 227, 228, 229, 240, 242,
290
Mark Tuckey
www.marktuckey.com.au

Pages 44, 45, 50, 52, 121, 156, 253, 386,
397, 401
Jean-Christophe Aumas
www.voicivoila.com

Pages 202, 203, 376, 382, 383, 394
Dietlind Wolf
www.krop.com/dietlindwolf

Pages 46, 48, 49, 76, 180, 181, 182, 183,
212, 232, 308, 326, 338, 345, 347, 350,
353, 396
Ghislaine Viñas
www.gvinteriors.com

Pages 43, 112, 214, 230, 231, 245, 263,
320, 321
Piero Lissoni
www.lissoniassociati.com

Pages 56, 59, 66, 85
Hiroyuki Shinozaki Architects
www.shnzk.com

Pages 61, 79, 331, 335
Marc Sadler
www.marcsadler.it

Pages 64, 78, 113, 126, 211, 213, 215
Lee Broom
www.leebroom.com

Pages 65, 145
Vipp
ww.vipp.com

Pages 67, 202, 203, 312, 318, 319
Anja Thede
www.a-thede.de

Page 73
Emily Gray & Marius Haverkamp
www.gray-label.com

Pages 79, 83, 329
Studio R U I M
www.xxruim.com

Pages 80, 81
Clare Cousins
www.clarecousins.com.au

Pages 88, 91, 93, 95, 96, 97, 98, 99, 100,
115, 310, 357
Bergdorf
www.bergdorf.org

Pages 107, 108, 109, 177
Emma Persson Lagerberg
www.emmaperssonlagerberg.blogspot.com

Pages 110, 291, 295, 298, 389
51N4E
www.51n4e.com
Art Economy
www.arteconomy.be

Pages 111, 140, 148, 153, 158, 159, 275,
297
Leeton Pointon Architects
www.leetonpointon.com
Susi Leeton Architects
www.susileeton.com.au

Pages 165, 167, 170, 205
Bureau de change
www.b-de-c.com
Made.com
www.made.com

Page 112
Lloyd Hotel & Cultural Embassy
www.lloydhotel.com

Pages 116, 119, 123, 125, 136, 147
Arno Brandlhuber
www.brandlhuber.com

Pages 128, 135, 138, 144, 184
NORM
www.normcph.com

Pages 139, 142
Jan Rösler Architekten
www.janroesler.de

Pages 151, 155, 160, 272, 292, 295, 306,
307, 309
Leeton Pointon Architects
www.leetonpointon.com

Pages 157, 167, 168, 170, 171, 283
Renzi Design
www.renzidesign.com.au

Pages 172, 188, 189, 192, 193, 223, 322,
323
McBride Charles Ryan
www.mcbridecharlesryan.com.au

Pages 175, 190, 402, 403, 405
Tenka Gammelgaard
www.tenka.dk

Pages 191, 334
Cool Edies
www.cooledies.com

Pages 194, 199, 201, 218, 219
Betillon / Dorval-Bory
www.betillondorvalbory.tumblr.com

Pages 197, 374, 375
25hours hotel Zurich West
www.25hours-hotels.com

Pages 206, 255, 256, 257, 258, 265, 266,
268, 270, 271
Jo Wood Interiors
www.jowoodinteriors.com
Urban Infill
www.urbfill.com

Page 240
Andreas Krüger

Pages 241, 244, 303, 면지(앞)
Andrew Maynard Architects
www.maynardarchitects.com

Page 247
Welcome Beyond
www.welcomebeyond.com

Pages 251, 354, 361, 372, 373, 377, 385
Alina Preciado
www.dargitane.com

Pages 264, 325
Stephen Bayley
www.stephenbayley.com

Pages 277, 294
Daniel Bell Garden Design
www.danielbell.se

Pages 279, 280, 281
MLRP
www.mlrp.dk

Page 301
Owner: Marcus Luft
Builder: Fridolin Gottstein

Page 305
ON Design
www.ondesign.co.jp

Pages 346, 359
Maarten de Ceulaer
www.maartendeceulaer.com

Page 348
Duffy London
www.duffylondon.com

Page 395
Rossana Orlandi
www.rossanaorlandi.com

Page 414
Art Economy
www.arteconomy.be

어바웃 해피니스

1판 1쇄 발행	2016년 6월 9일
1판 5쇄 발행	2021년 7월 1일

지은이	어맨다 탤벗
찍은이	조셉 S. 로즈먼
옮긴이	김난령
펴낸이	이영혜
펴낸곳	㈜디자인하우스

편집장	김선영
영업	문상식, 소은주
제작	정현석, 민나영
미디어사업부문장	김은령

출판등록	1977년 8월 19일 제2-208호
주소	서울시 중구 동호로 272
대표전화	02-2275-6151
영업부직통	02-2263-6900
홈페이지	designhouse.co.kr

ISBN	978-89-7041-685-4 13590

디자인하우스는 독자 여러분의 소중한 아이디어와 원고 투고를 기다리고 있습니다.
원고가 있는 분은 dhbooks@design.co.kr로 개요와 기획 의도, 연락처 등을 보내 주세요.